海外中国
研究丛书

刘 东 主编

[美] 史维东 著

吴 薇 译

中国乡村的基督教

1860—1900年江西省的冲突和适应

CHRISTIANITY IN RURAL CHINA

Conflict and Accommodation
in Jiangxi Province, 1860–1900

江苏人民出版社

图书在版编目(CIP)数据

中国乡村的基督教:1860—1900年江西省的冲突和适
应/[美]史维东(Sweetem,A.R.)著;吴薇译.--南京:江苏
人民出版社,2013.1(2021.4重印)
(海外中国研究丛书/刘东主编)
ISBN 978-7-214-09152-9

Ⅰ.①中… Ⅱ.①史…②吴… Ⅲ.①基督教-宗教
文化-研究-江西省-清代 Ⅳ.①B979.2②K295.6

中国版本图书馆CIP数据核字(2013)第006637号

**Christianity in Rural China: Conflict and Accommodation in Jiangxi
Province, 1860 - 1900**
Copyright © 2001 by Alan Richard Sweeten
Authorized translation from English language edition published by University of Michigan
Press.
Simplified Chinese edition copyright © 2013 by Jiangsu People's Publishing Ltd.
All right reserved.
江苏省版权局著作权合同登记:图字10-2012-100

书　　　名	中国乡村的基督教:1860—1900年江西省的冲突和适应
著　　　者	[美]史维东
译　　　者	吴 薇
责 任 编 辑	张惠玲
装 帧 设 计	陈 婕
责 任 监 制	王 娟
出 版 发 行	江苏人民出版社
地　　　址	南京市湖南路1号A楼,邮编:210009
网　　　址	http://www.jspph.com
照　　　排	江苏凤凰制版有限公司
印　　　刷	苏州市越洋印刷有限公司
开　　　本	652毫米×960毫米 1/16
印　　　张	15.75 插页4
字　　　数	200千字
版　　　次	2013年3月第1版
印　　　次	2021年4月第2次印刷
标 准 书 号	ISBN 978-7-214-09152-9
定　　　价	45.00元

(江苏人民出版社图书凡印装错误可向承印厂调换)

序"海外中国研究丛书"

　　中国曾经遗忘过世界,但世界却并未因此而遗忘中国。令人嗟讶的是,20世纪60年代以后,就在中国越来越闭锁的同时,世界各国的中国研究却得到了越来越富于成果的发展。而到了中国门户重开的今天,这种发展就把国内学界逼到了如此的窘境:我们不仅必须放眼海外去认识世界,还必须放眼海外来重新认识中国;不仅必须向国内读者迻译海外的西学,还必须向他们系统地介绍海外的中学。

　　这个系列不可避免地会加深我们150年以来一直怀有的危机感和失落感,因为单是它的学术水准也足以提醒我们,中国文明在现时代所面对的绝不再是某个粗蛮不文的、很快就将被自己同化的、马背上的战胜者,而是一个高度发展了的、必将对自己的根本价值取向大大触动的文明。可正因为这样,借别人的眼光去获得自知之明,又正是摆在我们面前的紧迫历史使命,因为只要不跳出自家的文化圈子去透过强烈的反差反观自身,中华文明就找不到进入其现代形态的入口。

　　当然，既是本着这样的目的，我们就不能只从各家学说中筛选那些我们可以或者乐于接受的东西，否则我们的"筛子"本身就可能使读者失去选择、挑剔和批判的广阔天地。我们的译介毕竟还只是初步的尝试，而我们所努力去做的，毕竟也只是和读者一起去反复思索这些奉献给大家的东西。

刘　东

目　录

图表目录

前　言

研究中国的近代史,必须了解西方国家是如何发达和强大的,其中除了社会环境和经济因素外,还有宗教方面的因素。基督教义的根本宗旨之一,就是拓展新的教区,吸收更多新的教徒,就像商人要考虑开拓更大的市场,拥有更多的顾客一样。传教士来到大清帝国这个全新的领域后,一方面因为不理解儒家思想,另一方面又不尊重传统的社会制度和文化,只想为拯救众生而用尽各种办法推广基督教,因此与传统的中国绅士阶层产生了冲突。而中国的绅士又大多看不起教士和教徒,认为他们所信奉的是邪教。

其实无论是绅士还是教士,他们的看法都是片面的。还要明确的一点是,不论绅士和教士的看法如何,二者都只代表社会上层。中国下层社会的情况如何呢? 例如在乡村社会,处于赤贫的平民百姓和教徒都无法说服或强迫邻里亲戚信奉或放弃基督教。他们之间虽然有时确实发生冲突,但冲突的原因一般说与宗教无关。事实上,民教关系是逐渐趋于正常的。问题出在 19 世纪的传教士常常误以为冲突源于绅士预谋攻击教徒,所以要求西方政府,尤其是法国和英国,用兵权来保护条约中有关传教的权利。这样各个地方上的小事就变成了京城的外交大涉,引发事件的真正原因反而被掩盖了。如果一味研究大城市里的冲突,就很难看到乡村中的适应。我们在研究中,只有给予这两方面同样的关注和重视,才能得出比较公允的结论。

这里,作者需要说明一个比较容易引起误解的词:书中所用"基督(宗)教"(Christianity)一词,既包括天主教(Catholicism),也包括新教(Protestantism)。在此特意强调,以引起读者的注意。书里虽多半谈的是天主教的事,但有少部分是关于新教的,也有一部分是通指的。如果分析得不够清楚,请读者原谅。

作者早年在加州大学戴维斯分校(University of California,Davis)历史系攻读博士学位时,导师刘广京教授(Professor K. C. Liu)不时鼓励我把研究的心得写成论文,后来又劝我将论文修改成书。但我却因日常生活和工作的繁杂,最近才有想法和时间将这些材料整理成书。这本书的中文版翻译得到了江西师范大学历史系梁洪生教授的倡导和组织。梁教授对江西地方社会学有广博的见识,对很多题目有深入的研究。为了帮助中国学者更了解海外人士对江西区域的研究成果,梁教授建议将一些英文论著译成中文。当时他的研究生吴薇,不辞辛苦将此书译成中文。我对他们的支持表示由衷的感谢,愿将此书奉上,以飨读者。由于本人水平有限,不妥之处,请多指教。

史维东(Alan Sweeten)
2012 年 6 月 15 日于加州望乡轩

致　谢

　　对于曾经为这样一部历经多年研究才完成的书做出巨大贡献的人们，让我怎样感谢你们才好？这一路信步走来，一些特别的人给予了我无私的陪伴和帮助。1965年，我高中毕业后，要么服兵役，要么上大学。我选择了后者，那是受我亲爱的母亲Jamimah Sweeten的影响。她早年在抚养家庭之余，先是完成了高中学业，后来又上了大学，成为一名非常成功的商人和勇敢的环球旅行家。除了她本身的持之以恒、坚韧不拔和自我牺牲精神之外，我的母亲也以她个人为榜样，令我认识到高等教育的重要性。她鼓励我去上大学，尽可能多地接受教育，可是她当时并不知道，我究竟要学到什么程度，才能获得内心的满足。

　　而一直陪伴在我身边的，是我的妻子Carol。在我们无数次的搬家和五年的国外生活中，她做出了最大的牺牲。一路上她与我携手同行，风雨同舟。如果没有她的理解、宽容和耐心，我不可能继续进行研究，更不用说完成这部书的写作。她对我的无私奉献，寥寥数语，不足以为谢。

　　我的女儿Cynthia和Monika是随着我为做中国研究而频繁搬家的过程中长大的。有时候这种搬迁对她们来说很难适应。幸运的是，她们现在会对一些问题掩嘴而笑——比如，当我们第三次去台湾，拖着十三件行李在香港启德机场转机时，8 岁的 Cynthia 气呼呼地问"这到底是谁的主意"？我们从台湾到另一个"外国"地方，德拉威尔州（Delaware），我要到那里开始教书时，五岁的 Monika 问："爸爸，那儿有美国零食吗"？我很庆幸她们和我一样喜欢吃酱油。生命中能拥有她们，是上天赐给我的福份。

我对历史的兴趣源于年轻时，以及大学期间对中国的研究。1968 年，为了参加一项"海外研究"项目，Carol 和我离开加利福尼亚，去了台湾。第二年，中央研究院近代史研究所的吕实强先生引领我进入了迷人的中国基督教课题。我向他提交的一篇文章后来成为我在研究生院的研究课题，并最终发表。之前，我并没有完全意识到这个课题的复杂性和重要意义，直到 1974 年，我在加州大学戴维斯分校刘广京教授指导下开始攻读博士学位。

朋友和同事们称呼他为 K. C.，一路上他不停地给予我鞭策和激励。虽然我们不清楚事实，也不了解故事是怎样演变的，但是 K. C. 还是认为总理衙门档案中关于基督徒的案件是一个未曾触及的史料宝藏。从研讨会上的小论文到自成章节的论文，再到最后形成书稿，每一步，K. C. 都要求逻辑严密，分析透彻。而且，若非他对这个课题、或是对作为作者的我，一直抱有坚定的信心，这项研究的发表将无法实现。1982 年我决定离开学界，转而全职投入商界时，K. C. 也许即使算不上伤心，也非常失望。但是不管他的感受如何，他始终以一种儒家绅士和为人师表的优秀传统激励着我。

同样，我非常高兴得到裴士丹（Daniel H. Bays）、丁博文（Britten Dean）、哈里·兰姆利（Harry J. Lamley）、李仁杰（Charles A. Litzinger）、狄德满（R. G. Tiedemann）等教授，尤其是恩斯杨（Earnest P. Young）教授的宝贵指点。还有一些人给我的帮助远远超出了他们的职责。遣使会的下列档案管理员为我打开了迷人的史料卷宗：Rev. Paul Henzmann（Maison Mère），Rev. Stafford Poole（De Paul 中心，

Western Province）, Rev. Louis Derbes（The De Andreis-Rosati Memorial Archives, St. Mary's of the Barrens）, Rev. John Carven（The Brother Bertrand Ducorunau Archives, Eastern Province）。圣哥伦比亚教会副主教 Noel Connolly 神父和档案员 Partrick Crowley 神父，都慷慨地给予我帮助。同样，Luke O'Reilly 神父和 Pat Sheehy 神父也热情地将他们在江西传教的回忆与我分享。在写作过程中，我还得到加州州立大学斯坦尼斯洛斯（Stanislaus）分校信息技术办公室 Brian Duggan 先生，和该校交流处 Vicki Eden 女士的帮助。此外，还要感谢密歇根大学中国研究中心的 Terre Fisher 女士在编辑上给予的宝贵协助。

纽约 Henry Luce 基金会的"中国基督教历史"项目为本研究提供了一年的经费支持。另外，支持本书的研究并使之最终得以出版的经费来自一个为教会研究人员提供资助的基金项目——"研究启动项目"（Research Enablement Program），该项目由宾西法尼亚州费城的"Pew 慈善基金会"（Pew Charitable Trusts）支持、并由康涅迪格州纽黑汶"海外传教士研究中心"管理。遣使会研究所为我参观巴黎的遣使会档案馆提供了帮助。这些基金总是在我研究的最关键时候提供帮助，使我有可能继续研究和写作。我非常感谢他们的慷慨，以及对于我作为一名独立研究人员的信任。

数年来，无论是来自机构还是个人、物质的还是心理上的支持，我无以回报。在这些帮助下取得的任何成绩，我愿与大家分享。本研究中出现的任何不足皆由作者承担。毕竟，"这是我的主意"。

加州德纳尔，望乡轩
2001 年 6 月 15 日

序 言

迄今为止,中华帝国晚期发生的针对西方传教士及其中国信徒的地方冲突,一直被看成是儒家缺乏容忍的标志,是地方精英乃至有责任感的官员,对于在帝国主义支持下侵入并挑衅中国官绅特权的一种新宗教势力的反击。历史学家们通常认为中国的反基督教运动有一种模式,即在 19 世纪的后 40 年,由绅士精英积极倡导并得到官员的默许,而这种反教运动在 1900 年得到朝廷支持的义和团运动中达到了高潮。

通过对 1861 年建立的清代外国事务部门——总理衙门不计其数保存完好的档案的梳理,史维东揭开了这无价的原始材料的相关一部分,其中包括 1860—1900 年间,江西省发生的由冲突而引起的诉讼中,县、乡一级官员和职能部门的报告,以及教徒和教外人的供词。史维东对这些诉讼进行了全面仔细的审读,并对案件中起作用的各方力量、主要人物和恶痞(如果可以用这个词表示的话),以及中国地方乡村,尤其是小城镇和偏远乡村社区的特点做出了相当精辟而恰当的分析。

书中各个章节描绘的事件都有详细记载,读来引人入胜。书中把教会生活看做日常生活的一部分,呈现了教会生活与宗族和家庭、婚姻和鳏寡、房地产交易和纠纷、礼仪和法律、犯罪和暴力的关系。该著不仅对基督教"教案"中的中外纠纷做了全新而客观的描绘，而且对中国的国家和社会提出了一种新颖的关注，从独特的角度对中国乡村社区的实质，以及官僚机器在次县一级（subcounty）的实质提出了许多见解。史维东经过深入研究观察得出的这些结论对于中国社会史和中国文化史有重要影响。

史维东花费了数年时间研究写作此书，这是出于他对历史的热爱。他不仅查阅了和这个题目有关的所有中文史料，而且还综合了欧洲教会档案馆中找到的来自江西的信件和报告。在著述过程中，史维东的汉学研究技巧日臻完善，并且形成了一种注重事实准确的历史写作文风，表明他对手头案例背后隐藏的各种力量经过了认真审慎的解读。这本书不仅验证了作者一丝不苟的精神和精辟见解，而且也反映了他对中国老百姓的真挚情感——不是从一名基督教传教士的视角，而是像个朋友一样，充满同情，尽管时而带着质疑。

刘广京

加州大学戴维斯分校

译者的话

《教务教案档》是由清代总理衙门和各级地方官员查办教案的报告所组成的档案资料,其中记载了许多鲜活的案例,使我们能够看到地方社会民教冲突的生动场景。美国学者史维东(Alan Richard Sweeten)先生在著作《中国乡村的基督教:1860—1900年江西省的冲突和适应》中,以《教务教案档》中提供的史料为主要研究对象,为我们生动描绘了乡村教士、教民和教外人的众生相,深刻分析了江西省市镇和乡村层面的外国传教士、地方教徒和地方社会的种种冲突与和解,指出引起19世纪后40年中国反基督教冲突的原因并非主要来自绅士阶层的仇教情绪,甚至并非由基督教本身引起,乡村社会中的家庭口角、经济纠纷等日常事务同样是引起民教冲突的缘由。而乡村的基督教徒并非是一个自外于乡村社区的独立团体,他们与乡邻街坊仍然有着频繁的日常事务往来。

2002年,当我还在江西师范大学历史文化与旅游学院读研究生的时候,我的导师梁洪生先生彼时正在搜集海外学者对于江西地方历史的研究著作。他将美国学者史维东先生的这部著作交给我,希望我将它译成中文,使更多人能够了解西方学者对于中国地方历史的关注和研究。

最初我是带着学习和练习的态度去翻译这部以江西为例、对中国乡村基督教做出细致入微分析的史学宏篇,因此不免只是粗略的翻译,有些地方甚至不甚了了。2008 年史维东先生路过杭州，与我见面并鼓励我将译文出版。此后几经搁置、辗转，终于在 2012 年初接到江苏人民出版社"海外中国研究丛书"编辑的电话，称有意将此书出版。经过与史维东先生多次电子邮件联系，对译文进行修订、核对，我才敢小心翼翼地捧出它，期待读者的批评与指正。

对于本书的一些翻译事项，有几个问题需要在这里补充说明一下：

1. 本书的中文专有名词、地名、人名和中文引用资料，均按照著者提供的中文原始资料；如果系由著者在法文或其他文字资料中引用的二手中文资料，则在翻译为中文后加上拼音。

2. 原著引用的外文著述，在引文首次出现时后附原文，以备查考。在附录的参考书目中，将著者、书名、出版地翻译为中文后，后面紧跟英文原文，以备翻译有误或与其他译名不统一时，方便读者查阅原籍。部分非英语系语言的书目、出版社，出于读者原文查找方便考虑，不作译介处理。

3. 原著引文的撰写格式，译者谨遵著者写法，未作改动，如"《教务教案档》，II/2/770，986—987 页"即指《教务教案档》，第二辑第二册，档 770，第 986—987 页；又如"《传教年鉴》51(1886)，580—582 页"即指《传教年鉴》，1886 年，卷 51，第 580—582 页，等等。

4. 关于 Christianity 一词的翻译。Christianity 为"基督教"的总称，包括天主教(Catholicism)和新教(Protestantism)。本书中著者以讨论天主教为主，少数地方涉及新教。因此，原文中著者用到 Catholic 的地方，皆译为"天主教"，用到 Protestant 的地方皆译为"新教"，用到 Christianity 的地方皆译为"基督教"。译文中如有"教会"、"教徒"、"教堂"等未特别注明的，皆指天主教。

5. 关于 Congregation 一词的翻译。该词译为中文可表达三层意思："教会"、"会众"、"教堂"。译者就此问题请教了诸位专家，但难以用一个专门名词泛指，因此译者根据上下文意思灵活翻译为上述三层意思中的一种。

6. 原文引自《教务教案档》中的材料，在表达距离时，将"里"换算成

"英里";翻译为中文后,考虑到中文读者的习惯,仍根据《教务教案档》原始记载,重新转换成"里"。但在著者引用的非英语系语言史料中,仍译为"英里"。

这部译著能够完稿,首先要感谢的是我的导师,江西师范大学历史文化与旅游学院教授、江西师范大学区域研究资料中心主任——梁洪生先生。多年来,他一直致力于将江西的学术推向世界,并努力将英语世界的研究成果推介给国内学界。导师的信任令我不敢妄自菲薄,开始了这次艰苦的尝试。在翻译、校稿和联系出版的过程中,导师不断地督促,给我加油,帮我联系著者,还在百忙之中抽空逐字逐句地校改我译好的粗略的中文稿。可以说,他对于该书付出的心血,并不亚于作为译者的我。

本书中文本能够顺利付梓,还要感谢江苏人民出版社"海外中国研究丛书"主编刘东先生、山东大学义和团研究所的崔华杰博士、清华大学出版社的岳秀坤先生、江苏人民出版社《海外中国研究丛书》项目负责人王保顶先生和责编张惠玲女士。他们对于素未谋面的译者竭诚相助,为了学术不求任何回报的精神和高度负责的态度,令人十分感动。在此,译者深表谢意!

最后要诚挚感谢本书的著者,美国学者史维东教授。我与教授仅有短暂的一面之缘,教授却能对我如此信任,并在后期一直以 E-mail 方式给予我指导。他把本书引用的中文原始材料全部提供给我,并且不厌其烦地解答我在翻译过程中遇到的许多问题,尤其是他对译文逐字逐句的审阅,对很多细节地方仔细推敲,既体现出一位学者的严谨态度和谦逊品格,又显示了他对汉语的高深造诣。如果本书的翻译还能够称得上准确的话,著者功不可没。

限于译者本身学识有限,译著中定有诸多不圆满之处。书中如有任何翻译上的错误,均由译者本人负责,与著者和校阅者无关,恳请学界先进给予批评、指正。

吴　薇

2012 年 2 月于杭州

第一章　中华帝国晚期的基督教

基督教自传入中国以后,引起的问题和冲突总是与基督教本身联系在一起。许多传教士将这些冲突贴上"迫害"的标签,大多数绅士却把它们看成一种自卫或反击。不管怎么说,19 世纪晚期中国大城市的传教士和基督徒的确命途多舛。在南昌(1862)、扬州(1868)、天津(1870)、福州(1878)、重庆(1886)、大运河及长江沿岸城市(1891)、成都(1895)等地城内或城外附近都发生过流血冲突和教产被焚事件。发生在城市的这些事件反映了这场冲突的规模、强度及其持续性。

这些充满血腥味的历史记载并未被忽略,有学者研究后得出结论:绅士是反基督教的,普通百姓也痛恨基督教。例如,赖德烈(Kenneth Scott Latourette)和柯文(Paul Cohen)就提到,绅士经常煽动针对教士和教徒的骚乱。绅士能够轻易如愿,是因为他们所称的这群奸猾狡诈之徒倚仗教士撑腰,欺侮乡邻,地方官府也需另眼相看。由于与周围人关系紧张,教徒要么分开来住,要么只能聚居在一起——就像"国中之国"。[1]

---

[1] 赖德烈(Kenneth Scott Latourette):《基督教在华传教史》(伦敦:Society for Promoting Christian Knowledge,1929 年),第 17、19—20 章,尤其是 279、333—335、348—350、(转下页)

实际上，我们对基督教在草根阶层的命运以及普通教民与平民之间的日常交往知之甚少。在相当长时期内，关于基督教是如何在小城镇和村庄生存的，哪怕仅就一省而言，也没有人论述过。为了填补这个空白，我的研究重点放到了 1860 至 1900 年的江西省，在这个重要时期，该省乡村教徒数量陡增，引发的问题也加剧。① 我将检验以下一系列假设是否成立：乡村教徒经常受到绅士阶层挑动的骚扰；生活在乡村的中国教徒都是些处在社会边缘的麻烦制造者，他们应该受到周遭愤怒群众的排挤；教徒自愿或不自愿地与他人隔离。

一些新材料可能会对这些假设构成挑战，它们来自对江西小城镇和乡村地区教徒的官方记载。在清代负责管理外国事务的部门——总理衙门的档案中，就有许多关于江西乡村基督徒的重要原始材料，这些材料以往常常被人忽视。从这些材料中可以看出三个问题：第一，绅士并不常常卷入和教徒有关的案子，或者说与其发生牵连；所谓的反教案件既不是由绅士挑起，也不是针对教徒。恰恰相反，它们通常不是因宗教问题引起的，而是因为一些特殊的世俗问题或个人原因导致。这些案件的内容也为我们提供了一个与以往不同的视角来看待教徒的日常生活：他们与平民正常交往，而不是相互敌对，冲突不断。第二，中国教徒不是

（接上页）421—423、467—468 页；柯文（Paul A. Cohen）：《中国与基督教：传教运动和中国排外主义的发展，1860—1870 年》（马萨诸塞州剑桥：Harvard University Press，1963 年），第 3 章，尤其是 86—87、141 页。以上两部著作代表了两个不同时期的研究。此外，参见柯文：《1900 年以前的基督教传教活动及其影响》，载杜希德（Denis Twitchett）、费正清（John K. Fairbank）主编：《剑桥中国史》第十卷：费正清主编：《剑桥晚清中国史，1800—1911》（剑桥：Cambridge University Press，1978 年），第 556—560、564—570 页。

　　本书中的"绅士"和"地方精英"两个词可以互换。广泛来说，绅士在地方事务上有权有势，是地方领袖，大部分人的权势来自于科举功名和优越的经济地位，反之，权势亦促成后两者的实现。另外一些人的权势则来自于财富、教育、经验、声望以及在宗族或某个社团的地位。

① 我没有论及 1900—1901 年江西发生的任何教案。在这两年间，义和团起义使华北地区的基督徒境况雪上加霜。而在其他地区，尤其是华中和华南，对该时段和主题尚无研究。我认为在此不宜涉猎如此庞大而复杂的话题，但希望我的研究可以为将来这些工作提供必要的背景。

社会渣滓,他们来自于各个阶层,有着各种各样的背景。他们和教外人在社会交往和商业往来中有着广泛接触,即使有时会产生一些矛盾,就地方社会看来,也是司空见惯;就性质而言,与日常生活中的其他矛盾没什么两样。第三,教徒与不信教族人和邻里的日常频繁接触也表明,他们并没有形成独立的小王国,相反,多数中国教徒继续与普通人比邻而居。事实上教徒只占其居住地区人口很小的一部分,即使举行宗教仪式,也是在当地正常生活允许的范围内进行。显然他们如愿以偿,尽管确实偶尔会有一些小摩擦。

19 世纪后 40 年中,除了 60 年代的南昌教案之外,江西发生的涉及基督徒的问题不能归结为由绅士发动的,或是群众性的反教(或反洋)运动。以下各章的材料证明,乡村居民能够接受,或者至少适应本村的基督徒。这种接受和适应,是否是教会迈向本地化的一个小小进步? 还是它只是江西特有的现象?① 中国其他省的普遍形势是怎样的? 如果也有类似状况,它对最终导致中国 20 世纪初及以后变革的力量的出现有何意义? 这些问题仍有待探讨。基督教在江西乡村地区发展的同时,乡村绅士也在加重对农民的剥削,乡村地区的不满和反抗风潮最终演变成席卷每一个人的革命风暴。江西教徒历经动荡能够生存下来,仅仅靠传教士的保护或信仰的力量是说不过去的。我相信,它是由于乡村社会基督徒与非基督徒之间广泛的相互适应所致。从我对江西的研究来看,我认为,1900 年以前,基督徒基本上是被乡村社会接纳的一份子。

一 儒家背景下的基督教研究

以往几代学者已经从许多不同角度对帝国晚期的基督教进行了研

---

① 随着中国人民族主义的觉醒,教堂的"地方首倡"、"自谋生计"和"控制"问题凸显。对这些问题的早期评论,可见毕范宇(Frank Wilson Price):《中国的乡村教会》(纽约:Agricultural Missions,1948 年),第 165—169 页;赖德烈:《基督教在华传教史》,第 801—822 页。

究，但讨论最多的莫过于从文化的影响和回应这一角度。一种观点认为，传教士来到中国传教，"给传统文化带来革命性的挑战"①。中国文化——至少在 19 世纪，是以绅士为代表的——十分注重儒家的传统和价值观。然而传教士发现儒家中国有很多缺陷，而且道德境界不如基督教世界。他们对儒学的批判势必要连带绅士阶层，因为绅士阶层是儒学体系最大的受益者。从这一观点看来，传教士努力传播基督教的意图超出了宗教教义的范畴，是直接针对绅士作为地方领袖的社会地位的正面挑衅。②

传教士在许多方面都表现为绅士最严厉的批评者和最大的敌人，而绅士也是这样认为的。由于享有治外法权和条约规定的特权——这两种权利既有正式授予的，也有传教士自作主张假定成立的——传教士可直接干预地方官府，或通过求助西方使节向中国官府施压。传教士们设立育婴堂和学校、参与赈灾救荒等，在社会、经济、政治和道德领域担负起绅士应该承担的责任，无怪乎绅士对传教士的到来在言行上都反应激烈。大部分史料认为，出于各种原因，19 世纪的绅士顽固地反对传教士，拒不接纳基督教。

这些假定，包括认为绅士在地方社会几乎占有绝对统治地位，只能说明一件事，即：绅士或多或少会卷入身边发生的事件，其中就有不少和基督教有关的争端和冲突。《中国和基督教》的作者就这一观点做了令人信服的论述。柯文发现，1860—1870 年间，南昌（江西）、长沙（湖南）和贵阳（贵州）三个中心城市的反基督教冲突具有相同的模式，即都是由绅士挑起的。由此他得出结论，在这些城市中，早已衰朽不堪的官府发现，只有迎合士民的反教情绪，才能使他们不与朝廷为敌。③

---

① 柯文：《1900 年以前的基督教传教活动及其影响》，第 544 页。
② 柯文：《1900 年以前的基督教传教活动及其影响》，第 564—566 页。
③ 柯文：《中国与基督教：传教运动和中国排外主义的发展，1860—1870 年》，第 88—123、263、272 页。

其他学者认为，乡村地区的形势与柯文在城市发现的模式相差无几。魏斐德认为，大部分居住在小城镇和村庄的"下层"绅士，因为政治权威和社会影响力更大的传教士的到来破坏了他们控制地方事务的权力，引起了他们的愤怒和敌对。[①]"下层"绅士很可能希望通过在乡村和平民中挑起反教行动，来保护其政治权威和社会地位，就像"上层"绅士在城市中的所作所为一样。

许多学者将19世纪末的诸多教案归咎于城乡绅士，认为是他们挑起或发动了这些教案。只需一种形式的证据就足够说明这一点：大量反教刊物，从书籍到匿名揭帖，还有不堪入目的图画，等等，都揭示出绅士将传教士当成社会政治上的敌人，把基督教看成异端邪说。这些材料四处流传，点燃了民众的反教情绪，尤其是在大城市，其所到之处，教士和教徒成为众矢之的。有相当多材料证明，绅士就是这些反教材料的炮制者、资助人和传播者。[②]

地方官员对于反基督教文字的流传似乎显得无动于衷，原因很简单：官员毕竟也是绅士，而且他们大多数人也因为同样原因而反对基督教。和绅士一样，官员对许多基督徒的信仰和仪式或许也存有许多误解。同时，官员也的确了解传教士的野心，并对此十分反感。许多官员觉得传教士对讼案干预过于频繁，他们在索取赔偿时，经常狮子大开口，并且常常要求革除不合作的官员。我们对于官员的"有为"或"无为"做出任何评价都必须考虑到官僚结构的问题，因为在地方社会，官员必须聆听绅士的意见，依赖绅士的协助，只有这样才能履行基层政府的各项职能。

---

① 魏斐德(Frederic Wakeman Jr.)：《中华帝国的衰落》(纽约：The Free Press，1975年)，第183—184页。

② 柯文：《中国与基督教：传教运动和中国排外主义的发展，1860—1870年》，第3—60页。在"中国人思想中的反基督教传统"一章中，柯文用了很长的篇幅讨论这方面的例子。另外，王明伦也从浩瀚的中国文献中对此类材料做了选辑，见王明伦编：《反洋教书文揭帖选》(济南：齐鲁出版社，1984年)，江西部分在第21页和114—121页。

如果官员支持并保护条约赋予传教士和教徒的权利，那么他们实际上在冒着疏远绅士的危险。疏远绅士很容易使地方政府的各项活动陷入混乱，即使不瘫痪，至少也会降低官员的办事效率。另一方面，如果地方官员和绅士站在一起反对基督教，那么高层政府官员在处理中外关系时又会面临很棘手的状况。地方官员面临两难选择。① 所以他们很少有人会选择公开反教，而是对绅士的行为睁一只眼闭一只眼，给他们"几乎完全的自由，实施其宣传组织活动"，或者保护他们不受连累，这样一来，实际上是"为反教活动提供了一个相对没有阻力和风险的灵活空间"②。

有人认为，绅士和政府官员在社会上的影响力及他们对基督教的反应，实质上增长了平民与教士教徒之间的敌对情绪。此外，学者们认为，平民本身就有足够的理由厌恶、仇恨基督教。比如，当传教士插手讼案、为教徒说话时，当教徒利用宗教地位来影响公堂断案时，他们的对手就必须承担昂贵的诉讼和善后费用。这还只是影响到个人或家庭，而整个邻里和村庄则必须为定期举办的地方寺庙的节日和演戏分摊更多的费用，因为总理衙门在 1862 年就有规定，教徒可以不用为此交钱。③

有些地方，反教冲突产生了大笔赔款。为了募集这笔钱，官员有时在合县百姓头上增收一些特殊名目的税，或提高税额。老百姓本来就对增摊税费不满，这样做无异于火上加油，使他们更加憎恶那些破坏了重要的社会性文化活动的教士和教徒。④ 基督徒不拜祖先，这不仅被看做是对主流文化价值的挑战，而且被认为是对香火延续、父系血统观念的威胁。此外，许多教外人认为基督教的一些仪式离奇古怪，甚至不道德，

---

① 芮玛丽（Mary C. Wright）：《同治中兴：中国保守主义的最后抵抗（1862—1874）》（斯坦福：Stanford University Press，1957 年；纽约图书馆 1969 年再版），第 146—147 页（再版本页数）。
② 柯文：《1900 年以前的基督教传教活动及其影响》，第 572 页。
③《教务教案档》第一辑，第一册，第 21 档，第 7—9 页；第一辑，第 2 册，第 795 档，第 720—721 页。以下引文将辑、册、档数简写，以斜号分隔，最后是页码数。这些材料中所有日期都转换成公元纪年。关于此档更多情况，见本章第 13 页注②。
④ 柯文：《1900 年以前的基督教传教活动及其影响》，第 557、567 页。

尤其是在天主堂内部举行的那些仪式。这便为谣言的产生提供了温床。[1] 传教士在某地修建教堂，而当地人认为有碍风水，会妨害整个地方。[2] 类似这样的矛盾使和谐的社会环境受到干扰。

民众的反教态度在政治领域也有所表现。在中国各地，平民有时候会把基督教和邪教或秘密会社联系起来。[3] 这种困惑随着太平军叛乱（1851—1864）而在华中和华南地区特别流行，许多人都分不清叛军的基督教和西方传教士传播的基督教有什么不同[4]，这更增添了对所有教徒的政治怀疑。许多中国人只知道太平军也信奉某种基督教，而朝廷要剿灭他们。由于太平军之乱使平民饱受战乱之苦，许多人都将此怪罪到基督徒身上。人们对基督教的态度和反应就有了各种理由，这些理由都来自于个人体验或地方经历，而不是绅士散布的偏见所致。因此，许多中国人公开反对基督教并不足为奇。柯文认为，统计表明中国教徒只占总人口的很小一部分，占人口绝大多数的老百姓不愿意和基督教发生任何关系。[5]

把这个结论做一个引申，得出的结果就是：皈依基督教的那些少数中国人有着不可告人的目的。传教士通过干预诉讼，吸引那些仅仅对法律上可能会带来好处感兴趣的潜在皈依者；通过施舍钱财和食物，使得那些只想得到施舍的人成为信徒。人们轻蔑地称这种信徒为"大米教徒"（吃教）。但传教士也使吸食鸦片成瘾者、无家可归的流浪汉、饥饿的贫民、孤儿和遭遗弃者改变信仰。由于传教士不遗余力地寻找各种可能的人入教，他们搜罗的据称都是些"最不守法纪"分子，"穷酸"分子和来自"最弱势的阶层——贫苦农民、小

① 吕实强：《中国官绅反教的原因，1860—1874年》（台北：中央研究院近代史研究所，1966年），第130—194页。
② 王斯福(Stephan D. R. Feuchtwang)：《中国风水术的人类学分析》（老挝万象：Vithagna，1974年），第172—175、236—254页。更多例子，见《教务教案档》，Ⅳ/1/367、454页。
③ 费正清：《天津教案背后的模式》，载《哈佛亚洲研究通讯》20(1957年12月)，第492—493页；赖德烈《基督教在华传教史》，第178—179页。
④ 柯文：《1900年以前的基督教传教活动及其影响》，第563、566页。
⑤ 柯文：《1900年以前的基督教传教活动及其影响》，第566—572页。

店主、小贩、流浪汉——在现存中国社会制度中希望最为渺茫的人群"①。对于认同这种说法的人而言，基督徒实际上成为了"贱民"的代名词，在文字意义及引申义上，它指的都是处于社会边缘的人群。

无论教徒是否来自社会的底层，传教士对他们的行为有一定的规定和要求，例如，信教者须听从传教士的说教，摒弃祖先崇拜，这意味着他们要和家族决裂，并且失去作为一个更大的社会团体成员所享有的利益。同样，教徒拒绝捐钱给地方寺庙的节日活动时，也冒着和乡邻疏远的危险。有些学者认为，诸如此类的举动将一个地方社会分成基督徒团体和非基督徒团体两个部分。柯文简明地概括为：大部分基督徒，特别是天主教徒，形成了"一个隔离的、孤立的，且通常和普通百姓疏远的社区"②。

二 江西基督教的研究

本书研究只针对江西一省，且主要研究其中信仰天主教的人群。选择江西作为个案研究对象，有以下几个理由。最初，作为拓荒者的天主教传教士，经常游历此省并在此传教。利玛窦神父来到南昌定居，并于 16 世纪 90 年代中期建立了第一个罗马天主教传教所。③ 接下来的两个世纪里，天主教徒经历了政治变乱和王朝更迭战争、政府不定期的反教、礼仪之争、清帝 1724 年的禁教，以及许许多多其他问题，但他们顽强地生存下来了。可惜，我们对于传教士的日常传教工作和这一时期基督徒的活动了解并不

---

① 柯文：《1900 年以前的基督教传教活动及其影响》，第 556—557、559—560、567 页。柯文对此的结论似乎受赖德烈（一位前新教传教士）等学者的影响。例如，赖德烈认为天主教的信徒都来自"社会最底层和最易引起骚乱的阶层"、"经济文化地位较低者"和"赤贫群体"，简言之，他们都是"物质上渺无希望者"，见赖德烈《基督教在华传教史》，第 333—334 页。
　　有人对赖德烈提出质疑，认为新教传教士更注重信徒的质量而不重数量，并试图以此来解释为什么新教在中国劝化人数进展相对缓慢。实际上，新教传教士和天主教传教士一样，都在同一"类"穷人中传教。
② 柯文：《1900 年以前的基督教传教活动及其影响》，第 557 页。
③ 德礼贤（Paschal M. D'Elia）：《中国天主教传教史：从最先的记载到今日之中国天主教教堂史概览》（以下简称《中国天主教传教史》）（上海：商务印书馆，1934 年），第 36 页。

多。但我们知道，许多基督徒以某种方式仍在坚持信仰。①

整个 17 世纪，传教士在竭力劝奉信徒时，面对并克服了不计其数的困难。他们在直隶（河北）、山西、陕西、山东、浙江、江南（江苏和安徽）和江西取得了巨大成功。有人估计，1627 年，上述地区大约有 1.3 万多名天主教徒。② 另据估计，1700 至 1703 年，全国的天主教徒数量从大约 196 200 人增加到不少于 30 万人。③ 这些数字如今都无法得到确证，但说明了这样一个事实：尽管天主教曾经面临许多困难，但它在许多省份都已深深扎根。在江西等地，教徒在家庭的支持或地方小教会（chrétientés）的帮助下，仍然以个人形式保持信仰。④ 17 世纪天主教的传播及教徒人数的逐步增长意味着一些中国人在皈依基督时，另外一些人同时也在适应它。然而到了 18 世纪，由于政府弹压，教徒的数量剧减到 1.2 万人。1800—1815 年间的统计数字变化很大，但到此时为止，中国大约仍有 20.2 万至 21.7 万名天主教徒。⑤

教徒数量相对稳定，直到 19 世纪三四十年代，西方打开中国国门，开放通商口岸之后，形势发生剧变。到 1901 年，教会宣称中国有将近 72 万名教徒。⑥ 19 世纪后半叶，每个省都有天主教传教士在传教。大多数

---

① 对这个问题进行探讨的著作为数不多，其中有一部讨论了传教士在普通人群中的传教，见谢和耐（Jacques Gernet）：《中国文化与基督教的冲撞》，简妮特·罗尔伊德（Janet Lloyd）译（剑桥：Cambridge University Press, 1985 年），第 82—104 页。

② 赖德烈：《基督教在华传教史》，第 107 页。

③ 赖德烈：《基督教在华传教史》，第 129 页；泽谢尔、泰萨、肯恩（E. Zürcher, S. F. Teiser, M. Kern）主编《东方研究手册》，卷 15/1；钟鸣旦（Nicolas Standaert）主编：《中国基督教手册，635—1800 年》（莱顿：Brill, 2001 年），第 382—386 页。

④ 法国传教士在某些特殊地区常常称基督教为 chrétienté，一位神父将它定义为一种"状态"（"station"）或"当地传教士"（loca missiomum），他还使用"小教区"（"small parishes"）一词，这种说法严格来说是不正确的，因为天主教教会在中国并没有这类教区划分，见《遣使会传教年鉴》47（1882）（巴黎：遣使会），以下简称《遣使会传教年鉴》（ACM），第 269 页。我认为 chrétienté 译为"会众"（congrégation）较合适。关于 chrétienté 一词的详细讨论，见《中国基督教手册》，第 536—537 页（尽管它是关于更早时期的 chrétienté 的讨论）。

⑤ 赖德烈：《基督教在华传教史》，第 182—183 页；《中国基督教手册》，第 383 页。

⑥ 赖德烈：《基督教在华传教史》，第 537 页。

传教士与教徒分布在直隶、江苏、四川、广东和山东，只有少部分在云南、湖南、甘肃和广西。[1] 就神父、教徒、教堂、小堂或礼拜堂（chapels）的数量而言，江西并不处于领先地位。1832 年，一位法国传教士和六位中国神父看望了江西的天主教徒，据估计大约有 6 000 名。[2] 10 年后这个数字增加了几百。江西分布有 160 多个地方教会，18 座礼拜堂。教徒在家里的祷告室（oratories）或礼拜堂里拜耶稣。[3] 1898—1899 年，欧洲神父增加到 36 位，中国神父有 18 位，教徒数量也增加到 23 338 名，共有 105 座教堂和礼拜堂。[4]

新教传教士也在江西传教。1867 年，卫理公会主教派出两人在新开放的九江口岸建立了第一座传教所。[5] 1869 年，来自中国内地会和其他小规模传教团体的传教士和卫理公会一起在赣传教。此后直到 19 世纪末，中国内地会是江西最大最活跃的传教团体。[6] 除了传道和劝奉信徒，新教传教士还开设学校，为学生修建木板房，为诊所、药房和医院提供药品，并为吸食鸦片的瘾君子们提供戒烟所。随着这些工

---

① 有一则史料提供了各省的总数，见约瑟夫·莫德雷（Joseph de Moidrey）：《1911 年中国各府县地图及基督教徒》（上海：土山湾育婴堂天主教会印刷所，1913 年），第 15 页。

②《在华遣使会》（密苏里州佩里维尔：St. Mary's Seminary，无出版地点和出版日期），第 4—5 页。这部手稿实际上记载了天主教自 1900 年以来在江西建昌府传教的历史。从手稿内容看，作者是位爱尔兰神父，20 世纪 30 年代至 40 年代初在赣东传教，该手稿著于 1942 年。在爱尔兰都柏林的圣高龙庞外方传教会档案馆（以下简称 MSSC）中可以找到该手稿尚未命名的修订版。修订版将传教史延伸至 20 世纪 30 年代。据一位 1940 年以后也在赣东传教的圣高龙庞外方传教士卢克·奥莱利（Luke O'Reilly）神父称，作者很可能是约瑟夫·穆仁（Joseph Mullen）神父。我将这一未命名的版本称为《穆仁手册》（无出版地点和出版日期）。

③ 1839 年，江西浙江宗座代牧区的代牧主教报告了江西省各个地方的天主教徒人数，有些看起来像是出自他的估计，见《遣使会传教年鉴》（ACM）9（1843），第 170—189 页。关于早期的统计数字有差异，例如：据另一则史料估算，1849 年大约有 4 000 名教徒和 20 座小教堂（chapels），见赖德烈：《基督教在华传教史》，第 238 页。

④ 此外，还有 15 333 名望教者（catechumens），见《遣使会传教年鉴》7（1900）（巴尔提摩和纽约：遣使会）[以下简称《遣使会传教年鉴》（ACM-E），加以卷数和年份]，第 212—213 页。

⑤ 季理斐（Donald MacGillivray）主编：《新教在中国的一个世纪（1807—1907 年）》（上海：American Presbyterian Mission Press，1907 年），第 440 页。

⑥ 季理斐：《新教在中国的一个世纪（1807—1907 年）》，第 144—145、162 页。

作的开展,到 1906 年,中国内地会共有 92 名传教士(包括妻子和随从),共为 2 192 名中国人施洗,并建立了 55 个教堂和 91 座礼拜堂。卫理公会传教士有 5 名,1 018 名受洗的信教者,10 座教堂和礼拜堂。① 在江西和其他大部分省份,新教的传教工作远远落后于天主教。因此,基于数量上的优势,我的讨论将主要集中于天主教徒及其与其他中国人的来往。②

我关注江西,除了传教士在这里传教的历史悠久和传教较为成功之外,另外一个重要的,也是最基本的原因,就是可以看见原始材料。就天主教而言,在我研究的这个时期内,在江西传教的神父主要是遣使会士(Vincentians,也叫 Lazarists),以及一些世俗神父,还有在江西工作的仁爱会修女(Sisters of Charity)。③ 他们写的无数报告提供了具体背景、详实的统计和教会工作的细节。而他们自 1833 年起陆续公开的信件提供了他们在江西游历、生活和传教的第一手材料。④ 他们对基督徒和教外人的评论,见解独到而深刻。有两位神父在江西工作横跨 50 年:一位是罗安当(Antoine Anot)神父,从 1844 年一直到 1893 年;另一位是游道宣(You Daoxuan,Joseph Yeou)神父,从 1844 年工作到 1896 年。⑤ 这两位行家和其他几位经验丰富的神父为本书中研究的一系列重要问题提供了有用的信息。虽然神父们倾向于记叙自己遇到的问题和涉及的冲

---

① 季理斐:《新教在中国的一个世纪(1807—1907 年)》,第 453 页。
② 一般而言,我使用"基督徒"一词,包括了天主教徒和新教徒在内,除非引用的文本或史料来源中要求更为明确的表述。
③ 在美国,遣使会传教士通常都被称为 Vincentians,而不是 Lazarists,因此我在这里使用前一个词。所谓的世俗神父(Secular Priests)通常是中国人,他们不是遣使会教士,但是有主教督导。仁爱会修女(Sisters of Charity)现在也称为 Daughters of Charity。
④ 自 1834 年开始,遣使会的报告和信件在《遣使会传教年鉴》(ACM)中陆续出版,1894 年英文版面世。巴黎仁爱会藏有许多和中国有关的未公开发表的信件(有些甚至早于 1834 年)及其他材料。此外,《天主布道会年鉴》(伦敦:Society for the Propagation of the Faith,1839—1901 年)也有一些上述遣使会史料中没有的资料。
⑤ 方立中(J. Van den Brandt):《1697—1935 年在华遣使会士列传》(北平遣使会印书馆,1936 年),第 40、48 页。

突，但他们偶尔也会草草记下平常某个时间发生的事情，这些文字对我来说如获至宝。

就中文资料而言，1860—1900 年间，江西的原始资料很丰富，且各个时期的史料分布均匀，这种条件不是每个省都具备的。[①] 更何况我们有19 世纪 60 年代南昌教案的研究做参考；这一所谓"模型"有助于我们进一步了解该世纪中期冲突的背景。[②] 1906 年，南昌发生了一起严重事件，一位官员和一位神父单独相处过后不久即神秘死亡，引起了一场大规模抗议，在当地掀起破坏天主教和新教教产的高潮，并且有几位传教士被害。这例教案也已得到充分研究。[③] 因此，江西已经受到西方学界的关注，但是关注的目光仍集中在这两个时期以及像南昌这样的大城市。

南昌作为省府，有极为活跃而强大的绅士领袖，这从太平军叛乱期间和 60 年代的反教事件中有组织的武装（团练）活动即可看出。[④] 这是否意味着南昌的绅士是把这次反教活动作为一个模本，将他们对基督教的偏见传播到江西其他城市和乡村地区，以便为将来的冲突提前打造一个活动舞台呢？或者正好相反，由于绅士在南昌以外地区的领导力量薄弱，影响不大，致使其他教派，包括天主教，得以扩张，从而造成与正统秩序的冲突呢？[⑤]

要想探讨这两种可能性，我们必须考察发生在江西村镇的各种教案

---

① 我在这里指的是《教务教案档》以及我自己对各省档案地理分布的调查。

② 柯文：《中国与基督教：传教运动和中国排外主义的发展，1860—1870 年》，第 88—94 页。

③ 恩斯扬（Ernest P. Young）：《清末的福音政治：1906 年的南昌》，载裴士丹（Daniel H. Bays）主编：《中国的基督教：从 18 世纪至当代》（斯坦福：Stanford University Press，1996 年），第91—113 页。

④ 孔飞力（Philip A. Kuhn）：《帝国晚期的叛乱及其敌人：军事化与社会结构，1796—1864 年》（马萨诸塞州剑桥：Harvard University Press，1970 年），第 152—164 页；柯文：《中国与基督教：传教运动和中国排外主义的发展，1860—1870 年》，第 88—94 页。

⑤ 在山东西南和西北地区，绅士疲弱令"邪教"活动扩张，最终导致对正统秩序的暴力反抗和与当地基督教的冲突。见周锡瑞（Joseph W. Esherick）：《义和团运动的起源》（伯克利：California University Press，1987 年），第 7—37、210—214 页。

的具体内容及其参与者的身份。当争端或冲突诉至公堂,如果有基督徒在内,教会的质询常常相随而至(但并不总是这样),这样做会引起官员的连锁反应。① 中国的官员会向总理衙门呈递相关的县一级记录、附加的调查报告和上一级官府的批复,以备复查和听候上层的指示。同时西方国家的权力机构也会向总理衙门送去基督徒的陈述与控状、传教士和领事的报告,以及与各个大臣的交涉,以便对方采取适当行动。这些文件和总理衙门的回复,组成《教务教案档》,即关于基督徒事务及牵涉到传教士、基督徒的案件和争端的档案。②

---

① 在江西,知县不会主动向上级呈报每一件和基督徒有关的案子。知县解决纠纷,尤其是民事纠纷后,如果没有人申诉,案卷就被压在县衙内。传教士并不知晓和基督徒有关的每宗案子,也不会干预每一次纠纷、诉讼或其他事件。天主教徒及其隐含的任何其他身份,并不一定和所有纠纷及案件有关。

② 《教务教案档》第一辑,1860—1866,3 册;第二辑,1867—1870,3 册;第三辑,1871—1878,3 册;第四辑,1879—1886,3 册;第五辑,1887—1895,4 册;第六辑,1896—1899,3 册;第七辑,1900—1911,2册,台北:中央研究院近代史研究所,1974—1980 年。对这些材料的描述,见李仁杰(Charles a. Litzinger):《书目和研究笔记》,载《清史问题》3.1(1974 年 11 月),第 95—99 页。

关于使用《教务教案档》,有些问题要陈述清楚。首先,对历史学家来说不幸的是,《教务教案档》目的并不在于保存制度的变革和社会的变迁,或文化史的资料,其中的材料主要是官方报告或案件审判的记录,无论一件案子保存了多少档案材料,都无法保证相关的重要历史信息确实存在。

第二个考虑是这些材料与官僚组织的关系如何。在那些平均县境方圆几百里、人口密集的县,知县要负责全县的案件审判、税收、维护治安。政府规定了许多任务的完成期限,知县的行政记录也取决于上级的年度考核(考成),他们随时都有可能被记过和降级。见约翰·瓦特(John R. Watt)《中华帝国晚期的知县》(纽约:Columbia University Press,1972年),第 174—176、184 页。

知县避免被责罚的方法之一,就是尽快将案子调查清楚并判决。一方面,这说明所搜集的证据和给出的供词都十分新鲜;另一方面,知县及其同僚下属希望速战速决,以减少甚至消除对案件事实或判决意见的反驳,这样就不会无限期地延长判决而耽误了行政考核的最后期限。

知县们希望快速办结案件、在公堂记录上众口一辞,还有一个原因,就是一桩案件只有经过详细调查并明确办结,才能获得上司的批复。知县明白,对于许多牵涉到传教士或基督徒的案件,省府的上级官员会在案卷送到总理衙门之前再仔细审核一遍。通常只有在他们派"委员"来和地方官员重新调查此案之后才会批复。如果由知县和委员联合写出的报告被上级接受,那么知县就可松一口气,因为其他官员也分担了案件中的行政责任,这样就减少了某一名官员受训斥的可能性。正如费正清所说,"自信的官员有时心存侥幸,将严重事件的报告压住不报,但更常见的是只上报积极的一面,即使是微不足道的一点小事。(转下页)

在一定程度上，《教务教案档》使我们能够看到笃信儒教的官绅们的立场。他们认为，包括基督教在内的异端邪教活动对社会道德和清政府统治具有潜在威胁，因此他们对于"教案"的调查和解决给予高度关注。① 教案不仅让中央政府的低级别代言人和县一级的次级官僚职能部门官员警惕地方问题，而且也督促那些希望维持社会政治现状的地方人士解决它们。因此，教案中反映的问题不仅有助于解释当时的这些事件，同时也使我们能够了解涉案各方的动机和行为。

从政府官员到绅士，我们是从"上层"的角度来看待冲突，而《教务教案档》中保存了自下而上的视角。当事人的笔录供词通常是由不识字的平民留下的。这些平民在别处没有留下任何记载。他们的供词揭示了地方社会的一些重要特点，例如：组织机构、关注重点、与绅士和县衙的关系等。这些来自基层的观点，也就是平民的观点，同样为我们观察中国人与基督徒的关系提供了具有重要意义的新视角。

《教务教案档》还包括一批具有很高价值的，由传教士撰写或提供的资料，有助于我们准确地重建这些案件。传教士直接送往巴黎和罗马的信件和报告中有许多相关信息。不论是中文资料还是西文资料，都对当时发生的种种问题有具体说明。官员审理了在传教士记述中没有提到

（接上页）这样做，他就会留下一个自己关于案件记录的版本；而且，通过让上级批复和转达他的报告，就使他们也卷入其中，无论将来发生什么，他们也要负连带责任。"见费正清、赖肖尔（Edwin O. Reischauer）和阿尔伯特·克雷格（Albert M. Craig）合著《东亚：近代的变革》（波士顿：Houghton Mifflin，1965 年），第 104 页。

　　历史学家可以通过传教士呈报给教会高层或各国公使有关案件陈述的函件，来对知县的报告做对比核查。如果公使（就江西而言，通常指法国公使）把该函件交给总理衙门，总理衙门的官员又将它转给省府官员证实。传教士的陈述和官员的记录需要做仔细的对比。经过比较，加上对案件本身的推理，通常就可以弄清楚事件的前因后果，牵涉到谁，发生了什么，等等。这种历史考证的工作量很大，尤其是在检验证词本身的时候。有时，参与者或证人的口供在措辞上一致得令人生疑。公堂记录副本准确与否，与书记员快速、准确地记录的能力有相当大的关系。毫无疑问，书记员在记录证词时，有时为了省却麻烦，会使用基本一致的语句。

① 对中国官员来说，教案是指和各种"异端"有关的事件。在本书中，我使用"教案"一词，是指传教士和中国基督徒，或中国基督徒内部有关的纠纷。

的案件,而传教士又记下了官方未曾向上级报告过的内容。但这并不是关键。知县们辖境广大、人口密集,管理起来异常艰巨。他们想在地方层面就把问题解决掉,而不愿闻听于上级。如果能够顺利解决,那么有关此案的材料就只保留在县衙档案里,而这些档案往往不久就易散失。就天主教而言,神父往往也是在一个庞大的教区工作,地方教会分布也非常分散。传教士每年只能访问各个地方教会一次,这往往使他们不可能知道和教徒有关的每一桩纠纷,更不用说干预了。而且他们的记述也会有遗漏。不过,这些大量的中西资料是目前所获最好的材料。由于记载的内容独特,而我又想尽可能地描绘出一幅有代表性的图景,因此,我会参考《教务教案档》中提到的每一起有关江西的案件。

可以肯定,教案档中的材料重点是发生在中国基督徒生活中的问题与冲突。但是这会转移我们的视线,使讨论的重点变成为什么会有敌视存在,以及它怎样导致冲突。教案记录中,关于江西省基督徒与非基督徒和睦相处的详情极为笼统,很容易被忽略。尽管不是一直这样,但西方学者的讨论常常忽视日常的、和平的时期。从涉及江西的传教士记载中,我想给出一个基督徒与非基督徒关系的另外一面。我相信这个论述将会揭示地方历史以往被忽视的方面,而且证明,我们不能只看到地方冲突——无论它影响多么深远,地位多么重要——也要看到,与此同时,还存在一个适应过程。

虽然我们可以计算出案件的数量和涉案基督徒的人数,但我们仍无法确定它们所占整个地方案件的比例是多少。这是因为江西这个时期的县级档案都已散佚。不过,我们可以通过计算页数和卷数,或者通过百分比,来试图确定基督教冲突占整个涉及西方人案件的比例。[1] 但正如柯文所

---

[1] 丁博文(Britten Dean)考证了1868—1894年有关中西冲突的各省季度报告,认为和美国人有关的案件中,37%因商务问题引起,23.4%和传教士(我想应该都是新教徒)有关;见其《从总理衙门档案看19世纪晚期的中美关系》,载《清史问题》4.5(1981年6月),第85—88页。(转下页)

说，全面评价基督教在1860年以后对中国社会的威胁不能仅限于计算基督徒的数量，也就是说教案的数量。既然少数传教士或基督徒就能扰乱一个地方社会已有的权力结构，我们最好承认"定性因素，如曝光度高、外部的政治支持等，重要得多"①。

强调定性因素——我认为还包括一些隐藏的问题和原因——就会引发这样一个问题：当基督徒案件和平民案件一起被放到一个我们所了解的中国社会和法制体系中时，前者有多么典型？或者说有多么不典型？② 根据我对所见江西教案材料的研究，我认为，这些五花八门的案件以及案件中突出的某些问题，只能说具有代表性，但并非特例。然而，由于这些教案只涉及某些地方教会和相对较少的几个人，也可以认为发生的问题和冲突极其有限。③ 此外，很显然，没有哪个地方的教案会像涓涓细流，延绵不断。为什么？我认为正是因为乡村社会本身的特质——发生冲突的源头、涉案各方、涉案人员解决问题的方式，以及基督徒与非基督徒如何在他们朝夕相处、同生共死的土地上互相适应——排除了这种可能。

本书案例来自于《教务教案档》，必要时从西文材料中补充。这些案

（接上页）试图将涉及教士、教徒的冲突与其他类型的冲突做统计学上的比较，这将极其复杂。如果这样做，势必将所有案件视为同等重要，但是有些案件涉及人命或重大财产损失，并且导致许多其他问题，需要花费大量时间和运用各种资源来解决，而有些案件不是这样。历史学家倾向于关注前者，忽视后者。

在《中国与基督教：传教运动和中国排外主义的发展，1860—1870年》第272—273、346页，注13，柯文写道，自19世纪末以来，涉及传教士的冲突比涉及其他任何西方团体的冲突要多。为证明这一观点，他将两者进行了长达数页的比较。后来，柯文似乎修正了自己的观点，称"武力冲突不能量化，公开骚乱不一定是它最主要的表现形式。在探讨19世纪最后几十年的反基督教骚乱时，尤其要记住这一点。"见《1900年以前的基督教传教活动及其影响》，第570页。

① 柯文：《1900年以前的基督教传教活动及其影响》，第563页。

② 例如，见黄宗智《清代的法律制度与实践》（斯坦福：Stanford University Press，1996年），第21—50页；苏成捷（Matthew H. Sommer）：《中华帝国晚期的性、法律和社会》（斯坦福：Stanford University Press，2000年），第17—29页。

③ 在江西，1900年左右，大约1 800万总人口中，约有2.7万名天主教教徒（不包括望教者）和新教教徒。基督徒只占总人口的0.15%，与他们有关的冲突按比例而言，在数量上也是很少的。

例表明,无论城市还是乡村,基督徒问题常常是因为互不关联的世俗事务引起的,如欠债不还、房产交易和个人私事等等。许多案件因俗事而起,基督教本身不构成主要原因,地方官员常常很容易解决。总之,就案发原因、事由、进展和时间来说,这些案件都是孤立的,没有证据表明来自绅士阶层的策划者企图、或已经成功地将它们串联起来。

虽然绅士公开表示对基督教的敌意,而且他们在地方社会处于主导地位,然而却没有发现他们有组织地反对基督教,这点值得探究。当然,我们发现有些绅士参与了某些教案。但是他们与基督徒的冲突,就像与其他百姓的冲突一样,都是属于非宗教性的。即便绅士的确试图把基督教与异端挂钩,这一点也鲜少成为冲突的主要原因。在考察了江西1900年以前的所有教案之后,除了19世纪60年代的南昌教案之外,我们很难下结论说,在地方上或在全省范围内形成了一种绅士领导的反教运动。

因为大多数教案只是些零散孤立的案件,并未伴随其他运动,所以政府官员成功地解决了大部分教案。地方官员在处理这些案件,防止它们扩大成为朝廷的外交大事方面,值得称道。这一点在接下来各章中非常清晰,我在这些章节中将逐步阐述和探索:基督徒与非基督徒之间的问题绝大部分因具体的世俗事务或个人私事引起的。

接下来的一章,我将概述天主教抵达江西、开基和发展过程以及教会生活的真相。通过近距离观察乡村的天主教,我们发现,绝大部分地方教会负责日常生活的会长都不是欧洲传教士或中国神父,而是传道员(catechist)和地方教头,是他们在指导当地的天主教徒。教徒来自各行各业,与周围一起居住、劳作的普通中国人没什么不同。单个教徒或众教徒也不会孤立于外人;他们与不信教的亲朋邻里仍保持着家族关系、社会关系和生意往来。

第三章,我将明确传教士在哪里、为什么以及怎么样修建教堂、礼拜堂和祷告室。这些拜教场所绝大部分在乡下,乡村教徒在资助和维护方面发挥着重要作用。然而，这些新的活动和新修的房屋，正如基督徒与非基督徒之间的其他接触一样，也会引起矛盾。我以几个县为例，阐明这些矛盾发生的多元原因及其世俗本质。

第四章主要讨论宗族和家庭内部的矛盾。个案研究清楚表明，任何原因都可能引起矛盾，又由于所涉及的人不同而愈加复杂。在宗族和家庭内部，我们发现，一旦涉及妇女，尤其是寡妇时，对涉案每个人来说都是相当复杂的一个因素。涉及寡妇财产"权利"的案件使我们了解，基督徒与非基督徒之间不仅有经济关系，也有人伦纲常。我们要知道，那些被牵连的人都受到爱、恨、嫉妒、愤怒和"面子"的驱使或影响。人们的感情有时会使他们做出导致个人悲剧的事情，但这些和他们的生活地位或宗教信仰无关。

房地产交易和争端是第五章的主题。在查阅了关于传教士、基督徒购买房地产权及手续的条约内容之后，我研究了几例个案。其中突出的问题是对土地资源的争夺和非法的欺诈交易。有趣的是，出现风水问题时，争端双方均未强调文化信仰，或者把宗教作为反对的主要理由。

第六章讨论的是涉及基督徒时的清王朝的地方治安。许多省府和地方官员对于基督徒的政治倾向私下抱有怀疑，但不管怎么样，他们不能不维持法律和秩序，使每一个人处于可控制之中。无论是由基督徒还是由平民引起的冲突，官员都把镇压骚乱作为第一要务，至少在19世纪60年代的南昌地区是如此。这意味着官府要控制绅士，压制其反教的热情。其他地区则根据当地客观环境，因地制宜地利用绅士，关闭或开放团练局。此外，它还意味着利用"保甲"制度（互相监督和保障安全的地方系统）和"地保"（县衙在地方上的代理人）来处理冲突。本章的案例分析表明基督徒可能是犯案者，也有可能是受害者，同时阐明治安问题的发生通常都具有世俗根源。

最后一章考察了一例乡村天主教徒与不信教的亲朋族友和睦相处的案例。在赣东九都村，我们发现一个不可多得的机会，深入观察乡村的基督教,居民怎样处理宗教分歧以及日常的生活。[①] 在九都,天主教似乎与乡村社会的节奏非常合拍。在这里以及其他乡村地区,天主教的传教工作也显得务实灵活,尤其是在与教外人的接触方面。神父经常允许被育婴堂抚养长大并受洗的女孩嫁给教外人,也欢迎不信教的平民参与抚养育婴堂内的孩子。普通教民也很随意。他们是怎样做到让自己的信仰适应地方,而教外的亲朋邻里又是怎样适应他们的,这些都隐藏在基督教在中国尚未讲述的故事中。

---

① 九都现在被称为游家。

第二章　江西乡村的教徒和地方教会

　　大部分关于中国基督教的研究主要针对各种教案引起的外交问题，或是某些冲突所体现的文化差异，而没有从地方层面去近距离地观察基督教。毕竟，城镇或乡村才是教士、教徒和教外人真正发生冲突的地方。最典型的中国人社区，是人们在一起生活劳动，彼此关系错综复杂而又密不可分；人人遵守儒家的行为标准，服从社会大同的需要。教徒既是家庭的一员，又是家族和地方社会的一员。尽管信教可能会使一些关系受影响，但教徒和教外人还是要面对各种私人的或公共的日常琐事。本章主要探讨天主教会在江西乡村社会的建立及其作用。通过神父和传道师在传教区内的活动，我们分析了教徒个人及其社会经济背景。从下面列举的这些案例来看，乡村地区的教徒和教外人之间的摩擦几乎与宗教无关。

一　江西教会的背景

　　利玛窦神父和几位旅伴在 1594 年离开广东，希望使耶稣会立足北京。然而，南京的明政府官员禁止他们继续北上。利玛窦迫不得已，只好沿原路返回，来到南昌。他觉得自己在这里很受欢迎，于是决定留下，并于 1595 年 6 月 28 日在南昌建立了江西第一个传教所。[①] 四年后,利玛窦离开,但其他耶稣会士陆续到来,继续在江西传教。1616 年,罗如望(João da Rocha)神父在位于赣东的建昌府治南城县创建了江西第二座传教所。大约 40 年后,另外一位耶稣会神父在位于江西南部的赣州府治赣县建了一座教堂。到 17 世纪 80 年代,耶稣会士已建立至少 7 座教堂,其中大部分在江西北部,拥有耶稣会神父四五位,教徒几千人。[②]

在这样一个地广人稠的地区,寥寥几位神父显然无法满足传教的需求。之后陆续有来自巴黎外方传教会(Society of Foreign Missions of Paris)和其他托钵修会,即奥古斯丁会(Augustinian)、多明我会(Dominican)和方济各会(Franciscan)的传教士小批量地到这里来帮忙。其中方济各会的成就尤为显著。1685 年,第一位方济各会修士穿越梅岭关,从广东进入江西南部;两年后方济各会在传教士北上途中进行休整的第一站——南安府治大庾县购置了房产,修建了一座教堂和住院。在接下来的十余年中,传教士在该地区劝奉了 1 400 人。到 17 世纪 90 年代末,方济各会已经在江西南部建立了六个传教所;他们在该省的传教活动一直持续到 18 世纪。[③]天主教在该省其他地方也有过繁荣时期,例如 1712 年,著名瓷都景德镇的一个传教所一个月之内就受洗了 50 位成年人。[④]

然而,雍正 1724 年的禁教沉重打击了蓬勃发展的传教活动。在全

[①] 赖德烈:《基督教在华传教史》,94—95 页;德礼贤:《中国天主教传教史》,第 36、98 页;卫三畏(S. Wells Williams):《中国总论:关于中国及其居民的地理、政府、文学、社会生活、艺术和历史的考察》(以下简称《中国总论》),卷 2,修订版(纽约:C. Scribner's Sons, 1883 年),第 290—291 页。

[②] 阿森瑟斯·马克伊纳雷(Athanasius McInerney):《1685—1813 年间在江西的西班牙方济会会士》(圣博纳文大学硕士论文,1946 年),第 11—18 页。

[③] 阿森瑟斯·马克伊纳雷:《1685—1813 年间在江西的西班牙方济各会会士》,第 20—23、39 页;本沃德·威莱克(Bernward Willeke):《Fray Manuel del Santisimo Sacramento——江西的最后一名方济各会会士》,载《方济各会研究》26. 2(1945 年 6 月),第 177 页。威莱克引用了一篇 1765 年的传教士报告,其中称天主教徒数为 9 713 人。从其他材料来看,这个数字并不可靠。

[④] 赖德烈:《基督教在华传教史》,第 118、158 页。

国范围内,官府按律驱逐教士,没收教产。侥幸留下来的神父一举一动十分谨慎。在江西,传教士要确保人身安全,只能在他们所信赖的教徒当中活动,并且要避开城市。18世纪70年代,一位方济各会教士在江西南部传教期间,一直和虔诚的教徒住在一起。① 此后,朝廷追加的禁教令和官府的禁教行动进一步打击了基督教。1784—1785年,官府在许多省份(包括江西)逮捕神父,押送到北京,投入狱中。② 虽然清代各个地方禁教力度不一,但实际造成的后果是公开的传教活动剧减,天主教地方教会的发展也受到遏制。

在这段低潮时期,遣使会(Congregation of the Mission)传教士抵达澳门。1773年,教皇取缔耶稣会,由遣使会取而代之。1785年,主要由法国神父组成的遣使会接管了耶稣会在北京地区的事务后,又相继接管了耶稣会在其他地区的传教事务,其中就包括江西。刘格禄(Jean-François-Régis Clet)神父在1792年前往湖北的途中经过江西,在江西停留了近一年,劝奉当地百姓加入教会。据他的记录：

> "我已为100多名受过良好教育的成年人受洗。本来我可以为更多人受洗,但我认为他们还没有足够的经文知识,而且我们发现,轻易受洗的望教者(catechumens)在迫害面前容易背叛。"③

直到40多年后,才有另外一位遣使会神父从欧洲来到江西。在这段漫长的空档期,遣使会做了些调整。考虑到传教需求和人手短缺,教会任命了一批中国教士来照管那些虔诚的信徒。④ 这些为数不多的留守中国神父只好又利用传道师来督导并维持分散在各地的乡村教徒的信

---

① 本沃德·威莱克:《Fray Manuel del Santisimo Sacramento——江西的最后一名方济各会会士》,第178—179页。
② 本沃德·威莱克:《Fray Manuel del Santisimo Sacramento——江西的最后一名方济各会会士》,第180—182页。
③《在华遣使会》,第2—3页。
④ 赖德烈:《基督教在华传教史》,第170页。

仰。禁教令下，神父们不得不保持低调，以免惹祸上身。有时他们会在夜里活动，小心地绕过行政中心城市，避免和官府发生正面接触。

清政府的禁教立场使天主教只好转入地下发展，这样一来，其传教活动不免和"邪教"有些类似。[1] 但是，19 世纪初西方势力和西方利益在华的迅速扩张重新激活了教会活动。1883 年，和德广（Bernard-Vincent Laribe）神父到达江西，在建昌——该省基督教活动历史第二悠久的地区——附近的一个村庄定居下来，在这里公开传教，而且成就斐然。据和德广神父的记载，在遍布江西的礼拜堂中，大约有 6 000 名天主教徒。他尽量每年访问每个地方教会一次，为日后的发展打下基础。[2] 随着欧洲神父的回归，中国神父人数的增加，以及时势的改变，天主教又可以重新修建新的教堂。例如，1834 年，位于南昌北面、鄱阳湖沿岸的商业重镇吴城镇在城郊的梅家巷建了一座教堂。[3] 全省的基督教地方教会开始公开活动，稳步扩张。

第一次鸦片战争后，法国在 1844 年和 1846 年的清帝国和约中获得传教特权。这时的清政府允许修建教堂，但仅限于五个通商口岸；内地的教产可以有条件地还给天主教会；笃信天主教的中国人可以公开信教而不用害怕受惩罚。[4] 尽管中国仍然明令禁止传教士进入内地，还是有许多传教士通过乔装改扮来掩饰国籍和身份，秘密潜入内地。有些神父

---

[1] 柯文在《1900 年以前的基督教传教活动及其影响》第 545—546 页写道："基督教团体愈是遭到像秘密会社那样的待遇，愈是被迫像秘密会社一样活动。"但我更倾向于认为基督教在 1724—1844 年间，更类似于欧大年（Daniel L. Overmyer）提出的"教派"（"religious sect"），见其《民间佛教：中国传统社会晚期的异端》（马萨诸塞州剑桥：Harvard University Press，1976），第 7—11、54—58、102—108、113—129 页。

[2] 《遣使会档案》（法国巴黎）所收录的《江西的遣使会》，第 34—39 页。另见《在华遣使会》，第 4—6 页。另外一则早期材料对天主教徒数量的估计是 1 万人，见《遣使会传教年鉴》（ACM）5(1839)，卷 8。

[3] 《教务教案档》，Ⅰ/2/969、907。法国公使哥士耆（Kleczkowski）报告称，1840 年地方官员曾下令拆毁这座教堂。

[4] 赖德烈：《基督教在华传教史》，第 230 页；柯文：《1900 年以前的基督教传教活动及其影响》，第 550 页。

通过陆路由广东进入江西,有些则乘船到福建,再走陆路到江西。

随着教会的迅猛发展,江西很快成为独立的宗座代牧区(Vicariate Apostolic),1845 年罗马教廷将其置于遣使会管辖之下。[①] 遣使会任命的第一位代理主教(即名誉主教)是穆导沅(François-Alexis Rameaux)神父。穆主教对和德广神父和其他神父取得的成就赞赏有加,支持他们在培养教徒信仰的同时,创办教会学校。仅三年后,天主教徒就在吴城镇成功地修建了一座新的教堂。[②]

对于江西教徒的早期统计并不多,但是根据 1841 年的一个数据,当时该省有 6 998 名天主教徒。[③] 而负责这些教徒的只有一名主教和六名遣使会士,有一名多明我会神父也曾在江西活动过。[④] 这些数字与十年后该省神父的记录吻合,所以应该是准确的。[⑤] 1849 年全省有 10 名神父,8 536 名天主教徒,25 座教堂和小堂,1 所修院和 8 所学校。[⑥] 广西爆发太平军叛乱并向北蔓延时,江西各地教会共有大约 9 000 名天主教徒。[⑦]

[①] 1696 年,教皇将中国划分为七个宗座代牧区,江西是其中之一。后来,罗马教会为更好地管理教务,于 19 世纪 30 年代末 40 年代初重新做了调整。江西和浙江于 1838 年合并,七年后又分开。遣使会代牧主教负责两省教务。1879 年罗马在江西另设一主教,1885 年又增设一名。该省起初分为江西北部和江西南部两大教区,后来,江西北部教区又分出江西东部教区。关于这一点有许多史料可资借鉴,但在日期上有些细微的不一致。见赖德烈:《基督教在华传教史》,第 125、232 页;《东亚天主教传教文选》(巴黎和里尔:Société de Saint-Augustin,1888 年),第 95 页;约瑟夫·莫德雷:《中国、朝鲜和日本的天主教:1307—1914 年》(徐家汇:土山湾育婴堂印刷所,1914 年),第 99、102—103、258—259 页;《遣使会在华传教回忆录》,卷 3:《宗座代牧区》,新版(巴黎:La Procure de la Congrégation de la Mission,1912 年),第 190、200 页。

[②]《教务教案档》,Ⅱ/2/778、994 页。

[③]《遣使会档案》(法国巴黎):《灵魂的果实,1841 年》,案卷号:C176-Ⅰ-b-2-1。

[④]《遣使会传教年鉴》(ACM)9(1843),第 169—191 页。

[⑤]《遣使会传教年鉴》(ACM)11(1846),第 499 页;《遣使会传教年鉴》(ACM)13(1848),第 296 页;《遣使会传教年鉴》(ACM)15(1850),第 94—95 页;《遣使会传教年鉴》(ACM)16(1851),第 161 页。

[⑥]《遣使会传教年鉴》(ACM)11(1846),第 499 页;《遣使会传教年鉴》(ACM)13(1848),第 296 页;《遣使会传教年鉴》(ACM)15(1850),第 94—95 页;《遣使会传教年鉴》(ACM)16(1851),第 161 页。

[⑦]《遣使会传教年鉴》(ACM)18(1853),第 446—447 页。赖德烈认为,1856 年天主教徒的数量是 9 000 人,见《基督教在华传教史》,第 323 页。

太平军长期激战及其引起的社会动荡对教徒来说,不啻于一场灾难。不过最开始的时候,太平军尽量不与教徒和教士发生冲突,因为叛军认为他们即使不与其同盟,也算是兄弟。一位传教士说,有些地方太平军烧毁寺庙,但却不碰小教堂。[①] 19 世纪 50 年代中期,叛军占领了建昌府大部,但他们与九都的传教士仍保持着友好关系。大部分太平军都尊重该村的教徒,也没有破坏那里大量的教产。一位驻扎在建昌的太平军领袖为传教士友好地开放了七个安全通道,以便他们能自由访问被叛军占领的江西其他地区的教会。[②]

随着时间的推移,太平军与天主教的关系逐渐恶化,其中原因之一就是英法联军对清政府的援助。[③] 太平军遭到清军镇压后,与天主教徒之间的冲突不断扩大。到了后期,太平军队伍涣散,纪律也不如以前严明,他们打家劫舍,并不在乎被抢的是不是教徒。太平军不仅破坏了教徒的房屋和店铺,还捣毁了江西各地的教产。叛乱期间,尤其是后半期,江西有大约 3 000 名教徒死亡——占教徒总数的 1/3。他们大多数死于战火,也有一部分是太平军洗劫直接造成的。[④]

教徒不仅饱受太平军之苦,也没能躲过镇压叛军的清军。这个王朝一直怀疑传教士和教徒对朝廷不忠。1724 年的禁教令使这种怀疑公开化,人们把基督教与被禁的白莲教混为一谈。[⑤] 官府常常以神父参与白莲教为名逮捕他们,这种状况一直延续到 18 世纪末。[⑥] 19 世纪江西各地的官绅士民都把天主教徒和官府所知道的叛乱教派,如"斋教"或"斋

① 《天主布道会年鉴》16(1855),第 45 页。
② 《遣使会传教年鉴》(ACM)22(1857),第 375—377 页。
③ 赖德烈:《基督教在华传教史》,第 295—302 页;简又文,《太平天国全史》3 卷(香港:Jianshi Mengjin Shu Wu,1962 年),第 531—538 页。
④ 《遣使会传教年鉴》(ACM)26(1861),第 281—299、332、335 页;赖德烈在书中也提到天主教徒人数的减少,见《基督教在华传教史》,第 323 页。
⑤ 柯文:《1900 年以前的基督教传教活动及其影响》,第 563 页。
⑥ 例如,1769 年四川官员逮捕了一位欧洲神父,称其与白莲教有牵连,将其系狱八年。赖德烈:《基督教在华传教史》,第 165 页。

匪"联系起来。[1] 据法国籍神父罗安当称，19 世纪 40 年代中期，一位官员巡视高安县的三桥村时，发现这里有许多天主教徒，就把这里称为"素食者"村（指不吃肉），即"斋村"[2]。后来经太平军领袖洪秀全修改过的基督教神学又使许多人把天主教徒和太平军联系在一起。[3] 清军把天主教徒认做叛军，因此才会发生下面这件事：1857 年，吴城的一位军官怀疑教徒对朝廷不忠，令其兵卒杀死看教人，捣毁教堂，拆掉所有教徒开的店铺。[4] 之后，吴城的天主教徒迅速在大沟巷重建了另一座教堂，但于同年毁于大火，官方记载中没有透露这场大火的原因。[5]

尽管全国上下各个阶层普遍在政治上不信任基督教徒[6]，但是，曾在江西传教的教士信件中，仅有一封提及一位斋教领袖及其全家被劝化入教。[7] 虽然没有事实证明天主教徒与邪教有瓜葛，然而，公众认为哪怕规模很小的地方天主教会也可能对当地治安造成威胁，这一观念必定使教徒深受影响，令他们成为政府控制和大众怀疑的对象。[8] 如果教徒被怀

---

① 这些被称为"斋匪"的人是一个秘密会社的成员，它可能是白莲教的一支。和在其他省份一样，这个会社在江西各地十分活跃。见兰金（Mary Backus Rankin）：《1895 年古田事件：基督徒与斋匪的对抗》，载《中国研究论文》15（1961 年 12 月）；第 34—35 页。

② 《遣使会传教年鉴》（ACM）12（1847），第 98 页。官员可能把天主教徒在封斋期和特定的几日内不许吃肉与斋教徒混为一谈。

③ 《遣使会传教年鉴》（ACM）58（1893），第 244 页。

④ 《教务教案档》，Ⅰ/2/969、907 页。吴城同知证实，因怀疑天主教徒与太平军有染，于 1857 年捣毁该城教堂，《教务教案档》，Ⅰ/2/974、910 页。

⑤ 《教务教案档》Ⅱ/2/778、994 页。

⑥ 例如，1870 年，华北两个村庄的百姓（很可能是白莲教成员），在邀请一位新教传教士拜访他们时，明显带有不可告人的目的。费正清认为这一点"多少证明了一种假设，即基督教常常引起中国民众中，对现有秩序最为不满的这一部分人的兴趣"，见费正清《天津教案背后的模式》，第 492—493 页。

⑦ 《遣使会传教年鉴》（ACM）21（1856），第 404 页。

⑧ 请注意，由于基督徒的数量微不足道，实际潜在的危险比我们想象的要大得多。毕竟 1885 年江西只有大约 1.3 万名天主教徒，到 1900 年只有 2.3 万人，还包括约 3 200 名望教者。赖德烈：《基督教在华传教史》，第 323 页；《遣使会传教年鉴》（ACM-E）7（1900），第 212—213 页；季理斐：《新教传教士在中国的一个世纪》，第 453 页；伯特瑞·沃尔夫兹坦（Bertram Wolferstan）：《1860—1907 中国的天主教堂》（伦敦：Sands and Co.，1909 年），第 436—437 页，附录，表 A；库柏（Samuel Yale Kupper）：《中国的革命：以江西为例，1905—1913》（密歇根大学博士论文，1973 年），第 58 页。（转下页）

疑与叛军结盟或同情叛军,对他们而言,将遭到严重的政治敌视;而对于出于外交关系考虑,不得不保护基督徒免受过度滋扰和伤害的清政府来说,外交将变得更加棘手。

二　地方教会的构成

大多数有关中国基督教的研究对教堂神职人员和地方教会的介绍都很模糊。传教士身负重任,工作繁重。关于他们在各自的辖区教会所起作用的资料有助于我们了解他们在地方上势力的扩大、中国神父的日常活动状况及地方教头的重要性等。从入教过程的记载可以看出,传道师的作用很大,地方教会的日常活动实际上掌握在传道师手中。从教案材料中我们还可以看到,对地方天主教徒而言,入教对他们个人有重要影响,同时还了解到中国人如何看待一个人成为天主教徒。这些具体材料对于我们理解中国乡村基督徒的生活有很大帮助。

(一) 传教士和中国神父

关于江西传教士个人和本土神父,除了名字和简单的生平记载,我们没有很多材料。我们对他们的背景、性格、能力和工作习惯所知甚少。[①] 传教士从欧洲来到中国,穷其一生传教,不指望重返故乡休假或告老还乡,这意味着他们对自己的信仰和工作具有高度献身精神。大多数神父,尤其是那些在

(接上页)江西全省人口数字在 1851 年大约是 2 450 万,太平军叛乱后减少了大约 600 万—800 万,与之相比,基督徒的数字是很小的。帕金斯(Dwight H. Perkins):《中国农业的发展(1368—1968)》(芝加哥:Aldine Publishing Co. ,1969 年),第 202—214 页,附录 A;何炳棣:《中国人口研究(1368—1953)》(马萨诸塞州剑桥:Harvard University Press,1959 年),第 244—246 页。

① 中国神父的简要列传,可见方立中(J. Van den Brandt):《1697—1935 年在华遣使会士列传》(散见于书中各处);罗伯特·斯德瑞特(Robert P. Streit):《传教书目》,卷 12;《中国传教士文集(1800—1884)》(弗莱伯格:Verlag Herder,1958 年)。巴黎仁爱会档案馆所藏人物传记中载有在江西传教的几位传教士的资料,但十分有限。

内陆的神父，一旦进入中国，所居住的地方与通商口岸是两个完全不同的世界。传教士很少与不是同一级别或不同地方教会的传教士有来往，因此对一些普遍问题和传教成就了解有限。传教士数年如一日地只在省内属于本修会的辖区或教区传教。① 他们形单影只，独来独往，语言不通，缺少家庭温暖，有时甚至缺少人身安全保障，在不断的旅行生活中，饱尝艰辛。当然，中国籍神父也要忍受磨难。尽管他们通常来自天主教信仰历史很长的家庭，而且或许还能从家庭对其献身传教事业的支持中得到些许安慰，但仍然有大部分时间离家在外，长途跋涉。② 一位资深的中国神父这样建议：身为神父应该尽量减少与亲人的接触，以达到"超然无私"的要求。③

在江西，因为天主教神职人员数量太少，要照管的地区范围太大，人口又如此密集，他们不得不经常旅行。我们可以比较准确地计算出 19 世纪在该省传教的遣使会传教士和中国神父的数目。1832 年，该省只有 1 位法国神父和 6 位中国神父；到 1849 年，增加到 4 位法国神父和 6 位中国神父；到 1871 年，教会在江西有 6 位欧洲神父和 13 位中国神职人员；1884 年有 21 位欧洲神父、6 位修女和 23 位中国神父；1898—1899 年，有 36 位欧洲神父和 20 位修女，还有 18 位中国神父。④ 教会派遣的神职人员很少，划拨给他们照管的教区却很大。19 世纪 60 年代末，江西的宗座代牧主教——或者说主教——曾派付儒翰神父去吉安、瑞州和临江府以及另外几个地方传教。⑤ 1870 年，官府文献中提到抚州府只有一

---

① 赖德烈：《基督教在华传教史》，第 343、345 页。

② 赖德烈：《基督教在华传教史》，第 337 页。

③《遣使会传教年鉴》(ACM-E)3(1896)，第 463 页。

④《在华遣使会》第 5 页和 68 页；《遣使会传教年鉴》(ACM)50(1885)，第 210 页；《遣使会传教年鉴》(ACM-E)7(1900)，第 212—213 页。赖德烈提到，1849 年江西有 10 位神父。1843 至 1859 年间，在直隶（包括北京）、浙江、江西和河南（直到 19 世纪 60 年代）传教的遣使会士增加了 52 名中外籍神父；1860—1899 年间，又增加了 235 名神父。见赖德烈：《基督教在华传教史》，第 238、321 页。根据沃尔夫兹坦的《中国的天主教堂》一书（第 436—437 页），1907 年江西的三个教区有 48 位欧洲传教士和 12 位中国籍神父。

⑤《教务教案档》，Ⅱ/2/700，879 页。我们可以发现，19 世纪 80 年代中期某个时期内，一位主教同时掌管三个教区。《教务教案档》，Ⅳ/1/376，510 页。这一地区实际上已成为了宗座代牧区。

位传教士,因此他不得不经常旅行。① 1889 年,又一则官府文献提到一位传教士被派往吉安、抚州和其他几个不需定期前往的地区布道。②

所以江西和中国其他地方一样,很少地方教会有常驻神父。③ 客籍和国籍神职人员最多只能起到督导信仰的作用。神父根据地方教会规模的大小,每年访问一到两次,每次停留一天至两个星期。在这短暂的停留期内,他要挤出时间做弥撒、行圣礼、听告解、为年轻教徒答疑、检查地方教会的道德规范,如果有可能,还要调解当地教徒的争执,或者将不听劝解的教徒驱逐出教。④

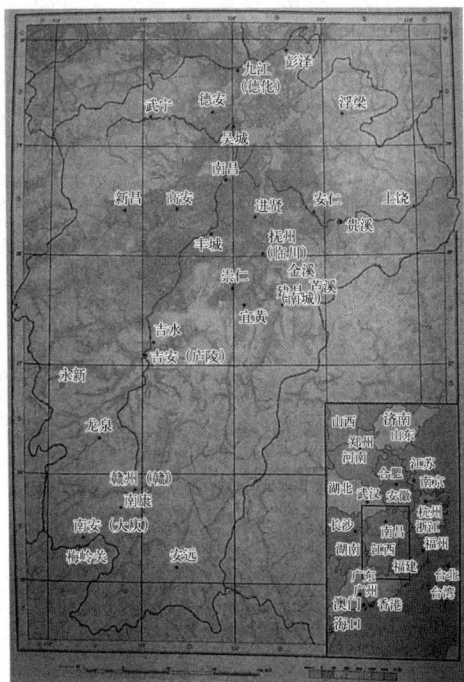

地图 1　行政中心和教徒活动地区

① 《教务教案档》,Ⅱ/2/765、978 页。

② 《教务教案档》,Ⅴ/2/1054、968 页。

③ 赖德烈:《基督教在华传教史》,第 335 页。

④ 赖德烈:《基督教在华传教史》,第 335—336、553 页。神父们确实对入教者的素质有所控制。罗安当神父不知出于什么原因,就曾经驱逐三位邓家的教徒出教。《教务教案档》,Ⅲ/2/619、807、814、828 页。

　　地方上出现的特殊情况会引起神父的注意，或者促使神父亲临本地。例如，1873 年赣州一位教徒与地方官府争夺一块空地，引来了一位教士。① 传教士可能还会前往某个地区修建一座新堂，或监督其他工程的进展。②

　　很少传教士能忍受官府对他们的旅行自由（或者说对他们的行动）强加限制。可以肯定，他们很享受条约所带来的权利，然而这必然又会促使他们产生某些期望。传教士常常获准直接进入各级省府或地方官府，尽管条约并没有规定这一特权。③ 传教士自认为在官方身份上他们与政府官员是平等的，在社会身份上他们与地方绅士是平等的。有时，传教士会乘轿旅行，带着令旗和随从——这样更符合中国官员的仪仗要求。这给他们带来一定声望，同时也减少许多不便，尤其是在乡间旅行的时候。教徒迎接传教士的到来，不像村民们对待官员那样，他们有时会用放鞭炮或磕头来表达对传教士的欢迎。王吾伯（François-Adrien Rouger）主教 1884 年到达浪溪时就受到过这种欢迎。在其他省，教徒也常用这种方式欢迎神父。④

　　有些遣使会士一生中的大部分时间都在江西传教，他们有时也受到严重的健康问题的折磨。如果身患疾病或受伤，只要条件允许，他们就到九江府治德化县（九江是 1861 年条约规定的开放口岸）、宁波，有时还会去上海治疗。⑤ 如果传教士死在江西，他的同伴就把他安葬在当地的教会墓地，或是葬在南昌和抚州府治临川县（位于赣东）大一些的教会墓地。和德广及另一位主教于 1850 年相继在吴城去世时，地方教会为他

① 《教务教案档》，Ⅲ/2/587、678 页。
② 《教务教案档》，Ⅲ/2/591、683 页；《教务教案档》，Ⅳ/1/367、457 页；《教务教案档》，Ⅳ/2/379、515—516 页。
③ 1899 年 3 月 15 日，清政府颁令，给予传教士和官员同等地位，并享有访问和写信给同级官员的特权。见马士（Hosea Ballou Morse）《中华帝国对外关系史》，卷 3，《征服时期，1894—1911年》（纽约：Longmans, Green, and Co. ,1910—1918 年），第 160 页。
④ 有些省份的天主教在弥撒开始和结束时也燃放鞭炮。赖德烈：《基督教在华传教史》，第 335 页。
⑤ 其中一例，可见《教务教案档》，Ⅳ/1/379、514、522 页。

们举行了与其品阶相符的葬礼。同样,直隶省的一位遣使会代牧主教孟振生(Joseph-Martial Mouly)于 1868 年在北京去世时,葬礼也是极尽风光,他被葬在北京城西的一座古老墓地,与他长眠做伴的有利玛窦、汤若望和其他著名的早期传教士。①

传教士常被诟病在处理在他们看来带有任何一点滋扰意味的事件时偏袒教徒、态度专横。② 有一种解释是,由于江西教区范围太大,传教士工作繁重,对教徒所涉事件很少能了解来龙去脉。③ 有些神父深刻意识到了这一点,就指派中国教徒去帮他们调查。④ 有些传教士则强行要求官府调查所有教徒申诉的案件,其中一些已经上过公堂,一些则有被传唤的人所做的详细证词。撇开他们利用的资源和手段不说,传教士是真心想帮助涉案的天主教徒。诚然,就像一位中国学者所说,有些时候他们的独断专行和干预法制也促使原先蒙冤的天主教徒能够昭雪冤情。⑤

(二) 传道师和地方教头

无论在城市还是在乡村,地方天主教会通常都没有长驻神父。在缺乏神父的情况下地方教会如何运作呢? 谁来管理? 职责是什么? 虽然各个地方略有差别,但一般来说,地方教会应包含以下人员:崇教者(adorers)、望教者(catechumens)、平信徒(lay people),以及他们的传道师(catechists)、教头(lay leader)、耆首(elders and headmen),这些人都

---

① 赖德烈:《基督教在华传教史》,第 308、322—323 页。法国只在 1861 年获得对这个墓地的控制。
② 有许多材料可供引用,但这个或许是最好的:柯文:《1900 年以前的基督教传教活动及其影响》,第 550—573 页。
③ 19 世纪 60 年代末,付儒翰神父至少有三个府的辖区。很可能是随着传教士数量的增加,一府同时有好几位神父。但是,教徒数量的相应增加,意味着负责劝化的神父数量比例仍然极不平衡。赖德烈在《基督教在华传教史》(第 335 页,注 186)中写道,1845 年在江南的一位耶稣会传教士发现,访问急需涂临终圣油的病重教徒就耗费了他大半时间。
④《教务教案档》III/2/606、708 页。这样当然就给传教士留出一些时间来处理其他事情,但也使他们不得不依赖二手信息。
⑤ 吕实强:《中国官绅反教的原因》,第 162—170 页。

是地方教会的重要组成部分。

　　如果有人表现出对基督教有兴趣，神父或传道师就会先把他收为崇教者。据罗安当神父记载，这个步骤并不属于入教过程，而是"初赦"（first grace），只是表明这个人的心已敞开，有可能接受基督教教义。在这个阶段，神父必须到场释义忠告，以免这些"准教徒"流失。[①] 由于传教士频繁旅行，所以崇教者通常都由传道师照管和指导。如果崇教者能掌握基督教基础教义，拒绝信奉偶像，不拜祖先，他就会被收为望教者，然后受洗和行坚振礼（confirmation）。不过这是最理想化的入教过程，实际传教中会发生许多变故。

　　神父根据各个地方教会的规模，从中挑选一名或几名教徒担任传道师。[②] 传道师一般都是身为会众的成年男子，已经受洗并行过坚振礼。通常传道师由神父来挑选，有时候由德高望重的地方教会成员自行担任。江西的一位传教士认为传道师应该是"基督徒中最优秀的人"[③]。无论传道师通过什么方式获得这一职位，服务动机是什么，在实际传教中，他们责任重大，常常要负责整个地方教会。

　　在江西，有关传道师及其重要作用的最早记载是在 1700 年。[④] 18 世纪不同时期各个地方传教士的论述也证实了他们的重要性。[⑤] 同样，19 世纪到达中国的传教士也十分依赖他们。根据天主教教会发言人 1839 年在《天主布道会年鉴》（Annals of the propagation of the Faith）中

---

① 《遣使会传教年鉴》（ACM）38（1873），第 289 页。罗安当神父暗示，尽管有些人也许认为那些对信仰表现出某种兴趣的人就是信徒，但他相信他们"并不是真正意义上的信徒"。传教士保存下来的统计记录对望教者和一般意义的天主教徒作了区分。

② 根据沃尔夫兹坦对 1907 年的统计《中国的天主教堂》第 436—437 页），江西东部和江西南部代牧区各有 170 和 53 名传道师。江西北部代牧区有 101 名，但这个数字包括数目不详的欧洲和中国籍的男女传道师。

③ 《遣使会传教年鉴》（ACM）18（1853），第 171 页。

④ 赖德烈：《基督教在华传教史》，第 128 页。

⑤ 例如，广州一位传教士（1722）和四川一位传教士（1782）曾提及他们。见赖德烈：《基督教在华传教史》，第 191 页。

写到的中国和亚洲的传教情况,我们知道共有两种传道师:"旅行传道师"(travellers)和"驻地传道师"(settled)。前者通常担任神父的向导和助手,与神父结伴而行。教会要求他们独身,一方面是因为他们的职责和神父类似,另外一方面就是神父有时会派他们单独访问辖区教会。后者通常为居住在本村的已婚或鳏居男子。这两类传道师的职责相同,主要包括:主持崇教者的集会,宣读教义;授业解惑;为教徒及时提供忠告、安慰和支持;为教徒和教外人的婴儿和临死的成年人施洗;主持葬礼;平息矛盾,团结会众。传道师还会演唱赞美诗的第一序曲,使教外人对基督教感兴趣。总之,传道师的任务就是培养和保护好这群人的信仰,一直到神父下次来访。神父一到,传道师就代表所有教民向他汇报本地教会的教务。①

　　教会对传道师寄予厚望。那么,神父怎样训练这些关键人物,使之合乎要求,能够担负繁重的工作呢? 最初因为神父需要全权处理的教会事务太多了,所以似乎并没有开展系统的、有组织的训练,因此传道师的品行和奉献精神也不尽相同。一位传教士要求两名传道师在圣经面前发誓,"传授纯粹之基督圣义,竭全力以对地方教务"②。但传道师的实际表现如何,我们不得而知。另外一位叫李约瑟(Joseph Li)的神父,则责备他在南昌地区遇到的六名传道师不够合格。他提到他们只接受了很少的训练,要想成为他的助手还需再加磨练。③ 19 世纪 40 年代初,王吾伯主教在巡视了辖区内几乎所有地方教会后,任命了多位传道师,让他们负责教导"新人"、督导基督徒修行,为濒死的婴儿施洗。④ 1846 年,江西的新任主教和德广制订了一个计划,打算培养"传道师型的布道者"(catechistes-prêcheurs),并让一位神父专门负责此项计划的执行。主教

---

① 《天主布道会年鉴》旧版,2(1839),第 7—8 页。
② 《天主布道会年鉴》旧版,1(1838),第 375 页。
③ 《遣使会传教年鉴》(ACM)3(1837),第 91—92 页。李神父的中文全名不知。
④ 《遣使会传教年鉴》(ACM)52(1846),第 433 页。

的重要目的之一就是反对"迷信书籍"①。多年以后的 1892 年,顾其卫（Jules-Auguste Coqset）主教写道,江西南部代牧区需要一所学校来培养"好"的传道师。② 可惜,怎样才能算是"好"的传道师,以及传道师在 19 世纪的活动等,详细的资料十分稀缺。

着首也是教内重要人物。赖德烈发现,在中国西部缺乏长驻神父和传道师的地方教会中,这类首领非常多。③ 着首显然是由当地教徒自己挑选的,经过了主教的批准。尽管着首可能都没受过专门的宗教训练,或者说,与上述传道师相比,他们只接受过相对较少的培训,但他们在地方教会发挥着重要作用。他们的职责包括:管理教徒社区,照顾病人和临死的人,举行包括公众祈祷和洗礼、婚葬仪式等在内的宗教仪式,引介教外人加入教会。④ 着首和传道师在职能上极为相似,区别只在名称不同。⑤ 另外,原始材料中没有提及任何妇女担任此类职务。

同样,在江西传教士和神父们写的信中,也没有特意提到着首。然而江西的教案材料却提供了纯粹中国人的视角。材料中经常提到被称为"教头"的成年男信徒,其字面意思是"宗教首领",看来这是传道师在地方上的称呼。⑥ 这些首领以"教头"自称,教徒通过这个头衔知道他们,而且通过这个称呼可以向官员表明他们在教会的地位。在中国人眼中,"教头"是入教过程中不可或缺的联系人。有一个人回忆道:"同治十三年二月十五日小的拜这邹牙牙［教头］为师,习天主教义。"⑦一批新信徒

---

① 《遣使会传教年鉴》(ACM)11(1846),第 498 页。
② 《遣使会传教年鉴》(ACM)58(1893),第 247 页。
③ 赖德烈:《基督教在华传教史》,第 191 页。
④ 赖德烈:《基督教在华传教史》,第 334—335 页。
⑤ 关于传道师和地方教会首领(会长)的相似之处,见狄德满(R. G. Tiedemann)的《19 世纪基督教在中国的扩张:本土机构、宗教归化和中国人的兴趣》,1997 年 9 月,爱丁堡大学"北大西洋传教方案研讨会"提交论文,经作者同意引用。
⑥ 大约始于 20 世纪初,江西开始用"先生"一词指传道师,意即"老师"。在该世纪末的教会记载中,用英语录有这些传道师的名字,记为:"传道师×××,男,学校男先生"和"女,学校女先生。"《遣使会传教年鉴》(ACM-E)7(1900),第 212 页。
⑦ 《教务教案档》,Ⅲ/2/617、794 页。

声称和同一个地方的另外一些人也有这种师徒关系,据此可以推测他们就是教头。① 如果信徒行为不端,教头还有权拒绝他们入教。有个人说:"同治十二年二月初一日投入天主教。""后因与教友不睦被教头逐出。"②

从江西的教案来看,除了一位曾任过教头、而且有可能还成为神父的王佳瑞有监生功名之外,其他地方教头都是平民。作为教头,他们拥有一定的威望和权力,并在可能的条件下为教徒提供帮助。比如,1872年,一位贡生公开责骂一名教徒不捐戏班子演戏的"份子"钱却又去看了戏,这位受辱骂的教徒立即向教头求救。两人打了那位贡生一顿,被官府拘拿,后来另外一名教头出面斡旋,官府才将他们释放。③

1874年,宜黄县府破获了几桩案子,抓了九名教徒和一名教头。另一位教头立即出面向官府递状,以保全当地入教时间长的教徒的守法记录。状称被捕的这些人都是新入教不久,案犯自己的供词也证实的确如此。这位教头还承认没有事先调查过这些人的人品。他不仅不袒护这几名教徒,反而希望官府立即严惩,还当地教民清白。④

还有一个例子也有助于说明教头活动的范围。1891年,在离进贤县城约54里的一个山区七宝山,教徒拒绝为过节捐钱,还和附近的谢埠(一个山区集市)人发生口角,气氛十分紧张,眼看就要发生动乱。有个村的教头开始组织教徒自卫。据一位当时察看形势的官员称,这位教头"杀猪聚众[教民],预备刀矛抵御[进攻]"⑤。在这起事件中,教头发挥了

---

① 特别指出有三人建立了师生关系,见《教务教案档》,Ⅲ/2/617、790、792、794 页。
②《教务教案档》,Ⅲ/2/617、785 页。
③ 一则官方报告称王家瑞是位神父,见《教务教案档》,Ⅲ/2/571、644 页;在 648 页提到他有监生功名。在另一则报告中,地方官员指出王是一位"教头",见《教务教案档》Ⅲ/2/578、657 页。王显然是九江某座教堂的教头,见《教务教案档》,Ⅲ/2/582、670 页。
④《教务教案档》,Ⅲ/2/617、782、799 页;《教务教案档》,Ⅲ/2/618、802 页。
⑤《教务教案档》,Ⅴ/2/1087、991 页。1896 年一名山东天主教徒和一名教外人因欠债不还引起纠纷。最后,这名教徒和他的一位亲戚到当地教堂的传道师那儿寻求保护,传道师带领当地教会的一群会众为他报了仇,见周锡瑞《义和团运动的起源》,第 114 页。

组织者的才能。

显然，教头不仅仅是传道师，而且还是本地教会的首领。江西地方教会的另外一些重要职位还包括：地方教会首领（"会长"、"教长"）、教堂管事者（"教董事"、"董事"、"管事人"、"管事"、"司事"），和教堂管理员（"看教堂"）。最后一类人通常住在教堂里，有些管事也住在教堂。① 这些人大概在那些住在教堂或教堂附近的教徒中或多或少有些势力。② 不过可惜的是，教案材料对他们的作用或职责没有作任何具体说明，也没有史料证明 1875 年恭亲王指责礼拜堂的头目是土壕、闹事者和妨碍公正的人一说是正确的。③ 虽然，上面所引宜黄县被捕的教头占了其中两项，但是，大多数传道师和其他地方教会首领仍然算得上是忠信守法的大清国民。

（三）入天主教

传教士和中国神父使用各种手段吸引人们信教。教会通过布道、医疗、赈济穷人、修建学校和孤儿院、为吸食鸦片者提供戒烟所、干预案件的审理等，来发掘潜在的信教者。有学者研究认为，各个地方教会每个阶段的教谕过程大致相同。1864 年，贵州代牧主教胡缚理（Louis Faurie），详细地描绘了发展教徒的仪式，首先是关于信仰：

> 当一名异教徒被真正的宗教告知他需要了解什么，并且……声称他只信仰唯一神天主并且愿意成为一名基督徒，就教他划十字。一旦他无需提示就能划十字，就会在祭坛上点燃两支蜡烛，他跪在

---

① 这类例子数不胜数，所以这里只给出一个样本。关于会长，见《教务教案档》III/2/615、748页；关于教长，见《教务教案档》VI/2/727、1077 页；住在教堂的管事人，见《教务教案档》II/2/765、978 页；管事，见《教务教案档》III/2/583、670 页；有监生功名的董事，见《教务教案档》IV/1/367、472 页；教董事，见《教务教案档》V/2/1100、1011 页。
② 其中一例参见《教务教案档》，V/2/1087、993 页，从中可以看出这些家庭是住在教堂里的。
③ 李仁杰：《天津教案之后的教案模式（1870—1875）》，载《中国研究论文》23（1970 年 7 月），第99 页。

地上,手执一纸,身边跪着一位年长的基督徒,指导他按照纸上写的内容回答。仪式一开始,先划十字,然后一边重复下面的话,一边叩头,一共要叩五次:

第一次　"我相信主。我发誓放弃我过去所有的错误。"

第二次　"我愿主以他无限的仁慈,赦免我所有的罪恶。"

第三次　"我爱主,我崇拜美好的、万能的主,超过世间万物。"

第四次　"我从心底痛恨我过去的所有罪恶,决心以后永不再犯。"

第五次　"我求圣母玛利亚,为我求情,用她的仁慈和宽容,让我得到永生。"

叩头仪式结束后,开始背诵十二使徒信条、天父、万福玛利亚和十诫,然后加上这一誓言:

"我刚才背诵的天主圣诫包括这两项:爱主胜过一切,爱邻居像爱自己。主命令所有民族都必须遵守这十诫。决志守诫者将永沐天堂光辉,犯诫者将被主罚入地狱不得翻身。"[1]

接着,申请人"感恩五次——感谢生命的缔造和养育,感谢救赎,感谢赦免原罪,感谢进入真正的宗教,感谢所有赐福。"[2]仪式结束后,神父将申请人收为崇教者。神父要求崇教者去望弥撒,守教规。重要的是,这名崇教者现在认为自己是天主教徒了。[3]

接下来是成为望教者。天主教教会规定,信徒受洗前不仅要虔诚学习,还要遵守教规。也就是说望教者受洗之前要经历一段时期的考察。望教者要明白"教理问答、有关信仰的主要神迹、天主教较为重要的各种象征、天主祷文、十诫、教规以及洗礼的意义",还要用行动证明他没有沾染鸦片、纳妾,或其他教会认为不道德的行为,然后才可以领洗。[4] 在贵

---

① ② ③ 赖德烈:《基督教在华传教史》,第 332 页。

④ 赖德烈:《基督教在华传教史》,第 333 页。

州,从崇教者到领洗的过程,也就是学习教会教规和礼仪,以及通过接受道德的生活方式来表现诚心的过程,大约要持续两年。神父为望教者施洗后,由主教负责施最后的坚振礼。但许多主教因辖区太大,只好把这个步骤也交给神父来完成。① 按照教会的观念,行过坚振礼的人就是真正的天主教徒了。

我们从不同神父的杂记中勉强拼凑出 19 世纪江西教会吸引和吸收教外人入教的大概过程。其中有位神父认为,这项工作得益于那些已经皈依的人树立的良好榜样。② 1842 年,另一位神父提到商人和工匠入教带来的良好效果。他们诚实、细心、和蔼,经常和各行各业的人打交道,使信仰更容易传播。③ 这些教徒为人随和、擅长经营,受人羡慕,吸引人们皈依基督教。神父们发现,这种品性好而且人面广的教徒不仅在江西,在全国其他地方也有。18 世纪,四川省的天主教徒来自于各个阶层;19 世纪 40 年代,一位到该省访问的传教士发现教徒主要来自"社会中间阶层"④。

1860 年,王吾伯神父在江西的时候,有个人来到他身边,说想入基督教,他记下了和这个人第一次会面的情形。神父和他谈得很仔细,并给他用中文写的教理书、祷告和两卷中国教徒写的书。王吾伯神父建议那个人做祷告,那个人说不知道怎么做。神父于是教那人背诵他的话,也就是当地教徒所背诵的:"在神圣的十字架前,主,我的上帝,因父、及子、及圣神之名,将我们从敌人手中解救出来。"⑤这个人原样照做,迈出了走向基督教的第一步,也是最艰难的一步。

从崇教者到受洗的过程中,神父对基督教教义和教理的教导很

① 赖德烈:《基督教在华传教史》,第 331—333、335—336 页。
②《遣使会传教年鉴》(ACM)3(1837),第 93 页。
③《遣使会传教年鉴》(ACM)8(1842),第 175 页。
④ 鄢华阳(Robert E. Entenmann):《18 世纪四川的天主教徒与会社》,载裴士丹主编:《中国的基督教:从 18 世纪至当代》(斯坦福:Stanford University Press,1996 年),第 22 页。
⑤《遣使会传教年鉴》(ACM)26(1861),第 270—275 页。

关键。1852 年,一位江西的传教士写道,他的工作很艰难,因为那些准教徒在儿童时代从未接受过宗教教育,因而对基本的教义都一无所知。为此他打算每个礼拜天都为儿童讲授教义。① 另外一位神父声称他要求所有儿童都学习"四规"②。这样的教育,或者说试验,在江西各地持续的时间长短不一。罗安当神父在 1872 年的一则报告中说,有些望教者几个月后就接受了洗礼,而有的却在五年以后。③ 王吾伯神父和大多数神父一样,尽心竭力地承担起为望教者传授教义的任务。④ 显然,教职人员希望加强宗教教育,保证入教的标准。神父们在信中强烈表达了培养虔诚而优秀的天主教徒的愿望。而且,传教士在报告中常常把望教者和平信徒区分开来,注明所在的地方教会有多少人准备受洗。对于神父来说,必须经过宗教训练才能正式加入基督教。

　　江西的教案材料还有助于我们了解中国人对皈依基督教的认识。例如,我们看到有人把皈依看成家族史上的重要一笔。庐陵县肖氏在坡头开了一家豆腐店,他们骄傲地宣称"自明代入教,已有十代"⑤。同县的另一个人说"小的(和我家)吃了五代教"⑥。还有一人说"(我家)入教已三代"⑦。一些新教徒清楚地记得他们是哪天入的教,有人说在"同治十三年二月十一日投入天主教"⑧。显然,信天主教是件令人难忘的事,而且对家族意义重大。

　　中国话过去用来表示"皈依"的词,也有助于我们弄清楚平民对天主

---

① 《遣使会传教年鉴》(ACM)18(1853),第 170 页。

② 《遣使会传教年鉴》(ACM)24(1859),第 372 页。

③ 《遣使会传教年鉴》(ACM)38(1873),第 108 页。

④ 《遣使会传教年鉴》(ACM)45(1880),第 291 页;《在华遣使会》,第 78 页。

⑤ 《教务教案档》,Ⅱ/2/721、925—926 页。

⑥ "吃了"是白话,在江西的教案档案中也只出现过这么一次。我不认为这个词表达了任何消极意思。见《教务教案档》,Ⅱ/2/712、904 页。

⑦ 《教务教案档》,Ⅲ/2/712、904—905 页。

⑧ 《教务教案档》,Ⅱ/2/617、785—794 页。

教的观点。教案档案中最常用的词是"入教"和"进教"（字面意思是进入信仰），但"奉教"（接收或接纳信仰）和"习教"（修行信仰）也常用来表示一个人有基督信仰。① 从这些用词的上下文来看，它们显然是指个人承诺加入或接受宗教教育，学习和修行天主教义，而不是指受洗仪式。我认为这些新信徒实际上是指崇教者或望教者，按照教会的要求，他们还算不上是真正的教徒。但是在中国人看来，他们已经"入教"或皈依了。

史料所载以男子皈依为主。在传统中国，男性居主导地位，因此成年男子的皈依对家庭其他成员有很大影响。1869 年，来自吉安府治庐陵县的吴爱耀称："小的自幼随父入教。"②另一个人则表明了来自父亲更大的影响："自小的父亲入教后小的一家俱随入教。"③1868 年 2 月，在地处山区的新昌县，一个叫晏炳彝的人和他全家也是同时皈依。④还有一位父亲不反对他已成年的儿子皈依，他认为这是提高自我修养的举动。他儿子的妻、妾也跟着皈依。⑤ 教会既然不许纳妾，那么为什么会对这种情形视而不见呢？ 他的妻妾对入教怎么想，我们也不知道。我们还从另外一件事里了解到一位寡母被她的成年儿子引导加入基督教。⑥

有些证据表明妇女也有同样的影响力。神父们当然认为信教妇女对家族和邻里有积极影响。虔诚的妇女在婚后仍过着基督徒生活，寡居时仍坚定不移地保持信仰。⑦ 江西至少在 19 世纪 40 年代，四川更早，便

---

① "进教"，见《教务教案档》，Ⅱ/2/704、882 页；"奉教"，见《教务教案档》，Ⅱ/2/704、883—885、889 页；"入教"，"入天主教"，"投入教"和"投入天主教"，见《教务教案档》，Ⅲ/2/617、780—801 页。步师嘉（Louis Boscat）神父 1883 年在吉安的一封信中写道，人们对他说"要奉教"，见《遣使会传教年鉴》(ACM)49(1884)，第 289 页。
② 《教务教案档》，Ⅱ/2/712、903 页。
③ 《教务教案档》，Ⅱ/2/712、904 页。
④ 《教务教案档》，Ⅱ/2/704、885 页。
⑤ 《教务教案档》，Ⅲ/2/597、689—690 页。
⑥ 《教务教案档》，Ⅰ/2/1082、974—975 页。
⑦ 《教务教案档》，Ⅲ/2/597、690 页。

有关于未婚信教少女,即所谓的"童贞女"(consecrated virgins)的记载,她们一辈子都过着宗教生活。① 由于江西的教会没有女修道会,她们就和家庭住在一起,或者独居。例如李约瑟夫神父就提到有60位童贞女生活极端贫困,只能靠种田、采药、拾柴火和纺织为生。他说她们都是非常优秀而虔诚的女人。②

传教士对教徒家庭的女孩和教会抚养长大的孤儿、弃婴期望很高,希望她们嫁给教外人后,能对丈夫和婆家产生有利的影响。王吾伯神父在1879年写道,一位"勇敢的"女教徒嫁给一位教外人后,不仅使他皈依,而且还使他们的孩子受洗。③ 这类例子使传教士深受鼓舞,但他们也知道有些教徒家庭的孩子可能会离开教会。19世纪最后几十年间,建昌府一些穷困的教徒家庭卖给教外人家庭的幼女超过200个。④ 这种情况大大减少了通过这些女孩嫁给天主教徒而建立新的、全家信教的教徒家庭的机率。

教会的理想是建立全家信教的家庭,而实际上有多少家庭是一起入教,或者最后全部成为教徒呢?神父们只记载了婚姻的数字,但没有具体显示哪些人是个人入教,哪些人是作为家庭一员入教。不过,神父对一些特殊人物和事件的评论间接透露出一些信息。比如,一位女教徒嫁给一位教外人,这位丈夫一辈子都没有皈依,可是他们11个孩子当中,有10个受洗。⑤ 王仁好(又名王若瑟,Joseph Wang)神父提到,在另外一个村子里,1890年"14个家庭全体放弃了迷信",成为望教者。几年之内,这几个家庭有40人受洗。⑥ 关于这么多家庭一次性入教的记载并不

① 鄢华阳:《18世纪四川的基督教修女》,载裴士丹主编:《中国的基督教:从18世纪至当代》(斯坦福:Stanford University Press,1996年),第180—193页。
②《遣使会传教年鉴》(ACM)13(1848),第302—303页。
③《遣使会传教年鉴》(ACM)45(1880),第288页;《在华遣使会》,第75页。
④《在华遣使会》,第63—64页。
⑤《遣使会传教年鉴》(ACM)45(1880),第290页;《在华遣使会》,第77页。
⑥《遣使会传教年鉴》(ACM-E)3(1896),第340页。

多见，更普遍的还是个人皈依。尽管神父希望以全家为单位入教，并以此为目标，但是家庭生活中有许多变故，全家所有人同时受洗相当困难。

正因如此，我们很少发现有全村或全族集体皈依的史料。全村皈依当然不可能一次性完成，必定是不同时间进行的。即便这样，我尚未发现江西哪个村子可以确定无疑人人都是天主教徒。[①] 但是，据称 19 世纪 60 年代及以后，广东附近有村庄，也可能就是一个宗族村，全体"入教"[②]。显然，这些村子变成教徒村，是想获得传教士的保护，就像 19 世纪 90 年代山东南部的一些村庄一样。[③] 我认为江西和这两省的区别在于，遣使会士根据经验知道，并且只能接受的一个事实是：真正的皈依是循序渐进的，也就是说，是一个一个，有时候是一家一家地皈依，而不是一大群人同时皈依。无论如何，江西的神父没有提到宗族或村庄通过集体皈依来寻求他们的保护。像这样的集体皈依肯定会引起官府的注意，然而中文史料中并未发现江西曾有过这种现象的记载。

(四) 地方教会的规模及其分布

从现有的有关江西的史料来看，教徒只占所居住村庄人口的极少数。我们从神父搜集的江西从 1840 年到 1900 年的统计资料能够估计

---

① 1860—1900 年的《教务教案档》中并未提及江西有一个完全由天主教徒组成的村庄和任何教案有关，只有一处简要地说到赣县某地曾经有个完全由天主教徒组成的村庄存在过一段时期。可惜，该档案没有细说。见《教务教案档》，Ⅵ/2/667、1006 页。
　　在江西传教的传教士也没有人提到完全教徒村。但是，江西北部高安县的三桥村曾经有很长的一段时期内几乎（但不完全）由教徒组成。从 1845 至 1855 年间，三桥是江西唯一的修院驻所。有一段时间，它还是主教府驻所。传教士似乎很喜欢这个村庄，给予它特别的关心。太平军叛乱摧毁了三桥，但后来传教士又回来了，修复了教堂，并逐渐恢复了地方教会。见《在华遣使会》，第 80 页。
② 魏扬波(Jean-Paul Wiest)提到，这些人实际上都是望教者；他们没有受洗。他没有指出村子的名字，也没有提供更多的数据，参见他的《广东省的天主教徒活动和中国人的反应(1848—1885)》(华盛顿大学博士论文，1977 年)，第 122—123 页。
③ 周锡瑞：《义和团运动的起源》，第 87—88 页。

出天主教地方教会的大小和平均规模。① 穆导沅主教在 1842 年游历全省后,向罗马详细报告了他访问过的许多地方。经他计算,江西总共有 7 110 名教徒和 160 个地方教会。② 这些地方教会绝大多数位于乡村或是偏远的集镇,只有很少是在县城、府治或这些城市的"郊区"。这个时期,九都村拥有最大的地方教会,大约有 400 名教徒;而第二大的地方教会只有 200 名教徒;最小的仅有一个家庭,也就是 4 至 5 人。但是这位主教没有指明有多少地方教会是由单独一个家庭组成。③ 据这些粗略的数字来估算,地方教会的平均规模大概是 44 人。如果用 1842 年的数字,除去两个最大的和最小的地方教会,平均规模就是 41 人。④ 1881 年,江西北部地方教会的平均规模是 41 人。⑤ 到 19 世纪末,有 23 338 名教徒分布在 548 个地方教会,这些地方教会绝大部分设在乡村:每个地方教会的平均规模大约为 43 人。如果我们加上单列的另外 15 333 名望教者,那么地方教会的平均规模就增加到 71 人。⑥ 整个 19 世纪,假设一个家庭有五个人,可以平均到每个地方教会有八个教徒家庭和六个望教者

---

① 早期没有每年的详细报告。后来,江西各任主教所作的常规报告说到了受洗人数和批准入教者,以及望教者的人数。
②《遣使会传教年鉴》(ACM)9(1843),第 169—191 页。
③ 关于主教的报告,见《遣使会传教年鉴》(ACM)9(1843),第 170—189 页;九都的数据来自古伯察(Évariste-Régis Huc)神父,他在 1842 年访问了该村。
④ 1842 年望教者的人数不清楚,但是 1850 年的 177 名似乎与事实相差甚远,这个数字很难得出我所计算的平均数。见《传教档案》(法国巴黎:遣使会);《1850 年江西省的数字》,C179-Ⅱ-a-2-g。
⑤ 1881 年,江西北部代牧区代牧主教报告说有 232 个地方教会,他称之为"教区",教徒 11 446 名。同年,江西南部代牧区代牧主教报告有 3 000 名教徒分散居住在 50 多个村庄,见《遣使会传教年鉴》(ACM)47(1882),第 126、269 页。江西南部代牧区的数字似乎是取了个整数。无论它有多少,前两个代牧区每个地方教会有 49 至 60 名教徒。这个数字和我所得出的全省范围的估计很接近,我的结论是每个地方教会 43 至 44 名教徒,或者八个教徒家庭。
⑥ 这些是教会给出的 1898—1899 年的数据和"推测的天主教徒数",望教者单独列出。地方教会的数量是根据"每年布道的地方"的数字得出的,或许比实际稍低,因为神父们不可能访问每一个地方,见《遣使会传教年鉴》(ACM-E)7(1900),第 212—213 页。许多报告(但并非全部)中含有地方教会的数量。1898—1899 年教会档案使用的数据与本研究的时期一致,如其中关于 1852 年的统计:170 个地方教会共拥有 8 925 名教徒,即每个地方教会有 52 名教徒,见《遣使会传教年鉴》(ACM)18(1853),第 446—447 页。

家庭,也就是说,每个村庄有一个地方教会。①

江西土地肥沃,人口稠密,大部分村庄人口密集,但是这些村庄和中国其他地方一样,大小差别很大。② 我们看天主教徒在江西乡村的比例时,会发现神父和官府提供的数字有时差不多。比如,在高安县三桥村,1884 年有大约 300 名天主教徒,是教徒最集中的地方。③ 其他时候,有神父称三个村庄(名字不详)的天主教徒分别占本村人口的 80％、67％和 50％。④ 九都的教徒人数在 19 世纪 40 年代大约占村子总人口的 33％,到 80 年代,增长到 60％至 80％之间。⑤ 天主教徒占到村庄总人口 50％以上只有三四个村子。如果某个村子里有教徒,其数量也总是很少。整个 19 世纪,不同的传教士都在说江西的天主教会众如何之少,如何之分散。⑥ 显然,天主教徒并不具备数量上的优势而形成一些学者所谓的天主教特有的"教徒村"。

另外,江西的天主教徒并没有通过宗族控制或者在单姓村里占数量优势而支配整个村庄。尽管宗族组织是该省乡村社会的一个普遍特征,而且也有个别宗族卷入教案,但天主教徒总体只是少数。一则有关龙泉县某宗族的材料显示,该族 180 名成年男子(丁口),只有 6 人是教徒家庭的家长。⑦

无论官府还是在江西传教的神父都没有提到整个宗族的皈依。而

---

① 关于家庭的大小,见何炳棣《中国人口研究》,第 56 页。其实我计算的结果是:视年份不同,每个村子的教徒家庭在七至九个之间变化。

② 见萧公权:《乡村中国:19 世纪的帝国控制》(西雅图:University of Washington Press,1960 年),第 14—17 页。

③ 三桥的资料,见《遣使会传教年鉴》(ACM)50(1885),第 119 页。

④ 《遣使会传教年鉴》(ACM)50(1885),第 125 页;《遣使会传教年鉴》(ACM)51(1886),第 416 页。穆导沅主教在 1842 年曾写道,南丰一个村庄(未注明名字)100 户人家中,有 50 户是天主教徒,见《遣使会传教年鉴》(ACM)9(1843),第 173 页。

⑤ 1888 年出版了王吾伯主教的一部传记,称九都和附近另一个地方教会,可能是七都,居住着 300 位成人教徒,见《遣使会传教年鉴》(ACM)53(1888),第 477 页。

⑥ 参见《遣使会传教年鉴》(ACM)52(1887),第 436 页。

⑦ 《教务教案档》,Ⅳ/1/379、515 页。这 6 个家庭包括约 40 位男女和儿童,他们都是天主教徒,有一座小教堂用来举行宗教仪式。见《教务教案档》,Ⅳ/1/380、525 页。

江西的宗族行为有时候和邻省广东是一样的——宗族壮大之后,根据社会经济地位的不同,会产生富裕强势的房支和贫穷弱势的房支,从而引起宗族内部的矛盾①——然而没有证据表明江西的天主教徒全部来自弱势房支,或者宗族成员因房派分支问题而加入基督教。

(五) 天主教徒的社会经济背景

江西的天主教徒来自各行各业,包括流浪者,也就是处在社会底层的"贱民",以及处在社会上层拥有低级功名的人(监生和生员)。② 江西教案中没有出现持有更高功名的教徒。③ 教徒包括农业劳动者、拥有田产和佃户的农民、木匠、铁匠、泥水匠和漆匠。一些教徒从事剃头和制革(贱业),还有一些教徒则来自失业的贫民阶层。④ 少数教徒是生意做得很大的成功商人,另一些教徒则是靠贩卖珠花、衣裳、豆腐、猪肉等为生的小店主。所有这些人都生息在同一片土地上,而且时时刻刻都在与教外人发生接触。⑤ 教徒"与其教外邻里保持距离"的说法对江西来说,显然不太恰当。⑥

当然,绝大多数教徒都是贫穷的普通人,然而绝大部分中国人也是这类人。教徒的确与一些案件有牵连,有时他们也犯法,但这并不意味着他们就喜欢寻衅滋事,甚至是惯犯。江西天主教徒的社会背景和职业

---

① 魏斐德(Frederic Wakeman):《大门口的陌生人》(伯克利:California University Press, 1966 年),第109—116页。作者讨论了广东的宗族以及他们在1840年以后如何按社会经济地位分化。

② 参见《教务教案档》,Ⅱ/2/715、906、908页;《教务教案档》,Ⅳ/1/367、472页。

③ 有一次,一位举人主谋将房子骗卖给一位神父。从材料中无法看出这位持功名者是不是天主教徒,我认为他不是。见《教务教案档》,Ⅴ/2/1146、1074页。

④《教务教案档》,Ⅲ/2/537、689页。

⑤ 举例来说,有位神父对教徒从事的行业和他们与教外人的来往进行了具体的描述,见《遣使会传教年鉴》(ACM)3(1837),第93页;另外可见《教务教案档》,Ⅱ/2/712、904页。

⑥ 根据赖德烈《基督教在华传教史》(第334页),"通常基督徒都聚居成村,这样可以远离偶像崇拜等村社活动,而且教会可以关照他们的全部生活。"柯文在他的《1900年以前的基督教传教活动及其影响》(第557页)中,使用更有象征性的语言表述了同样的观点。

的多样性，就像其他省的教徒一样，我们很难说他们更加声名狼藉，更缺乏忠心。有迹象表明天主教徒实际上是拥护清王朝的。19 世纪 50 年代，南康县有位信基督教的武官击退了进犯县境的斋匪。[①] 即使是西方传教士也同样与官府合作。1874 年，一位法国主教为了给当地教徒树立榜样，主动向官府告密，致使打算在武宁起义的一群人被捕。[②]

无可否认，教会有时候的确会吸引一些从事非法活动的疑犯，他们通常来自有犯罪倾向的无家可归者。19 世纪 70 年代，宜黄县有一群天主教"信徒"专门半路偷袭、抢劫和勒索大户人家。但是他们的社会背景及其与教会的微弱联系说明，教徒身份与犯罪活动并不发生必然联系。在被捕的十个人当中，有两个是苦力，其余都是无业或失业者；没有一个人有沉重的家庭负担或牵累，只有一个人结了婚；大部分都说父母当中有一个已经死了，或者父母双亡。十个人中有九个是在案发前两个月才"皈依"基督教的，还有一个已被教头逐出天主堂，但还保留着教徒的名头。[③] 坦率地说，我认为这一背景更能说明的是地方社会的动荡，而不是教务发展的状态。可以肯定，天主教最初不知何故，也吸引了这群人，但他们对教会不够坦白，他们的宗教信仰与其发泄不满的方式和原因没有必然联系。当然，这个案例在民教冲突中不算典型，也不能证明教徒就比其他人更不遵守既有秩序。

结　论

天主教传教士最早在江西传教始于 1594 年。尽管他们面临许多困

①《教务教案档》，Ⅱ/2/715、908 页。
②《教务教案档》，Ⅲ/2/614、733 页。
③《教务教案档》，Ⅲ/2/617、790、792、794 页。这里的入教是这些人自己的看法，而不是教会承认的。这群人中有几位和许多人建立了师徒关系，其中一位是"教头"。需要指出的是，在某些"邪教"组织，这种师徒关系对维系整个组织具有重要意义，见韩书瑞（Susan Naquin），《中国的千禧年教徒叛乱：1813 年的八卦教起义》（纽黑汶：Yale University Press，1976 年），第 39—46 页。还可参见欧大年《民间佛教：中国传统社会晚期的异端》，第 39 页和 174—175 页。

难,包括 1724 年至 1844 年王朝的禁教,但传教士和中国神父们仍然取得进展,虽然步伐缓慢但一直没有停止。1844 年以后,随着中西方条约的签订,传教士在中国的活动受到保护,教务迅速发展。遣使会的神父不仅在江西的省城传教,他们的足迹也到达该省最偏僻的村庄。

由于传教士和神父人数很少,到各个地方教会的访问次数有限,因此他们极为依赖传道师和其他地方教会首领。尤其是传道师在维持和发展地方教务的过程中发挥着重要作用。他们主持圣礼,而且通常能契合当地教徒的信教需求。最重要的是,传道师们常常与教外人接触;他们在劝奉过程中起着关键作用。

神父和传道师发展各行各业的中国人信教。天主教徒大多数都是普通人,在一个绝大多数人都是普通人的社会,这是预料之中的。此外,天主教徒无法归入某一类人,我们发现教徒里既有乞丐,也有自耕农,既有工匠,也有从事贱业者,有男女老少,还有已婚者和单身汉。因此,没有理由继续把教徒看做中国社会的渣滓、恶痞、异端和叛党。

第三章 乡村教堂的修建及其与地方冲突的缘由

由于信徒散布于全省各地,传教士只能临时开辟场所,以满足教民的灵魂需求。乡村天主教徒只能在祷告室和临时的小堂里举行宗教仪式,直到信徒发展到一定数量,资金允许,才能修建一座正式的教堂。许多教徒把家里装饰一番后作为教堂使用,或者为修建教堂捐钱捐物。但是,当教堂的兴建和天主教徒的活动触及到地方社会的敏感地带时,有时候会引起紧张局面,甚至演变成暴力。

一 教堂的修建和礼拜地点

神父和地方教会在哪里修建教堂,举行宗教仪式,无疑是乡村社会民教关系的内容之一。这个问题的复杂性在于,它不仅涉及条约中规定的教会权利,还和天主教在江西城乡传播引起的社会文化变迁有关。江西教堂和小堂的修建集中反映了传教士在传教过程中遭遇的问题,从中也可看出基督教适应地方社会的过程。

(一) 江西乡村:不同地方,需求各异

1858 年和 1860 年的中西方条约签订后,传教士被允许进入中国内地,

并收回一个世纪以前被没收的教产。因此，1860 年以后，天主教传教士希望能在主要的政府行政中心城市或附近生根立足。① 教士们这样做有以下理由：以前的一些教产就在这里；这些地方靠近水、陆主干线，交通便捷；此外，在这些地方更易于与官员接触和与领事馆交流；而且可以肯定的是，在官绅阶层的权力中心传教，至少具有重要的象征意义。更何况，在促狭偏僻的乡村教会传教多年之后，人口集中的城市对传教士而言特别有吸引力。因此，传教中心通常位于大城市或附近。

南昌是江西最大的城市，也是省府所在地，同时具备上述各项优势。利玛窦神父曾在南昌城内建起第一座天主教教堂。多年以后，城郊又修建了另外几座教堂。到 19 世纪 30 年代中期，教士们陆续从外地回到南昌附近的教堂。1861 年，法国领事请罗安当神父向南昌知府递交了1858 年和 1860 年条约的副本，藉此得到了城内一块地，盖了一座新教堂。② 1862 年，南昌城内和郊区的三座教堂被毁后，罗安当神父离开了南昌。此后，有关让传教士重返南昌的外交谈判延续了将近十年。对于天主教传教士而言，只有人在省府，才意味着拥有在全省传教的权利，尽管他们离开省城期间，各地的传教并未受影响。到 19 世纪末，天主教传教士终于在南昌城内重新立足。③

省内几乎每个行政中心都吸引了天主教神父。大部分府城都建起

---

① 魏扬波：《广东省的天主教徒活动和中国人的反应(1848—1885)》，第 60 页。他认为 1860 年以前，广东的天主教传教士更倾向于留守在小村子里，他们远离城市和市镇，以避免和地方官员产生麻烦。

② 《在华遣使会》，第 64—66 页。

③ 要进入某些大城市的确存在困难。例如，19 世纪 40 年代英国外交官及其军队试图进入广东时就遭到抵抗。见马士：《中华帝国对外关系史》，卷 1；《冲突时期，1834—1860 年》，第 367—399 页；及魏斐德：《大门口的陌生人》，第 71—80 页。

　　传教士进入湖南省府长沙时更是困难重重，直到 1897 年才成功进入。关于这个问题，周锡瑞在他的书中有讨论，见其《中国的变革与革命：1911 年湘鄂革命》(伯克利：California University Press，1976 年)，第 34—37 页；以及卢其敦(Charlton M. Lewis)：《中国革命的序幕：湖南省的思想转变和制度变革(1891—1907)》(马萨诸塞州剑桥：East Asian Research Center，Harvard University，1976 年)，第 110—133 页。

了教堂,到 19 世纪末,代牧主教在九江、抚州和吉安三个城市建立了传教中心,并逐渐发展为大型综合教区。神父在许多县城或县城附近修建教堂,有时候还把这些地方作为主要驻所。此外,像吴城镇和景德镇这样拥有许多天主教徒的大型中心市镇,神父也为教徒们修建教堂。再小一些的,类似邓家埠(安仁县)这样的中等市镇或者说标准市镇,就建一个小天主堂或礼拜堂。而在乡村,天主教徒通常就只能在临时的礼拜堂里做礼拜或者在教徒家里举行简单的仪式,赣县山区的仓寮前教堂就兼具教堂和住所的功能。1896 年,一位官员提到,居住在教会房产周围的多为谢姓居民,习教已非一日。[1]

　　传教士定期上报江西修建了多少天主堂和小天主堂。[2] 19 世纪 40 年代初,江西只有 18 座小天主堂,到 90 年代末,教会已经修建了 105 座天主堂和小天主堂。[3] 从传教士合法返回江西到 19 世纪最后几年,正式的天主堂和小天主堂已经遍布全省,所建的位置由当地情况决定。信徒数量、修建或改造费用的筹集,以及获得合适的房地产,都决定了天主教徒如何修建和在哪里修建教堂、小堂及建立大型综合教区。中文文献也证实了这一点。根据 1870 年建昌知府的报告,其辖内五县之中,只有两个县建设有教堂。他提到南城县北乡第七都(即七都村)"有大天主堂一所,内有肄业学生十余人",九都(九都村)有"大天主堂一所,又育婴堂一所"。他还提到南

---

① 《教务教案档》,Ⅵ/2/667、1006 页。

② 我所见的江西天主教史料中对"教堂"或"天主堂"(church)和"小堂"或"小天主堂"(chapel)没有明确定义。19 世纪初、中期的记载中,两者区别不是很明显,神父们似乎也将两者混用。到了 19 世纪后期,又细分为教堂(churches)、公共小堂(public chapels)和祷告室(oratories)。我认为教堂是指有专门用途的单独建筑,公共小堂则是在某种建筑物,比如育婴堂里,占据特定区域,被指定用来做礼拜的地方。私人小堂也设在神学院里。祷告室则可能设在某位教徒家中的一间小房间里或房间一角,教徒的家当然一直还有其他功能。

③ 《遣使会传教年鉴》(ACM)6(1840),第 353 页;《遣使会传教年鉴》(ACM-E)7(1900),第 212—213 页。不同史料的数据有异:赖德烈在他的《基督教在华传教史》(第 238 页)中指出,1849 年江西有 20 座小堂。他从另一则材料中(第 323 页)又获知 1890 年有 1 所神学院、6 所学校、5 所育婴堂、4 座教堂和 21 座小堂。沃尔夫斯坦:《1860—1907 年中国的天主教会》(第 436—437 页)中有 1907 年的总数,是 34 座教堂,136 座小堂,132 座诵经堂,21 所育婴堂和养育所,18 所医院,8 所诊疗所。

城县的两座乡村小天主堂、府城北门外的一座小天主堂,以及南丰县的两座大天主堂,其中一座邻近府城;另外三县均未发现教堂。[①]

江西教堂的外型风格和规模差异很大。早年大部分教堂都很小,设施简陋。一些教堂在门外用汉字写了"天主堂",有一些则没有任何标志。小天主堂通常建在某个已有的房子里,一点儿也不起眼。1859 年一位江西传教士报告,在乡村会发现教徒住在一幢可能被称做教堂的普通房子里,这幢房子和周围其他房子没有什么差别:外面摇摇欲坠,里面是脏兮兮的地板,没有拱顶,只有一个旧十字架和一些破烂的宗教雕像,这些就组成一个简陋的庇护所。[②] 早期很少有气势恢宏、以新颖的砖石结构修建、类似于欧洲风格的教堂。[③] 随着时间推移,越来越多教堂采用砖石修砌,外型宏大而坚固。只有极少数教堂采用中式建筑风格,如 19 世纪 90 年代贵溪县城的一座教堂。在贵溪,除教堂外,天主教徒还修建了一座育婴堂,一所学校和一家医院。[④]

然而,绝大部分乡村教会甚至连小天主堂和祷告室也没有,也常常没有神父,会众只能在家里望弥撒。[⑤] 但是如果教徒数量过于庞大,这样做就不现实。1894 年,和安当(Casimir Vic)主教终于意识到有必要在抚州府的某偏僻地方修建教堂,因为在该地方圆十几里内,居住着 800 名天主教徒。和主教是这样筹划的:先建一座较好的小天主堂,然后再修建神父的住所、学校和一所医院。[⑥]

且不论教堂的规模、风格和位置如何,传教士要获得一处合适的房

---

① 该府总共有七座大小不同的教堂,小的可能是小天主堂。见《教务教案档》,Ⅱ/2/770、986—987 页。

② 《遣使会传教年鉴》(ACM)24(1859),第 339—340 页。

③ 《遣使会传教年鉴》(ACM)23(1858),第 372 页。

④ 《教务教案档》,Ⅵ/2/732、1083;《教务教案档》,Ⅵ/2/733、1084 页。

⑤ 《遣使会传教年鉴》(ACM)47(1882),第 130 页。

⑥ 《遣使会传教年鉴》(ACM-E)1(1894),第 533 页。

地产可谓困难重重（参见第五章），除了必须考虑中国人所谓的风水问题之外，有些房地产在真正的业主不明的情况下就被骗卖给传教士。[1]有时传教士还遭到地方上的联合抵制，比如 1883 年，安仁县某地居民被告之不准将田地出卖给外县人。[2] 如果传教士请当地教徒出面购买修建教堂的田地，或许可以避免这些情况。但是当地居民仍然会对这些教徒施加威胁，或者试图通过禁止出售建筑材料、禁用当地的劳动力来阻止教堂的修建。[3]

　　更复杂的问题是土地的购买程序。根据中西方条约和一系列协定，传教士可在任何地方购买和租赁土地。但中国官员要求所有土地交易必须上报，以便官府核定产权、交割清讫，这样即便教堂修建受阻，也有利于决断是非。中国官府批准后，只需在地契上加上"天主教会"的名号（即当地教会的名字），交易就算完成，这块地便成为这个地方教会的"集体财产"[4]。尽管官府称制定这一程序是为了保护传教士，但教士们并不买帐，他们认为这是鼓励人为设置障碍，阻止教堂的修建，而且常常迫使他们另选一块更不中意的地方修建教堂。

　　教堂建设用地的购置、教堂的修建和维护，都需要钱。传教士可以获得一些基金，并且常常把它们划拨给地方教会用来进行教堂的修建和维护。比如罗安当神父就曾借钱给安仁县教徒翻修教堂。[5] 如果教会建筑遭到损坏或捣毁，官府有时也会从住在附近的百姓中募集一笔钱，指

---

[1]《教务教案档》，V /2/1126、1055 页。另一起将房屋骗卖给传教士的案件发生在波阳县城东门外。见《教务教案档》，V /2/1146、1074—1079 页。

[2]《教务教案档》，IV /1/367、453、455 页。

[3] 1875 年贴在宜黄县城的另一则匿名揭帖中，对将房屋田地典卖给传教士的人提出人身威胁，见《教务教案档》，III /2/606、716 页。1884 年龙泉县城有一则匿名揭帖，呼吁大家联合抵制一座教堂的修建，见《教务教案档》，IV /1/376、511 页。

[4] 威罗俾（Westel W. Willoughby）：《外国人在华特权和利益》修订本（巴尔提摩：Johns Hopkins University Press，1927 年），卷 2，第 706—710 页；高弟爱（Henri Cordier）：《1860—1900 年中国与西方列强关系史系史》（巴黎：Ancienne Librairie Germer Bailliere，1901—1902 年），卷 1，第 68—77 页。

[5]《教务教案档》，III /2/606、710 页。

定赔偿给教堂作翻修之用。[1] 50 年代,吴城镇教徒在教堂附近开了两个店铺,经营所得都用于置办教堂器物和支付教会花费。[2] 60 年代中期,九江有四家教会开的店铺,其中相当大一笔利润都用来资助育婴堂。[3] 传教士似乎总是缺少经费,因此像这种规模虽小、但经营成功的商业活动一直在继续。1877 年,罗安当神父报告说称,九江店铺赚的钱资助了当地的教会活动。[4] 天主教徒公开经营这些店铺。90 年代中期,一则中国官方报告称一位神父在九江城外买了一家店铺,所得盈利皆用于教会之费。[5]

教会资金最主要的来源是教徒的捐献。他们不仅为来访的神父提供吃、住,出钱出力,还以其他各种方式支持教会。1868 年,在吉安城外,当地教会捐出一笔钱,用来改造和扩大一位教徒的房子,作为教堂使用。[6] 在九都,教徒在 1872 年修建了一座新教堂,资金主要来自一位当地人的捐款。这个人是位成功的茶商,他有个兄弟是神父,因此他慷慨地捐赠了一大笔钱——大约 6 660 两——占所需费用的十之六七。教士们感到任何时候都可以找他帮忙。[7] 九江有两个富裕的教徒家庭也捐赠了很大一笔钱用来修建一座医院。[8] 19 世纪 80 年代,建昌府一个成功的茶商家庭黄

---

① 例如,天津的天主教堂毁于 1870 年,后来使用赔偿的 130 000 两白银重建。许多新教传教士在争取房产被毁的赔偿,见赖德烈:《基督教在华传教史》,第 351、473 页。南昌县一村庄的小天主堂被毁后,官员下令从居住在附近地区的居民手中筹款赔偿,见《教务教案档》,Ⅴ/2/1095、1003 页。

② 《教务教案档》Ⅰ/2/969、907 页。根据赖德烈:《基督教在华传教史》,第 330 页:天主教各地教会和各级传教士投资房产,获得的利润用来支付教会的费用。

③ 《遣使会传教年鉴》(ACM)30(1866),第 12 页。

④ 《在华遣使会》,第 67—68 页。

⑤ 《教务教案档》,Ⅴ/2/1145、1065 页。

⑥ 《教务教案档》,Ⅱ/2/712、902—904 页。尽管这类捐款数目微不足道,但它的象征意义仍值得一提。赖德烈很少甚至根本没有提及 1856—1897 年间中国天主教徒的捐款,例如,见《基督教在华传教史》第 323—331 页。中国的新教徒在 20 世纪初几十年间也向乡村教堂捐赠,见毕范宇:《中国的乡村教会》,第 142—169 页。

⑦ 《遣使会传教年鉴》(ACM-E)3(1896),第 463—465 页。捐款总数相当于二万法郎。还可参见《在华遣使会》,第 48—49 页。

⑧ 《在华遣使会》,第 101 页。

家,定期将经商所得的 2％献给教会,有一次竟达 3 000 两,主教用这笔钱在另外一个府修建了一座教堂。① 抚州府一个乡村,教徒极度贫困,却渴望拥有一座教堂。1894 年,每人负责带一块建教堂用的石料,和安当主教估计这些再加上其他捐赠,可达到所需总费用的 1/10。② 我们无需再引用更多例子就可以知道,中国教徒各种形式的慷慨捐助并没有得到充分认识,相反,普遍的观点总是认为他们是教会的受与者,而不是施与者。

(二) 乡村地区的宗教仪式

天主教徒在江西的市镇和偏远的乡村修建了规模不一的天主堂和小天主堂。安仁县某市镇的一位教徒说:"邓家埠地方设有天主教堂,入教的人都要前往礼拜,有时或在堂住歇。"③像这样的地方教会规模有多大尚不清楚,可以肯定的是邓家埠教堂的礼拜者都来自附近村庄,回家前会在镇上逗留。我们可以假设:他们从一些小的集市来到邓家埠,到镇上也可能是来买卖东西。精明的传教士或许故意选择市镇作为举行宗教仪式之地,并在这里修建教堂。④ 在这些地方,他们很容易接触到一批定期前来的宗教"主顾"。神父在镇上居住和传教仍需保持警觉,否则也有可能遭到不测。1891 年,在南昌县谢埠,乡民趁赶集的时候毁坏了一位传教士的住处。人群解散回家后,地方官府根本无法追查肇事者。⑤

---

① 《在华遣使会》,第 108 页。
② 《遣使会传教年鉴》(ACM-E)1(1894),第 533 页。
③ 《教务教案档》,Ⅲ/2/604、700 页。
④ 这一点也适用于 20 世纪初修建的新教教堂。毕范宇对 1936—1937 年安徽、江苏和浙江新教教堂进行了调查,发现 1 824 座教堂中,有 629 座(占 34.4％)位于市镇。作者把"自然村社" (natural rural community)定义为"有教堂的市镇、交易地或其他自然村落"。毕范宇敏锐地谈到:"我们的研究表明,中国的乡村教会倾向于按照自然村社的边界划分……而不是按照政治区域人为地划分。"而且,"对于主要依靠社会机构和人们自身力量来进行的乡村礼拜活动,最好的地域单位就是集市或自然村社"。见毕范宇《中国的乡村教会》,第 15 页、37 页、39 页和 221—222 页。
⑤ 《教务教案档》,Ⅴ/2/1086、990 页;《教务教案档》,Ⅴ/2/1100、1010 页。

当然,传教士为教堂选址时,还会考虑最基本的现实情况。罗安当神父在安仁县偏僻的东溪村想选一处特别之地修建教堂时,官府请他从另外几块地里选择一处,神父拒绝了,理由是"细核坐落地基偏隅,附近既无教民,无须建立教堂。且市镇远隔,艰于购办食物"①。

乡村教徒如果有一个正式的、专门的地方做礼拜,会觉得非常幸运。1882 年,江西北部代牧区包括 10 个府,一共 247 个地方教会,其中只有66 个拥有"很小的教堂或小堂"。其余地方只有"可怜的遮蔽所"或"脏兮兮的房子"用来聆听弥撒。② 同样,江西南部代牧区的神父称,有 3/4 的弥撒是在教徒家里举行的。③ 官府称进贤县某村"并无教堂,只有诵经之屋"④。令教徒难堪的是,即使是如此简陋的供礼拜者集会和诵经之所有时候都会引起怀疑。1866 年南昌县乡下,教徒在屋内行礼拜,被人误认为是斋匪。⑤ 这件事发生在太平军叛乱被镇压不久,人们仍疑虑重重。不过,几十年过去后,这种声音终于销声匿迹了。

图片 1　在江西乡村做弥撒

资料来源:"赣州周年纪念,1921—1946"

---

① 《教务教案档》,Ⅳ/1/372、503—504 页。

② 《遣使会传教年鉴》(ACM)48(1883),第 387 页。

③ 《遣使会传教年鉴》(ACM)47(1882),第 130 页。

④ 《教务教案档》,Ⅴ/2/1087、991 页;《教务教案档》,Ⅴ/2/1095、1006 页。

⑤ 《教务教案档》,Ⅱ/2/694、870—871 页。

修建教堂之前,地方教会的教徒只能在家中集会,除此之外,几乎别无选择。地方教会需要多大规模才需要、或者说才能够修建自己独立的教堂或小堂,这个没法说。有一个乡下地方有30多个教徒家庭,却没有专门做礼拜的地方①,当然,一般村民的房子也不可能坐得下这么多教徒。另一桩教案表明,龙泉县的一个村子里住着6到20几个教徒家庭,有位传教士便想在那里建一座教堂。② 1882年,白振铎(Géraud Bray)主教在信中写道,他在贵溪县的一个村子里做了弥撒,那是他有生以来见过最脏的小堂。该村大约有150名教徒,白主教对他们发誓,倘若捐献必要的费用,他将帮助他们建一座新的小堂。于是教徒们捐了一笔钱,主教用这笔钱修了一座新的小堂。白主教还称,贵溪其他地方教会的传道先生纷纷向他要求在所在村子修建小堂。后来,这种要求太多,而他那有限的积蓄也只能用在最急需的地方。③ 至于哪里才是最急需的,这个很难说,主教也没有表露他的想法。但是可以肯定,这不一定是由教徒数量的多少决定的,因为,如前文所述,抚州地区十几里之内的大约800乡村教徒都没有小堂,只能在各个教徒家里礼拜。

(三) 两则教案材料窥探

(1) 疑虑导致教堂被焚毁,吉安,1869年

教徒聚集在家中举行仪式可能会被疑为邪教活动,但是教堂大门紧闭又会引起其他猜忌。在非正式场合,教外人很容易看到教会的仪式。有时候神父会因为地方太小而限制闲杂人员进入,不过更令他们担心的是参观者因好奇或仇教而破坏教堂,尤其是在镇上或城里。④ 对某些教

---

① 《教务教案档》,V/2/1087、991页。
② 《教务教案档》,Ⅳ/1/379、515、517页。涉案人员说有六个教徒家庭,但是一位传教士称共有大约20个。如果家庭的平均规模是5口人,那么当地就有30至100名教徒。
③ 《遣使会传教年鉴》(ACM)48(1883),第380—383页。
④ 《在华遣使会》,第79页。

外人来说，教堂是阴暗、危险的禁地，教会的仪式还带有神秘的气氛。而有关教堂里不道德，甚至伤害人身之举的种种谣言更加增添了教外人对基督教的负面印象。仇教的绅士在反基督教檄文中将这些谣言添枝加叶，散布全国各地。

抛开这些印象，我们对地方天主堂和那里举办的仪式真正了解多少呢？1869 年，吉安士民捣毁了西城门外的一座教堂。随后的官方调查报告详细叙述了这座教堂的建立、内部设施、礼拜过程和教外人的疑虑等细节。此案的供词来自几位在教堂里礼拜的当地人，在《教务教案档》1860—1900 年的江西部分记录中再无类似细节保留。

下面是 30 岁的首饰店掌柜吴爱耀留下的一份口供①，供词所述是这座教堂和它遭到破坏后的情景。我详细引用了他的话，如有小小的空缺，则插入其他当地教徒的笔录供词提供的信息。

> 去年[1868]傅儒翰[神父]②来吉[安]传教，将便民仓前陈姓房屋重新盖造，共计三栋。正栋四丈二尺，计三间。对面一栋，小小三间。正栋左首系两间，厨房在内（屋旁有从前工匠歇足小棚一间）。所需砖木，都是小的们量力捐助。门前并没立有天主堂匾额。正厅挂有天主画像，并红纱灯四盏，小六角玻璃灯四盏。旁边贴有告示，桌子上摆有花瓶，并锡烛千香炉等件。礼拜时并不用旗幡，也不用供菜供果。小三间屋内，藏有锡灯千磁瓶桌围，以及寻常日用木器。傅儒翰来时，逢礼拜之期，才将器皿摆设，并没金银器皿，亦没另有祭器。③

虽然吴爱耀在 1869 年教堂被毁时没有在场，但另一位目击整个事

---

① 本书所有人的年龄都是按中国人计算的方法，用"岁"表示，也就是，一个人出生时就是一岁，到第二年农历新年两岁。这与西方年龄算法差一至两岁。

② 根据中文史料，傅儒翰神父是法国人，见《教务教案档》，Ⅱ/2/708、895 页。在我的材料中，我没找到他的任何传记材料，我也无法确定他的法文名字。

③《教务教案档》，Ⅱ/2/712、901—905 页。吴爱耀的供词，见第 903—904 页。

件的教徒提供了这起事件的一些细节：吉安乡试期间，几位考生到教堂闲逛，第二次来的时候，进入教堂里面，对一副对联表示不满；第三次来时便和许多人冲进教堂，扯下对联，并焚毁了教堂。[1]

考生焚毁教堂之辞看来微不足道，却能够煽起民愤，这其中民众对待基督教的普遍态度必然起了作用。而天主教的许多仪式的确令人疑忌，例如男女在一起做礼拜[2]，有违世风，使人觉得教堂是个藏污纳垢之地。教徒的一些所作所为也令人不耻，据吉安知府和代理庐陵知县的一则报告，"偶遇乡里细故，动辄投诉教内，与讼控告。殊多依势逞强。是以毋谕贤愚，含恨切骨"。文中称，地方绅士和百姓（士民）禁止子弟入教，而"无知人等"仍传教念经。[3]

这则报告反映出地方民众强烈的排教情绪，在一定程度上解释了吉安教堂为什么被毁。但是吴爱耀的叙述也表明，教徒考虑有欠周密。首先，他们应该允许人们进入教堂，向民众展示里面并无奇怪神秘之处。实际上，教堂内部的装饰几乎和寺庙、祠堂里的一模一样。[4] 其次，按惯例寺庙和祠堂外面通常立有功德碑，而地方教会忽视了这一点，于是错失了让众人捐修，进而使教堂建筑名正言顺的机会，本来这样做可以提高教会的社会形象，使人们在心理上更能接受。[5] 其三，虽然教徒也捐钱资助教堂的维修和扩建，但是首倡修建教堂的人是神父。我认为正是神

---

[1] 《教务教案档》，Ⅱ/2/712、904—905页。

[2] 族规严厉禁止男女混在一起做礼拜，见刘王慧珍（Hui-chen Wang Liu）：《中国家法的分析：儒家理论的实践》，载阿瑟·莱特（Arthur F. Wright）主编：《儒教与中国文明》（纽约：Atheneum，1964），第91页。

[3] 《教务教案档》，Ⅱ/2/708、895—896页。考生和当地群众怎样走到一起的，无法确知。该报告提到，之前一次乡试时，或许是为了自保，官绅合力保护了这座教堂。

[4] 毕范宇：《中国的乡村教堂概览》，第114页；赖德烈：《基督教在华传教史》，第335页。我还想加上一点，据我本人的观察和五年的旅行，这一点在当前的台湾也是事实。例如，1970年我访问了台东的玛利诺（Maryknoll）小教堂，该堂的内部布置很中国化，和文中描述的教堂有些相像。

[5] 毕范宇：《中国的乡村教堂概览》，第113页，他指出有些新教教堂"为教堂取一个特别的、有感召力、好听的名字，如'上爱堂'。"天主教教堂通常被称为"天主堂"，今日的江西仍然如此。

父的出现和极力扩建教堂,才吸引了考生和当地人的注意,使他们有借口进行破坏,利用早已存在的敌对情绪,毁坏教堂。

这是吉安附近的教徒遭遇到的困境。15 年后龙泉县又因兴修教堂引起另一桩教案,从中可看出教会作为外来势力,如何在乡里之间甚至宗族内部引起矛盾。

(2)宗族反对修建教堂,龙泉县,1884 年

1884 年 5 月初,王吾伯主教和一位中国籍神父离开吉安前往龙泉县城。龙泉属吉安府,但位于辖境边缘,毗邻湖南省。他们马不停蹄地赶往 35 里外的一个小村庄浪溪。官府称浪溪村民皆为胡姓,实际上该村还有几户杂姓人家。该村胡氏宗族有族人数百名,其中有些习天主教。① 邻村教徒都把浪溪村作为宗教活动中心,也许是因为那里有一座年月虽久但规模很小的小天主堂。② 会众希望扩大小天主堂的规模,于是罗元晖、勾一丰和胡进曦请主教来此访问,督建一座教堂。③ 教民还想建一所育婴堂,收容那些由神父在圣婴会赞助下收养的女婴。④ 由于整个龙泉县一座教堂也没有,主教准允。但是,兴修教堂和主教的到来在龙泉县激起了地方民众的反对。

反对主要以两种形式出现:一是口诛笔伐,要求取消这项工程;一是直接的行动。县城到处张贴着言辞犀利的匿名揭帖,谣言四处流传。一则揭帖称法国人修天主堂将对地方严重不利。作者没有指明地方将如何受害,只是强调无论如何必须阻止修建教堂。这则揭帖还警告乡民不

---

① 《教务教案档》,Ⅳ/1/379、515 页。从字里行间看来,我估计该村大概有 900 人规模。

② 《在华遣使会》,第 92 页。作者把做礼拜的地方称为"祷告室"(oratory),但这似乎应该是个简陋的小天主堂。作者还把龙泉称做赣州府的一个"村庄"。实际上,它是吉安府的一个县治所在地。

③ 《教务教案档》,Ⅳ/1/380、525 页。主教写道,他前去这个村子修复小天主堂。另见《遣使会传教年鉴》(ACM)50(1885),第 132 页。也许当地的天主教徒希望把这个小天主堂扩大,变成一座正式的教堂。

④ 《在华遣使会》,第 92 页;《遣使会传教年鉴》(ACM)50(1885),第 132 页。这个团体也被称为"圣婴善会"。

准卖给主教砖木石灰或粮食。"买卖查出，定行重罚。"①此外，还有谣言称主教要建的不是教堂，而是炮台，还会运来洋枪，招引洋兵来守。② 这些揭帖和谣言的指向很明显——主教是个危险人物，这项工程对本地不利。最终，人们拆毁建筑，赶走主教，迫使教堂停工。主教离开时身上可能还受了伤。

由于事态严重，官府立即着手调查。从官府报告中可看出，传教士的到来及其活动在乡村社会引起了严重的不和谐。官员承认，确实有些揭帖和谣言使得修教堂工程举步维艰。龙泉县知县称，一群人聚集在浪溪要求教堂停工时，主教匆忙离开了，但并没有受伤。人们随后挖毁了教堂的墙基，捣毁砖瓦木料。报告还称，人们拿走了主教及其随从来不及带走的个人物品，还拆毁了主教曾经住过的教民胡祖绚家的门窗，偷走他家一些物什，牵走两头牲口。③

尽管不能确定龙泉县居民最初何时皈依天主教，不过教民起初的确是在邻县教堂或小天主堂里做礼拜的，其中便有来自浪溪的胡氏族人，这些人自称奉天主教已久，经历数代。④ 村子里各家各户有多少人，叫什么名字，信什么教，人所共知。而且教民自称素来和睦，并无口角争执。⑤到 19 世纪 80 年代，信教男女有 40 余人，出自 6 个胡姓家庭，他们和其他当地教徒一起，在一幢原来属于胡祖蕙但 40 多年前被一个神父买下来的房子里做礼拜。这间房子即被用做当地的小天主堂，也是来访的神父居住之地。主教称它为"老教堂"，不过除了他之外，其他人并不认为它是一座正规教堂。⑥

这种寓所式的小堂显然无法容纳当地会众，也无法扩大传教范围。

---

①《教务教案档》，Ⅳ/1/376、511 页。

②《教务教案档》，Ⅳ/1/379、517 页。

③《教务教案档》，Ⅳ/1/380、526 页。

④《教务教案档》，Ⅳ/1/380、527 页；《教务教案档》，Ⅳ/2/666、993—994 页。

⑤《教务教案档》，Ⅳ/1/380、527 页。

⑥《教务教案档》，Ⅳ/1/380、526 页；《教务教案档》，Ⅳ/2/666、998 页。

1882 年春,胡祖绚和胡庆席以自己的名义,从一名胡姓教徒、两名胡姓教外人以及另外一名异姓村民手里买下了浪溪一块地,地契载明卖与"胡文山堂"管业——这也许是一个宗族支堂的名称。买者没有提到教会才是真正的买主,并将实际掌管这块地。也没有任何人告诉知县这里将被用做修建龙泉县第一座正式的教堂和第一座育婴堂。[1] 王吾伯主教,这位在中国呆了 30 年的遣使会传教士,忽略了 1865 年《中法柏尔德密协议》(Sino-French Berthemy Convention)中规定的土地买卖程序,悄无声息地拥有了这块地的所有权。[2]

1884 年 5 月 14 日,主教乘船抵达浪溪附近,同行的还有一位神父、几位随从、泥水匠和木匠。一行人举着一面硕大的法国国旗,主教本人乘着一顶四轮红伞轿子。郭义杏和胡庆席这两位当地教徒鸣锣开道,燃放爆竹,迎接主教的到来。教徒男女沿途跪迎,好像主教是一位下乡巡视的官员。到达浪溪后,主教和他的亲近随从住在那座寓所式小堂里,40 名工匠分散住在教民家中。[3]

壮观的队伍和随行人员引起了当地注意,村民对此惊疑愤怒,一些人张贴匿名揭帖,流言四起。人们看穿了原先那块地产交易背后的不实,议论纷纷。王主教察觉到他的到来引起了骚动和反对,担心要是稍微推迟开工,乡民就会找个借口不准他们修建。于是主教下令让郭义杏督工,用罗元晖早已买好的砖头石灰,立即动工。[4]

胡氏宗族不信教的族人发现教堂的墙基砌得很快。不久,墙脚已经砌到两三尺高,一座直长各七尺,横宽八丈左右的四方形建筑初具规模。[5] 胡氏族人觉得在这个位置盖房子有碍风水。胡祖堂、胡嘉文和其他族人直接找到老胡祖绚(70 岁)和他的教友,对教堂的位置和规模表示

---

[1]《教务教案档》,Ⅳ/1/380、525 页。
[2]《教务教案档》,Ⅳ/1/380、525 页。关于柏尔德密协议的具体情况,见第四章。
[3][4]《教务教案档》,Ⅳ/1/380、526 页。
[5]《教务教案档》,Ⅳ/1/380、526、528 页。

不满，指出这房子会妨碍胡家祠堂的风水。① 族里的代表还称，他们认为信教的胡氏族人支持建教堂是"助邪"，但是后来没有继续强调这一说法。② 教民反驳，并和族人争吵起来。邻村一位生员焦鸣凤来到浪溪，调解未果。③ 此时，越来越多其他村的村民由于这次骚动赶到浪溪。

1884 年 5 月 20 日上午，人们聚集在新教堂工地上，想阻止继续修建。王主教看到群情激愤，意识到情势危急。据官方报告称，他让人收拾包裹，然后带着工匠匆匆离开了，毫发未损。他们离开后，人们推倒教堂的墙基，并毁所堆砖瓦，拆毁主教曾经住过的小堂，偷走了一些个人物件。主教行至距浪溪五里外的上苑村，停下歇脚，随后跟有男女多人围住他。由于形势紧张，主教决定回到吉安避险。④

而在主教呈交给官府关于此事的版本中，则称绅团带领千余人袭击浪溪，差点把他打死。这些团练还从主教及其随从身上偷走了银钱、什物礼器等，将老屋和新堂一并拆毁，还将 20 余家教民财物牲口抢掠一空。⑤ 幸亏一位年老的教外人收留，借给他鞋子穿，在夜色的掩护下偷偷护送他们出走，主教才得以逃离该地。主教走了将近三天，筋疲力尽才到达吉安。⑥ 在给巴黎遣使会总会长的报告中，另外一位知情的神父称，当地有一百二三十位教徒遭受劫掠，损失惨重。⑦ 主教本人估计遣使会总共损失高达 1.2 万法郎，财产损失严重。⑧ 几位中国官员调查后给出的报告显示，他们觉得主教对浪溪事件和他受到的损伤说法过于夸张。⑨

---

① 《教务教案档》，Ⅳ/1/379、520 页；《教务教案档》，Ⅵ/2/666、995 页。
② 《教务教案档》，Ⅳ/1/379、516 页。官府后来在正式引用族人证言和做出正式结论时，删去了这一说法。可参见《教务教案档》，Ⅳ/1/380、526 页；《教务教案档》，Ⅳ/2/666、995 页。
③ 《教务教案档》，Ⅳ/1/380、526 页。
④ 《教务教案档》，Ⅳ/1/379、518—519 页；《教务教案档》，Ⅳ/1/380、525—527 页。
⑤ 《教务教案档》，Ⅳ/1/379、517 页。
⑥ 《遣使会传教年鉴》(ACM)50(1885)，第 132—133 页；《在华遣使会》，第 92 页。
⑦ 《遣使会传教年鉴》(ACM)49(1884)，第 609 页。
⑧ 《遣使会传教年鉴》(ACM)50(1885)，第 136 页。
⑨ 《教务教案档》，Ⅳ/1/379、514、522 页。主教立即回到吉安，然后去了上海。从他的行程来看，主教即使受了伤也并不严重。中国官员提到了这一点，并提到主教拒绝与他们会面，接受验伤。

官员们认为并无团练乡绅参与此事，闹事的只有一些当地村民。① 为了找出究竟哪些人参与闹事，知县下令各村"正绅"保甲调查之后向他报告。②

　　浪溪教堂的被毁使我们对地方社会的敏感性有了更深刻的认识。首先，教徒以宗族支堂为名买地给教会使用。作为村社一员，教徒很容易买到地，并伪造合理的借口。其次，如教徒自称，他们的宗教信仰不是什么新鲜事，他们与不信教的族人一直和睦相处。只是当主教大张旗鼓地在夹道欢迎中突然到来和买地的真相被发现后，才引起了冲突。③ 不信教的胡氏族人自然会感到受了欺骗而愤怒。但他们一开始还是试着和教徒们讲理商议，这又带着明显的传统风俗习惯的印记。至于教徒为什么冥顽不肯协商，我们很难理解，只能考虑是主教的到来所致。交涉失败后，族人认定别无办法，只能直接采取行动。但是，没有史料显示族人参与了破坏教堂和偷窃。我们只能猜测其他村的人也介入了这一事件，对此胡氏族人即使不鼓励，也是默许。

　　在后来与法国人的谈判中，官府坚称主教在浪溪买地不符合正规程序，结果被法国人说成是地方政府对教徒有偏见。④ 中方认为主教应该在买地之前提前通知知县。而且，假如主教提前告知他将前来，龙泉县官府可以采取必要措施加以保护。⑤ 尽管主教在许多方面考虑失策，中国政府仍然答应赔偿他和教徒的财产损失。不过直到1896年，官员和传教士才确定最后赔偿的数额。⑥

---

① 《教务教案档》，Ⅳ/1/380、529页。
② 《教务教案档》，Ⅳ/1/380、528页。绅士与地方保甲制度的关系究竟有多深，我们不知道。但是保长显然有职责了解和报告本地的情况。
③ 《教务教案档》，Ⅳ/1/380、527页。
④ 《教务教案档》，Ⅳ/1/376、512—513页；《教务教案档》，Ⅳ/1/377、513—514页；《教务教案档》，Ⅳ/2/666、993、998页。
⑤ 《教务教案档》，Ⅳ/1/379、516页。
⑥ 《教务教案档》，Ⅳ/2/666、992、997页。

二 乡里矛盾和讼案

19 世纪 60 年代,总理衙门努力规范传教士和中国教徒的活动,条约所涉各方势力对这种努力做出了种种反应,这些在其他研究中已有详尽的描述。[①] 关于 19 世纪 60 年代以后的历史研究中虽然也提到一些,但并未详细描述外交背景下的基督教案。[②] 同样,我们也期待更多研究把教案放在国内背景下,着重从社会文化方面对教案进行综合分析。[③] 在江西,民教之间有一些地方冲突最后上诉至公堂。这些案件规模很小,而且大部分发生在偏远乡村。我们了解到,这类冲突通常属于个人恩怨,而它们也为研究乡村社会的基督教提供了另一种视角。

(一) 一位神父所说的宗教迫害,崇仁县和安仁县,1872—1875 年

1872 年,崇仁知县下令绅士首领汪波和另外一些绅士登记一个叫"秋溪"镇的保甲。这是政府为重新恢复地方治安和重建与地方社会的联系所做的正常努力。然而,秋溪有很多教徒,全都拒绝填写户口登记卡;后来他们又表示不会捐钱去请戏班子为即将来临的节日表演。于是,当汪波在演戏的现场认出一位教徒时,当众责骂他看白戏。这位教徒和另一位传道师咽不下这口气,揍了汪一顿,乡里立刻不平静了。县府只好介入其中,以重建秩序。(关于此案的细节,见第六章)

[①] 柯文:《中国与基督教:传教运动和中国排外主义的发展,1860—1870 年》,第 149—169、186—228 页。

[②] 马士:《中华帝国对外关系史》,以及高弟爱《1860—1900 年中国与西方列强关系史》,都对此做了很好的总体分析,但二者都较为陈旧。其他研究包括:瓦格(Paul A. Varg):《传教士、中国人和外交官:美国新教传教士在中国的传教活动,1891—1900 年》(Minneapolis:明尼苏达大学出版社,1966 年),埃德蒙·韦尔利(Edmund S. Wehrle):《英国、中国和反教事件,1891—1900 年》(Minneapolis:University of Minnesota Press,1966 年);谭春林(Chester C. Tan):《义和团》(纽约:Columbia University Press,1967 年)。

[③] 周锡瑞:《义和团运动的起源》一书集中讨论了山东(及其毗邻地区)的义和拳,是一个典范的研究。由于缺乏原始资料,其他省的类似研究相当困难。

罗安当神父认为,秋溪事件带有迫害的意味。在 1873 年 3 月一封写给官府的信中,罗神父列举了自当年 1 月份以来的数起事件,称教徒不断遭人殴打、抢劫和勒索。[①] 崇仁代理知县从县档案中查到教徒控案 34 起,其中 26 起无法审判,原因要么是找不到原告和证人,要么是证据不足,无法深入调查。[②] 但是,八件案子中有三件得到审理,从中可以看出崇仁县的问题实质所在。

（1）一次争吵

教徒王发兴与一位公开议论天主教的醉汉发生了口角——显然,那人说的一定不是好话。王将此人拉到教堂,众教徒逼他赔礼。此人有个亲戚在保甲做事,他找到王讨说法。两人在王的木匠店外面吵起来了,旁边有一群人在围观。在争执过程中,有人溜进店里偷走了一些器物。王以为整件事情都是有预谋的,于是告到县衙。代理知县认为事情并非如此,但仍令出钱赔偿王的失物。[③]

（2）一笔欠债

胡黄氏投状称邹加兴等人因丈夫习教要捉拿他。丈夫逃走,音信全无,邹等遂向她敲诈。代理知县查明胡曾向邹借钱,胡外出做生意期间,邹前来催讨。胡氏拖延,邹等威胁相逼,直到她还钱为止。胡氏惧愤交加,报官告邹勒索。代理知县查控词失实,没有深究。[④]

（3）受害的乞丐教徒

教徒黄廖氏投状称保甲首领因丈夫习教要捉拿他。丈夫出逃后,幼子冻饿毙命。经查,黄的逃跑实际上是因为害怕受教徒殴打汪波一案牵

---

① 《教务教案档》,Ⅲ/2/568、641—642 页;《教务教案档》,Ⅲ/2/571、645—647 页;《教务教案档》,Ⅲ/2/573、653 页。

② 《教务教案档》,Ⅲ/2/597、687、690 页。

③ 《教务教案档》,Ⅲ/2/597、687—688 页。我在我的文章《江西省的天主教徒:冲突与适应》中也给出这些案例,该文载裴士丹主编:《中国的基督教:从 18 世纪到当代》(斯坦福:Stanford University Press,1996 年),第 24—40 页。

④ 《教务教案档》,Ⅲ/2/597、688 页。

连，而这件事黄廖氏在状中没有提到。黄廖氏在公堂上又指认不出她告的是保甲里的哪个人。代理知县查明黄氏夫妇乞讨为生，丈夫逃走后，确实有个儿子死了。但是，知县只字未提保甲首领是否真正想捉拿黄。相反，他判保甲首领对黄氏子之死不必负责，就此结案。①

上述三件简要的案例以及更多其他案例表明，地方教徒与教外人之间的冲突和诉讼背后原因很多，宗教只是其中一个因素。事实证明，罗安当神父所说的迫害并不成立。实际情况比这更复杂，就像一位乡绅李绪承一针见血地指出：

> 查民教本共乡井，平日有无相通，欠债欠租，或钱或票，事所恒有。编查保甲，有等习教愚民，立异逞强，不服编查，甚将历年应出春祈秋报神会钱文，向派不出，遂生嫌隙，从此民教不睦，纷纷追租索欠，口角争闹。或欲捉人送官究追，随各抹然真情，控告讹诈殴抢，词多失实，诚恐审虚坐诬，故多匿不投讯。今两造均知悔悟，民教照旧和好。②

但是，1875 年，罗安当神父又称近两年安仁县教徒所受滋扰近百起。他指责邓家镇的"鄙绅"想尽办法铲除教徒，为此还由王氏宗族和衙役组成"联党"。他们敲诈勒索、抢劫破坏了许多教徒家庭的房产。③ 白振铎主教也认为之所以矛盾升级，是因为王氏宗族的族长组建了一个"社"，迫使教徒放弃信仰。④

总理衙门要求江西省府追查这些控告。安仁知县重新查阅了近期教徒的诉状后，报告代理巡抚刘秉璋，称其中有 52 起案子查无实据。除

---

① 《教务教案档》，Ⅲ/2/597、689 页。
② 《教务教案档》，Ⅲ/2/597、690 页。
③ 《教务教案档》，Ⅲ/2/606、708—711 页。
④ 《天主布道会年鉴》37（1876），第 190 页；还可参见《遣使会传教年鉴》（ACM）41（1876），第565—575 页。

了一起由知县审理办结,其他案子都被驳回,不予受理。① 另外 37 起教徒控告,无法在发生地点找到原告(有一个原告已经死了)。② 没有原告,知县也就无法审理。

代理巡抚刘秉璋称,"大概民教涉讼,如遇教民情亏,[教徒]则遇匿不到[公堂上],以教士出头[为其]争论"③。当官府向罗安当神父出示调查结果时,罗神父只好说这些教徒原告可能去了别处或生病了,或者有什么难处使他们无法上公堂。最后神父只能撤回控告,让安仁知县了结此案。④

有一段时间,崇仁和安仁两县的民教之间确实非常紧张。但教徒所告无非是一些鸡毛蒜皮之事,显然无意将其诉诸公堂,而且大部分都是子虚乌有,这才是冲突的本质。这些冲突表明三点:第一,乡村社会是(或者可能是)好讼之地;第二,教徒所指控的都是乡下常见的事情;第三,很明显基督教本身并不是案情的关键。如果离开乡村社会的背景来看待教徒所涉事件,就会毫无根据地突出宗教因素——就像罗安当神父那样。尽管这位神父是很认真地在进行控诉,但他还是弄错了。乡绅李绪承对形势的认识反而更清楚,他指出,教徒与乡邻之间的矛盾其实没什么特别,而且乡里之间关系已经和好如初。

(二) 教徒与教外人之间的矛盾,上饶县和泸溪县,1884—1899 年

我们发现,在 19 世纪的江西,与崇仁县和安仁县类似的情况在其他县也有。⑤ 1899 年 2 月 27 日,法国公使照会总理衙门,称有教士在崇仁

---

① 《教务教案档》,Ⅲ/2/610、721 页;《教务教案档》,Ⅲ/2/619、803—828 页。
② 在好几个案子中,人们上告时弄错了案情或身份。有些案件中,原告使用假名字,有些人则未经允许使用了某个教徒的名字。《教务教案档》,Ⅲ/2/619、804—807、811—812、820、823—824、827 页。
③ 《教务教案档》,Ⅲ/2/610、721 页。
④ 《教务教案档》,Ⅲ/2/619、828 页。
⑤ 参见史维东(Alan Richard Sweeten):《江西省的天主教信徒:冲突与适应》,第 24—40 页。

县被民殴辱。总理衙门立即敕令江西省府官员查办此案并核查几县教案。[①] 上饶、泸溪知县逐一查明从前各该县教案,并详叙各案办结原委。[②] 这些案子实际已经办结;但是此前两位知县没有禀告上司,传教士也没有向法国公使上诉。这些案件再次表明乡里俗事才是导致冲突的主要原因。

(1) 变味的合伙关系

1894年初,教徒桂伯高从临川县来到偏僻的上饶县"塔水",寄居在一个叫徐云进的人家里,与他合伙做夏布手艺。两个月后桂与徐拆伙,但仍留在徐家独做,每月付给他伙食房租。桂在1897年底外出,1898年初返回。徐因其欠房租未还,将其衣被苎麻收走抵作房租。

桂伯高将徐告上公堂。知县讯问双方,判桂伯高将所欠徐云进的伙食房租银两如数付清,徐将扣留衣被苎麻等物归还给桂。1899年2月23日,知县注销此案。[③]

(2) 寡妇的诬告

寡妇徐夏氏状告儿子徐云进(即上例案中的徐)不务正业,私卖膳田。为了赎回这块田,她只好付给买主200元。又告侄子徐云章(天主教徒),1889年从她那儿买了一块地,但至今钱银未付清讫,现在他拒不付清欠款。这位寡妇称自己因为年岁已大,需要这笔卖地钱置备寿材等事。

不过,据徐云章供称,实为堂弟徐云进欠钱不还,指使其母诬告。1899年3月15日,上饶知县称寡妇状告侄子毫无凭证,念其年迈从宽免究,但责惩了徐云进的不孝。[④]

(3) 上饶县城的非法粮食买卖

1899年,一位平民教徒颜华兴来到上饶县城,托两名乡绅代买少量

---

① 《教务教案档》,Ⅵ/2/710、1062页。
② 《教务教案档》,Ⅵ/2/730、1078—1083页;《教务教案档》,Ⅵ/2/736、1089—1093页。
③ 《教务教案档》,Ⅵ/2/730、1079—1080页。
④ 《教务教案档》,Ⅵ/2/730、1080—1081页。

积谷,用箩筐角篓装着,和一名帮工分挑回家。行至南大门出城时,遇到另一名乡绅方得富。方缴没所买积谷。颜报官。

知县闻报审讯,查明颜华兴家境殷实,不应违章购买积谷。不过知县称此举情有可原,因为青黄不接之际,百姓常常担心粮食短缺。"小民校量锱铢,事所恒有。且所籴无多,应请邀免置议。"知县命方得富赔偿颜被缴没的粮食,了结此案。[1]

（4）一块粮田和灌荫之争

教民汪富亨状告邻人不顾之前的判决,重新挖墈放水,致房屋有被淹之虞。又称另一位邻居搭盖的石灰铺及铺旁所挖粪窖位置不对。这位被告的黄姓邻居则反过来控告汪在其田地连结之处建造房屋,且挖毁田里的黄氏祖坟,迫使他不得不改葬别处。

有关这一争执的案卷描述很粗略,但从中可看出所涉村民并不想纠缠这件事,经多次传讯未到。综合案卷信息得知,上饶知县最终判定,汪富亨的粮田实际上受益于新挖墈堤,且汪不应毁匿坟地,应付给邻居6元,作为其迁移别葬之费。双方没有继续上诉,知县于1899年6月20日注销此案。[2]

（5）乡学房产之争

儒生傅景星等人于1884年6至7月间投状至泸溪知县。30年前,他们代表乡学向林效邹及其妻林傅氏购买了一座破屋和一块地,作为乡学公所。1889年,重新修缮后的几间侧屋租给了林效邹的继孙林俊发,林定期付给乡学租钱。其父林鲜、母林陈氏、兄林瑞金（一位天主教徒）两年后搬入此屋寄居,但不肯给房租,称此屋东边并未卖给乡学。林陈氏对知县称,傅景星霸占了他们的房产,现在又以学校占有这些房子为名欲行敲诈。

---

[1] 应该指出的是,在此过程中,颜曾试图通过投入河口镇天主教堂使案情对自己有利,不过并未起作用。见《教务教案档》,Ⅵ/2/730、1081—1082页。
[2] 显然,汪没能让教会为他说话。见《教务教案档》,Ⅵ/2/730、1082—1083页。

知县详细讯问了双方，查清了房子的来龙去脉。经查，太平军叛乱期间，也就是林效邹卖屋时，林鲜携全家逃往福建。他们回到泸溪前，林效邹已故，房子已卖给乡学。林鲜携全家返乡后，搬进这座老屋居住，他们不想付租钱给乡学，并想让乡学搬出林效邹的房子。林鲜身故后，林陈氏在木箱内发现一张老契，藉此认为卖给乡学的房屋实为林家公产，于是才有了她的反告。

泸溪知县判决，乡学所持房屋卖契上面有林效邹的签字画押，为合法契据。林陈氏及其子林瑞金悔悟，乞请免究。知县免其置议，完结此案。①

（6）丈夫与妻、妾间的婚姻问题

在中国，教会收养孤儿和流浪儿很普遍。泸溪一座教堂收养了一位张姓女孩，她入了天主教，长大后教堂把她嫁给一个叫邓团鹏的教外人。她和邓没有生育，邓家的长辈十分着急。因为邓家不仅邓团鹏无后，其他兄弟也无子嗣。邓家让族人邓润玑令邓团鹏娶妾延续香火。如果妾生男孩，家族希望这个独子"一子双桃"。

此时，有卢山源娶妻饶氏，因家贫无力赡妻，将妻卖给邓团鹏为妾，延续邓家香火。起初，元配邓张氏与邓饶氏相处和睦。后来，两个女人常为一些家务事闹别扭，邓团鹏偶尔干预排解。邓张氏认为丈夫帮衬妾而更加吵闹，又听到四邻街坊指指点点，就要丈夫休妾。丈夫不肯，于是邓张氏离家回到抚养她长大的教堂。

1897年5月至6月间，邓张氏一纸诉状告到县府，称丈夫凌妻宠妾。泸溪知县命差役传讯各方。邓张氏在堂上称后悔误听人言，又恐丈夫"受亏"，请知县宽恕。知县又传邓家族人到堂，族人称邓团鹏愿与饶氏离异。事已至此，邓家看来也支持这个决定。邓团鹏后来称"已将邓饶氏离异改嫁，邓张氏并已接回团聚，和好如初"。他请知县免予置议。因

---

① 《教务教案档》，Ⅵ/2/736、1091—1092页。

此案系猜疑所致,而无通奸偏宠之情,于是知县完结此案。①

(7)教堂借款引起的口角

1897 年中,距泸溪县城西北 60 里外的嵩市镇上一座教堂起了争执。教堂司事杨兴递状,请知县拘捕刘晚租和另外几个教外人。知县令差役将一干人等带到公堂上接受讯问。

知县从堂上问讯得知,刘晚租早先将自己的一块农田典押给教堂,后来赎回,还欠赎金四元。刘决定搬出嵩市时,到教堂还清欠款,要回田契。原始档案没有说明细节,不过可以看出有人——也许是杨兴——称刘不仅要还清欠款,还需向教堂"谢中",因为教堂延长了还款的期限。此言让刘甚为恼怒。据杨兴称,后来刘带了几个人到教堂寻衅滋闹,扬言要拆了教堂的房子。一名教堂工人不服,和他们吵起嘴来。刘等人见言词上占不了上风,就动手将其打伤。但他们没有伤害其他人,也没有破坏教堂。

根据讯问,泸溪知县判刘晚租应受惩责,命他还清赎回抵押田所欠教堂的四元钱,并赔补教堂工人的汤药钱。众人无异议,案子完结。②

上述案例都涉及教徒与教外人。这类争端多由俗事引起,表明信教与否并未妨碍对日常事务的处理。在下列有关天主教教徒与新教教徒之间的接触案例中,同样说明了这一点。

(三)欠债不还导致命案,丰城县焦坑,1898 年

1898 年 3 月 14 日,范又七报丰城知县,称堂侄范哲五被李景正和蔡明六所害。③ 后来的官府调查表明,看上去极小的事情瞬间可以酿成大案。尽管死者和两个被告都是基督教徒,但宗教与这件案子没有丝毫关

---

① 《教务教案档》,Ⅵ/2/736、1092—1093 页。"受亏"有很多意思,这里既可以指在社会上受挫折(丢面子),也可以指钱财上遭受损失,或者二者兼有。

② 《教务教案档》,Ⅵ/2/736、1093 页。

③ 《教务教案档》,Ⅵ/2/739、1095 页。

系，它实际上是因借债引起的个人恩怨。

据李景正供称，他是丰城本地人，住在焦坑地方附近村子，66岁，家中无父母兄弟妻子，捐了个监生，信奉新教。当年正月，邻村熟人范哲五问他借五十文钱买盐。[①]范36岁，务农或卖苦力为生，奉天主教。李范两人素来相识且无嫌隙。[②]

两人约定还钱期限，然而范到期未还。3月10日李路遇范哲五，开口索债。李供称：

> 范哲五骂革监不该拦路逼讨，随口混骂。革监不服，彼此口角。革监怕他强横走回，心怀忿恨，起意纠殴泄忿。[③]

当天同奉新教的好友蔡明六到李家闲坐，李告之前情，央其帮殴，蔡应允。俩人出来找范，下午碰到了他。当时范正携带一把尖刀修树回家。李又骂范骗赖欠钱。据李称，范朝他们举刀砍来，蔡明六赶紧夺刀反击，不小心伤到范的前额。范撞头拼命，右额被戳伤倒地。李自己没有动手，只是站在旁边喊骂。不料范哲五伤重，过一会身死。李景正和蔡明六赶紧逃走。[④]

邓仁九目睹了这次斗殴，跑去告诉死者的叔叔范又七。[⑤]由于这个地方当时地保空缺，故未报案，直到范又七禀报知县。[⑥]知县汤鼎烜饬差拿犯，传唤证人，并按例验尸。仵作确定范哲五是因为头部受刀伤致死。[⑦]

汤的继任者文聚奎继续查办此案。1898年11月4日，文知县下令革去李景正的监生功名，并命衙役将其拿获。[⑧]蔡明六逃逸，官府一直未

① 《教务教案档》，Ⅵ/2/739、1096—1097页。
② 《教务教案档》，Ⅵ/2/739、1095—1096页。
③④《教务教案档》，Ⅵ/2/739、1096—1097页。
⑤ 《教务教案档》，Ⅵ/2/739、1096页。
⑥ 地保病故位缺，无人报官。《教务教案档》，Ⅵ/2/739、1095页。
⑦ 《教务教案档》，Ⅵ/2/739、1095—1096页。
⑧ 《教务教案档》，Ⅵ/2/739、1096页。

能将他捉拿归案。唯一的证人邓仁九也因为做生意外出而未到堂。在处理这件案子上,文知县只能凭已收集到的这些证据,基本上就是范又七的证言和李景正的供词。

文聚奎卸任后,继任知县与南昌知府又分别将此案复审一遍;江西提刑按察使也复审此案,并亲自提审了李景正,审讯结果和案件描述均与原报告无异。官府判决,李虽未殴人并致其死,仍系原谋。按大清律,杖一百,流放三千里。①

虽然这案子牵涉到的三个乡民都是基督徒,但显然与宗教没有丝毫关系。在1898年2月的一份报告中,官员还提到丰城县另外一个村子也发生了一件天主教教徒与新教教徒之间因互相炫耀而致争斗的事件,情形也大致如此。② 但李、范之案是因为一笔数目很小的欠债引起的,欠债的数目小得几乎不值一提,而且也不会使李景正破产,但范哲五欠债不还且出言不逊惹恼了李,使他觉得没面子,于是还不还这笔债成了原则问题。从李、范二人的年龄、体力和地位看,李叫第三方来帮忙是完全可以理解的。蔡明六只是想帮助朋友兼教友,而不是去杀人。然而,这件事却因为怒气和面子问题使行为失去理智,最后以范之死亡而告终。

下面这件案子也和面子有关,教会欲凭借一位传教士之死从地方官手中获得特权,以扩大传教范围。尽管此案到达总理衙门和法国公使手上,但它仍然不是基督教本身引起的。相反,从这件案子可以反映出中国人对待一位死去的西方传教士持什么样的态度。

(四) 传教士棺枢如何从贵溪衙门抬出,1895—1897年

1895年3月初,白澜孙(Jean-Marie Bresson)神父在贵溪县城买了

---

① 官府令将李景正押回丰城县,押候待质,俟缉获蔡明六质明办理。我们不知道官府是否最终将蔡缉获归案,也不清楚李被施刑之前关押了多久。见《教务教案档》,Ⅵ/2/739、1099—1100页。

②《教务教案档》,Ⅵ/2/700、1041—1042页。

一幢房子。这位经验丰富的法国传教士预感到被人发现后会遭到反对，于是迅速搬进这座房子住。白神父到贵溪有两个原因：一是这里是中心地区，方便到四周传教；二是和安当主教想让他修建此地有史以来第一座教堂和住院，为扩大传教做准备。两人确信当地乡绅会在知县的默许下煽动当地人反教，而且连续几天来，都有人成群结队来到白神父住的房子——先是毁坏房屋，然后围攻他。这位神父没有放弃贵溪，而是直接到县衙向知县告状。由于天色已晚，处境危险，知县答应让他作为官府的客人，在衙门里度过一晚。① 第二天白神父告诉知县，除非修好他的房子，否则他不会离开县衙。白澜孙于是被安置在衙门里，过了三个月，衙门对他越来越冷淡。新知县上任后，神父又生出新的希望，希望新知县能给他一个安置之所。但是这位神父不幸得了天花，并于 1895 年 6 月 19 日亡故。德立儒（Alexandre Dellieux）神父当时在照料他。准备下葬时，白神父的尸体被放置在一个密封的棺椁里，摆放在县衙那间神父住过的房间里。②

和主教立即决定开始行动。他谴责中国官员不准白神父购置房地，房子被毁后又没有给予赔偿，官府要对神父之死负责。他向法国领事馆求助，要控告中国人。主教想利用这件事来解决其他问题。他写道："至少我希望能从已经发生的案件中得到某种利益，以解决遣使会面临的问题。如果满足我们所提的要求，我们将参加亲爱的神父的葬礼。"③

当然主教从来不会对中国人表露他的计划。他告诉贵溪官员，下葬的时候，白神父的棺木必须从衙门正门抬出去。据和安当主教称，知县不答应这个条件，因为只有死于任上的知县才能享受棺木从衙门正门抬出的荣耀。知县说神父的尸体可以从县衙的破墙之处抬出。主教认为

---

① 《遣使会传教年鉴》（ACM-E）3（1896），第 56—60 页。
② 《遣使会传教年鉴》（ACM-E）3（1896），第 60—61 页；《在华遣使会》，第 117—118 页。
③ 《遣使会传教年鉴》（ACM-E）3（1896），第 61 页。

这个要求是对天主教有意的蔑视,并将它理解为一种侮辱。[1]

　　主教求助的那位法国公使也同意主教的看法,认为知县坚持让神父的尸体从破墙抬出去,很可能有什么"背后的含义"[2]。公使告到总理衙门,要求总理衙门官员照会江西巡抚,命令贵溪知县对神父的尸体给予尊重,并答应神父的棺木从正门抬出去。[3]总理衙门采取了另一种办法:知县可以专门为棺材的抬出而在那堵墙上再开一扇中等大小的门。[4]双方对此事都高度重视,主教聪明地以此作为拖延借口,因为他手上正需要拥有一种影响力,来解决其他与此毫不相关的问题。主教将白神父的遗体放在衙门里近两年,他在这段时间内修建了一座教堂和一所教会学校,还筹划建一座育婴堂。这些都是在一个以前从未有过任何教会建筑而又地处行政中心的地方迅速建立起来的。虽然有一幅匿名揭帖呼吁禁止外国人购地建教堂,但实际上什么事情也没发生。[5]

　　中国人这边,对此事再没有进一步的交涉,也没有进一步的信息。据教徒的陈述,这件事直到 1897 年 3 月才解决,主教最后还是把白神父的棺木从正门抬出去了。主教、6 位神父和 500 名天主教徒参加了葬礼;他们把棺木运送到白神父两年前购买的房子里。和主教得意地宣称:"这与其说是一场葬礼,不如说是庆功会。"[6]他们计划教堂一完工,就把神父葬在那儿。[7]

　　我们无法明确知道,知县是否认为将神父的棺木从破墙之处抬出是一种侮辱,但是这样做使人产生一些想法是在所难免的。从主教和法国公使的反应可见,法国人对于面子问题、对中国人对待他们的态

---

[1]《教务教案档》,Ⅵ/2/671、1016 页;《遣使会传教年鉴》(ACM-E)5(1898),第 85 页。

[2][3]《教务教案档》,Ⅵ/2/671、1016 页。

[4]《教务教案档》,Ⅵ/2/672、1016 页。

[5] 南特外交档案中心(Centre des Archives Diplomatiques de Nantes),北京,大使馆,序列 A,第 32 箱,1895、1896 年卷宗。这则揭帖作为附件附在和安当主教的信后,日期是 1896 年 8 月 10 日。

[6]《遣使会传教年鉴》(ACM-E)5(1898),第 85 页。

[7]《遣使会传教年鉴》(ACM-E)5(1898),第 86 页;《在华遣使会》,第 118—119 页。

度是多么敏感。在某种程度上，此案反映出，对事物不同的看法和态度——不管是法国人的还是中国人的——也会导致分歧和冲突，而这分歧和冲突与宗教本身没有任何关系。另外，此案在某种程度上也说明天主教为达到传教目的，宁愿将不相干的事件搅在一起。在这件象征性的纠纷中，中国人处于下风，从而使天主教趁机为在贵溪广泛传播打下牢固根基。

对贵溪的教徒来说幸运的是，1895—1897 年的这些事件并没有导致中国官员对基督教的反感。新任知县对他们非常友善，他告诉德立儒神父："如本官无反教之言，则民未敢有反教之举。"[1]这位知县还贴出告示，要求百姓不得滋扰教徒。

中国官员有时在教案档案中提到，身为天主教民仍是中国人。[2] 这意味着无论在法律上还是社会行为上，中国人都没有因为信奉天主教或新教而受到特殊对待。上述结论说明，江西的教徒实际上与不信教的族人和亲朋好友仍保持着密切关系。尽管他们间的关系有时会导致冲突，甚至有时还闹上公堂，但这种冲突在普通人群里也经常发生。

从告到衙门的案例来看，我们可以推断，即使不是全部，那么至少有一部分冲突一定是有多重原因的，宗教有时候是其中诸多因素之一，但不一定是事件的起因。尽管传教士对于冲突一方的宗教身份很敏感，而且肯定会试图保护自己或追随者的利益，但实际上我们已经看到，许多与天主教徒有关的纠纷都明显起因于一些非宗教性的事件，例如未还清的欠债、土地的占有、婚姻问题以及（无论是真是假的）勒索、抢劫，甚至意外的杀人等等。无论在乡村还是在城镇，教徒与教外人双方都参与了这些事件。尽管传教士后来可能也卷进去了，但他们本身并不是引起最初争端的源头。

---

[1]《遣使会传教年鉴》(ACM-E)4(1897)，第 238 页。
[2] 例证可参见《教务教案档》，Ⅱ/2/706、893 页；《教务教案档》，Ⅴ/2/1048、935—936 页；《教务教案档》，Ⅴ/2/1100、1010、1012—1013 页；《教务教案档》，Ⅵ/2/1112、1048 页。

第四章　从个人角度看教徒与宗族和家庭的关系

现有关于中国基督教的研究已经形成这样一种定论:教民想通过入教或是从狂热的教士那里获取诉讼优势或经济利益;教民都是独来独往,甚至与世隔绝。乡村冲突中,他们要么是始作俑者,要么因信教在日常事务和诉讼中受袒护而成为教外人攻击的目标。一些教案材料确实证实了这一观点。在第三章引用的 1869 年一则报告中,吉安府知府和代理庐陵县知县曾严词称:"教民入教以后,拒绝亲邻。"当地人对他们也是恨之入骨。①

我们姑且认为这两位官员言之有理。不过,对于他们的消息来源,以及对于教徒的日常生活和与他人的交往,我们究竟知道多少? 从前一章分析的案例来看,教徒显然仍是所住地方的一份子。教徒有可能不登保甲或者拒绝请戏班唱戏的摊派,但他们会借钱、买粮、买卖房地,且与教外人有生意和人际往来。

如果说教徒仍与地方社会保持日常联系,而且也没有与教外人隔绝,那么说他们与世隔绝只能是个象征性的说法。对于那些因为目不识

---

① 《教务教案档》,Ⅱ/2/708、895 页。

丁而深受乡村社会传统思想制约、一辈子最远可能只到过附近集市的偏远乡民来说,基督教或许能为他们提供一种新的生活方式,使他们摆脱某些文化行为。[1] 例如,许多中国天主教徒不再崇奉祖先,这可能引起新入教者的紧张。1861 年一则官府报告提到庐陵县民李氏家族时称:

> 伊母刘氏,伊弟士魁,听从袁道安[神父]诱令入教,遂将祖先神主劈毁,不许供养神佛。该民心怀不服,屡次劝阻……该民因伊母从教系士魁引导,欲打士魁。[2]

宗族内部关于祖先崇拜的争吵还有比这更激烈的,因为这些关系到宗族成员的既得利益和特权。以安仁县教徒曾罗发为例,1874 年他状告族人没有分给他一份免费的谱饼,按照惯例,这是族人分享的一项福利。代理知县了解到曾(和其他人)入天主教后,不但停止祭祀祖先,而且也不再出钱置办包括谱饼在内的祭品。宗族认为曾罗发既然不出钱,就不应该享受这些福利。代理知县认为,宗族内部不应该把教徒与教外人分得这么清楚——人人都应该出粮,人人都应该分受谱饼。曾族答应按照知县说的办。[3] 很可能他们真的这样做了,事情就此得到解决。

同样在安仁县,另外一些人则强调分享宗族利益应该有限制。1874 年清明时节,王氏宗族像往常一样给族人分发免费的谱饼。教徒王开秀到祠堂领受他应得的那份时,族长以他是教徒不再祭祖为由,拒不发给他。[4] 同样,1892 年,在丰城县,族人不准一位教徒参加有酒喝的宗族庆典。[5] 显然,天主教徒希望继续保留宗族成员身份,这一愿望使他们与亲友的关系变得复杂起来,有时会引起冲突。他们不得不想出一些办法来解决这些日常生活中遇到的问题。他们会怎么做呢?

---

① 柯文提到,绅士也可能如此。见其《1900 年以前的中国天主教传播及其影响》,第 585 页。
②《教务教案档》,Ⅰ/2/1082、974—975 页。
③ 代理知县也允许人们不参与,见《教务教案档》,Ⅲ/2/597、688 页。
④《教务教案档》,Ⅲ/2/602、694 页;《教务教案档》,Ⅲ/2/604、697 页。
⑤《教务教案档》,Ⅴ/2/1095、1005 页。

　　这个问题很难回答,因为我们对晚清社会的现有了解大部分出自19世纪来华西方人的观察、对士大夫文集和档案资料的研究,以及根据后来的田野调查所做的推断。我们没有多少关于平民百姓的态度、看法和生活的资料,尤其是那些数量相对较少的加入了基督教的人。①《教务教案档》的独特性在于它保留了许多普通而且通常不识字的教徒和教外人的陈述,这些人除了被抄录下来的供词之外,没有在其他地方留下任何文字记载。有时候我们可以从这些人的陈述中,推断出男女老幼各色人等是如何看待民教之间由于种种问题引发的冲突的。我们可以观察到,当他们被允许说话时,他们是如何说的;对待与切身利益、家庭利益和宗族利益密切相关的问题,他们是如何处理的。他们的举动和反应为我们提供了一扇窗户,从中可以看出普通百姓的价值观和优先考虑的因素,也使我们看到,天主教徒是如何始终保持与地方社会融为一体的。

一　宗族内部的教徒:争端的平息

　　在中国南方乡村社会,普遍存在的宗族是典型的主要社会组织。宗族制定族规,并要求所有族人遵守,以此来稳固乡村生活。几乎没有空间容许族人在道德和行为上越轨。从下列案例中可以看到宗族内部教徒与教外人之间的交往、由此产生的矛盾、对这些矛盾所持的不同态度,以及涉案双方的处理办法。在第一个案例中,我们看到一个大宗族和强悍的族长是怎样对付一名不守规矩的教徒族人。与之相反,第二个案例则表明一个弱小的宗族如何与一个不服管教的教徒族人苦苦斗争。案例三揭示了某些家族在是否告到公堂的问题上犹豫不决而导致自身利益受损,以及一位教徒如何钻族规和村规的空子。最

---

① 社会历史学家们无一不为清代有关普通老百姓的资料匮乏而慨叹。较好的论述是《中国社会的妇女》一书的前言,该书由玛杰里·沃尔夫(Margery Wolf)和罗克森·韦克(Roxanne Witke)主编(斯坦福:Stanford University Press,1975年),第11页。

后一个案例发生在 19 世纪末，是关于信教族人与教外族人之间的房产之争的，最后酿成了血案。

（一）教徒挑战宗族权威：新昌县晏氏族人，1868—1869 年

晏氏宗族有 400 余户人家，分布于新昌县新安乡一带。除了一般大宗族常见的矛盾外，晏氏宗族还有一个棘手的问题——教徒晏秉彝，他在当地算得上一个人物。由于很多人指名道姓告他的状，全族对他采取了正式行动。晏秉彝屡次投案新昌知县和瑞州知府，请求调查讯断[1]，府县官员未予理会。于是晏求助于罗安当神父。[2] 在这位法国传教士的帮助下，晏秉彝顺利将自己的案子并附 21 件案卷于 1869 年 3 月直呈总理衙门。总理衙门即敕江西巡抚调查核办。[3] 后来南昌知府的报告、晏氏族人的供词及其他地方材料，给了我们一个难得的机会，来近距离看待这场宗族内部的纷争。

晏秉彝本人是否务农不太清楚，但他的财富和耕田密切相关。[4] 他家境殷实，1857 年，捐了个"职员"。这一头衔使他在当地具有很高的威望、势力和一点点特权。1852 至 1864 年的太平军叛乱破坏了江西的大部，但对他正在增长的财富几乎没有影响。19 世纪 60 年代末，他已经是位虽然年长但十分活跃的地主、放债人和商人兼牙人——属于有权有势

---

① 从 1868 年 6 月 8 日至 11 月 16 日，共有 20 份诉状（"禀"）送往府县，其中晏秉彝送出 16 份，李尚松（晏秉彝的佃户）送了 1 份；黄道金（晏秉彝的姻亲）送出 3 份。除此以外，晏秉彝还送了一份到总理衙门，上书整个案子的来龙去脉，并呈上一份声称是晏氏家族逼其写下的证词的副本。晏的第一份"禀"是在"帮讼"周绪春（拔贡生）和刘在吉（举人）的帮助下送达县令的。他们还为晏写了交给总理衙门的诉状。见《教务教案档》，Ⅱ/2/704、880—892 页。

② 晏秉彝在 6 月 15 日得知县令对他的诉状不予理会之后，迅即求助罗安当神父。

③ 总理衙门的意思是，地方官员不能因为诉讼人是天主教徒就宽大处理。即使有些中国人入了天主教，"而[教]民犹是中国之民，以中国之法，治中国之民"。而且总理衙门认为由法国大臣代表中国教徒将诉状交给中国政府这一做法并不合适。见《教务教案档》，Ⅱ/2/706，893—894 页。

④ 晏氏家族的持功名者（贡生、监生和生员）将晏秉彝鄙称为"乡中农民"，知府也接受了这一称谓。我认为尽管晏秉彝确实生活在农村，但这个词不能仅从字面上理解。见《教务教案档》，Ⅱ/2/718、918、923 页。

的地方精英之列,尽管是最低一级。晏和全家在1868年2月入教,成为天主教徒。① 他们的入教时间后来成为本案的重点。

从三位有功名的晏氏族人供词中,我们看到晏秉彝种种不端行为。例如,1836年晏秉彝因窝贼收赃而赔钱给族里,1859年再犯。② 更有意思的是在1867年底发生的一些事。农历十二月,晏秉彝之子将邻居王照凤家养的一头猪捉来宰杀。王上门索还不成,投诉至晏氏族长晏元舌,后者让晏秉彝赔四吊钱给王,晏拒不付给。③

接着,族亲晏较敦告状。他曾为晏秉彝雇工,1867年因娶妻用钱,向晏秉彝借二十五吊钱,三分利息,把田契作抵押。当年十二月本息还清后,晏秉彝扣着田契不还,想敲诈更多的钱。晏较敦称:"小的情急,就投族理处。"④

最后是晏秉彝自己家里出了问题。他儿子死后,寡媳仍留在晏家。晏秉彝不顾寡妇守节的儒家传统,逼她再嫁。媳妇不愿,他就经常打骂。媳妇的母亲在1868年正月将此事告知晏氏宗族处理。⑤

3月18日,晏氏族众开祠公议。⑥ 晏较敦称,他在说到自己的房契问题时,"小的一时气愤,就把晏秉彝平日为人不端偷窃各事抖了出来"⑦。晏较敦揭露晏秉彝曾从别人家里偷走柴火、石灰和烟苗。根据他所说的一切,以及王照凤和寡媳之母的投诉,晏氏宗族对晏秉彝作出如下处理:(1) 还晏较敦田契;(2) 赔偿王照凤猪钱;(3) 分田给寡媳生活,允许她携

---

① 《教务教案档》,Ⅱ/2/718、921页;《教务教案档》,Ⅱ/2/704、885页。
② 《教务教案档》,Ⅱ/2/718、915—916页。
③ 《教务教案档》,Ⅱ/2/718、919页。
④ 《教务教案档》,Ⅱ/2/718、919页。
⑤ 《教务教案档》,Ⅱ/2/718、916页。妻子受到丈夫和夫家人的虐待,唯一能够寻求的保护就是娘家的父母。见杨庆堃:《共产主义过渡初期的一个中国村庄》(剑桥:The Technology Press,1959年),第90页。
⑥ 尽管该宗族处理这些问题十分谨慎,但我们无从知道他们怎样做出最后决定。族长和持功名者很可能是首领。关于宗族司法权力的概括性评述,见刘王慧珍《中国古代的家法》(纽约Locust Valley:J. J. Augustin,1959年),第39页。
⑦ 《教务教案档》,Ⅱ/2/718、919页。

带衣物私房回娘家住。① 晏姓人都在商讨是否该对晏秉彝动用家法，也就是体罚。② 然而，考虑到晏秉彝年事已高且知悔求饶，就没有对他进行体罚。晏秉彝答应罚钱一百吊，并写下改悔书称不再犯，族里放过了他。③

晏氏宗族处理了晏秉彝的一些事，但并未就此结束。乡绅告诉族里，他还欠兴贤堂供奉其祖父神牌的香火钱。④ 晏氏族人再次开祠商议，决定下次乘族里卖庄谷时，把晏秉彝存在庄仓的谷子一并卖掉一些，用来还清他的欠费。6 月 28 日，晏氏族人卖掉了晏秉彝的 82 石(一石约等于 133 镑)谷子，卖得六十四吊钱，正好还清兴贤堂的欠债。⑤ 此外，晏氏族人挂念寡媳的安置，8 月 7 日，十余名族人到晏秉彝家，帮她把衣物器什搬回娘家。⑥

晏秉彝对这些事的陈述则完全相反。他说，他在 1868 年 2 月 28 日入天主教时就遭宗族反对，因为这意味着他将不再崇拜祖先。而且，他声称族里认为一个有官衔的男人入天主教不合适，因为这样，其他族人就会效仿，步其后尘。⑦ 同为宗族显贵的贡生晏善卿和其他人希望凭着他们的身份反对和处罚那些入了教的族人。⑧ 3 月 18 日，他们让族人把

---

① 寡妇的个人财产包括衣物、农具，可能还加上她的所有嫁妆，见《教务教案档》，Ⅱ/2/718、917、919 页。知府认为寡妇应声明不再嫁人，这样可以为她的家族带来荣誉。见《教务教案档》，Ⅱ/2/718、917 页。

② 《教务教案档》，Ⅱ/2/718、919 页。家法可能指用来鞭打的竹杖。见刘王慧珍《中国古代的家法》，第 40—41 页。

③ 《教务教案档》，Ⅱ/2/718、919 页。关于家族的罚金，见刘王慧珍《中国古代的家法》，第 40—41 页。据晏秉彝称，他的家族也以为他和斋匪有来往，见《教务教案档》，Ⅱ/2/704、880 页。

④ 《教务教案档》，Ⅱ/2/718、917、920 页。

⑤ 《教务教案档》，Ⅱ/2/718、917 页。

⑥ 《教务教案档》，Ⅱ/2/718、917 页。

⑦ 有些宗族定有族规，禁止族人加入形形色色的教派，担心因此祸害家庭和宗族组织。见刘王慧珍《中国家法的分析：儒家理论的实践》，44 页。
晏氏家族害怕更多族人入天主教会破坏对祖先的崇拜，见《教务教案档》，Ⅱ/2/718、921 页。据晏秉彝的亲戚黄道金称，晏入教并未带动晏族其他人入教，当地也没有其他晏姓教徒，见《教务教案档》，Ⅱ/2/704、889 页。

⑧ 《教务教案档》，Ⅱ/2/704、844 页。严格地说，晏善卿是位廪贡生，也就是说，他是拿薪俸的贡生，是贡生当中威望最高和享有特权的一级。见张仲礼《中国绅士：关于其在 19 世纪中国社会的地位研究》(西雅图：University of Washington Press，1955 年)，第 18 页，注 20，第 71 页。

晏秉彝带到祠堂里来。据晏称，他们强迫他招供，并写下他和他的子孙都是"为邪匪煽惑，误入邪教……嗣后如敢再踏其中，情愿将名下产业，尽行充公"①。然后，族里罚晏交纳一百吊钱，直到他答应在两个月内付清，他们才放了他。

我们不知道为什么晏秉彝要等两个月后才把状纸呈交新昌知县。在6月8日以及后来递交的状纸中，他强调就是因为他入了天主教，才遭到族人用棍棒迫害。对晏秉彝来说，解决方法很简单：县府应该把为首的晏善卿抓起来，开堂审讯。② 尽管知县在晏第一次上告时就派人前去调查，但他没有抓人，也没有开堂审讯。③ 晏秉彝向县府告状未果，又在6月19日告到瑞州府。④ 晏称，知县没有按照知府的要求去做调查，正是官场的这种敷衍态度助长了晏氏"族恶"为所欲为，所以才导致6月28日晏氏族人卖了他的82石谷子，并将卖谷所得的钱全部卷走，还张榜将他的田划出族外；8月7日，他们闯进晏家，偷走他的钱物；10月28日又霸占了他收割回来的糯米和豆子。⑤

"为官吏受贿，纵抢不休。"晏秉彝申辩道。⑥ 他认为族里已经买通了县衙，以阻止知府下令调查。晏说他不想玩这个游戏，"挥金"给衙门的人。他称知县曾当面对他说：

---

① 《教务教案档》，Ⅱ/2/704、880—881页。

② 虽然晏秉彝称晏家动用军器火炮，但地方官员似乎未对此项投诉加以调查。见《教务教案档》，Ⅱ/2/704、880、882、886页。

③ 《教务教案档》，Ⅱ/2/704、882页。

④ 《教务教案档》，Ⅱ/2/704、885页。

⑤ 《教务教案档》，Ⅱ/2/704、883—884、887、892页。只有晏秉彝，而且只有一次，提到地方公共治安人员。他在一份诉状中称乡里的地保不知道为什么会发生8月7日的事件，见《教务教案档》，Ⅱ/2/704、887页。没有记载表明这一职能部门曾经上报过官府，或者官府曾经向他们询问过情况。

⑥ 晏秉彝多次咒骂地方官府，骂他们的无能、偏袒和贪污，激化了晏家的情绪，使他的族人对他前所未有地厌恶。晏秉彝还指责县令为官没有做到"民父母"（儒家用来形容勤政爱民的官员）。见《教务教案档》，Ⅱ/2/704、887、889—891页提供了一些例子。无论县令还是知府，对这种批评似乎无动于衷。知府只是轻描淡写地说晏秉彝提供本案的证据不确凿。见《教务教案档》，Ⅱ/2/704、889页。

一非晏姓(族)长，二非晏姓斯文……此事若非交银一千两，万不能理。南北二京，任凭出控，莫奈现何？①

署南昌知府调查过各项指控之后，开堂审理。他判定，晏氏宗族既没有因为晏是天主教徒而迫害他，也没有对他实施抢劫。实在是因为许多人都向族里告发晏秉彝行为不端，他们才不得不这么做。"开祠公议，本属该乡祠规。"署理知府如是说，"而为束族人子弟为匪起见，并无不合"。因此，族里强迫晏秉彝写下答应改过自新的改悔书以及对他的罚款，都是合理的防范手段。②

然而署理知府想让晏氏族人之间重归和好，于是免除了族里对晏秉彝的罚款，承认他的天主教信仰以及不用祭祀祖先。晏秉彝可以向兴贤寺讨回那笔香火钱，但是如果他讨回这笔钱，其祖父的牌位就要从庙里移出。最后，知府称不得以宗教为借口告状，并明令晏秉彝不得再以入教为由，滋事生端。③

我们从此案中看到宗族是如何操作司法程序的。据乡绅道：

新昌地方无论绅士庶民，一经被人指瑕投族，必要开祠鸣鼓，集众公议，分别轻重，当于祖先，或责或罚，原为惊戒族人不敢为匪起见。④

这段文字描述了宗族在乡村事务中的地位，从晏族对族人晏秉彝的处置方式可以得到证明。王照凤告晏秉彝，不到王氏宗族，也不到县衙，而是告到对晏可以施加权威的那些人前，这一点也颇值得一提。无论是平头百姓王照凤、晏较敦和寡媳之母，还是合县绅士，对待他们的指控，

---

① 《教务教案档》，Ⅱ/2/704、892页。
② 《教务教案档》，Ⅱ/2/718、922—924页。晏家的人还称，他们真正在乎的不是罚款本身，而是要通过收钱使晏秉彝回到大家庭中来。见《教务教案档》，Ⅱ/2/718、923页。
③ 《教务教案档》，Ⅱ/2/718、923—924页。《教务教案档》，Ⅱ/2/718、920页。
④ 《教务教案档》，Ⅱ/2/718、920页。确实，晏家对为非作歹和落草杀人的族人要实行体罚。见《教务教案档》，Ⅱ/2/718、917页。

晏氏宗族都一视同仁，进行公议。显然，原告和被告的社会地位对处理事件的过程并无影响。

对宗族决议的执行则是另外一个问题，这取决于社会地位和权力。例如，晏秉彝一开始对族长要他赔偿王照凤猪钱一议置之不理。他很可能倚仗自己年纪大、家中富足且拥有"职员"头衔，对族长和族内其他头面人物的决定嗤之以鼻。但是，全族的集体反对很快改变了权力的平衡。晏秉彝入教是"希图挟抵"宗族即将对他采取的行动。[①] 晏的策略是利用天主教来和族人对抗，从他的入教时间、他后来称这些事件属于宗教迫害，以及他利用传教士回避地方官来看，这个用心一目了然。晏氏族人提到了一点，称晏秉彝并非本地唯一的天主教徒，却是唯一状告受到侵害的教徒。[②]

这一点非常重要，在《教务教案档》中确实没有显示这个地区当时发生过其他案件，这就证明新昌县的其他教徒和教外的邻里之间相处和睦。这点至关重要，并且由此可以得出结论，晏与其宗族和邻里的纠纷并不是由于他入教引起的，而是他自己买卖不仁、家庭不睦和个人行为不检点造成的。这个案子再次说明，像晏秉彝这样的天主教徒仍是宗族的一份子，仍需受宗族管诫。

---

① 《教务教案档》，Ⅱ/2/718、920 页。

② 《教务教案档》，Ⅱ/2/718、918 页。然而黄道金称晏氏族人曾到县衙门口阻止其他人告状，见《教务教案档》，Ⅱ/2/704、888 页。如果情况属实，那么不知为何在接下来的调查和审判当中没有人站出来说话。

即使晏秉彝赢了，即上诉得到调查，所受的体罚也被平反了，他的胜利也仍然不是决定性的。知府支持晏族管理者有权对这起纠纷进行审理和处罚。当得到政府支持时，宗族对其成员的控制就符合政府本身的治安利益。然而，当晏秉彝利用这层关系要求政府进行调查和审判时，这种互利互惠的关系就不那么完美了。晏族想及时处理晏秉彝一事，不仅是要以儆效尤，同时也是为避免官僚机构进一步介入，以免审判费用增加。显然，晏家要的答复就是不让官府下来调查。晏族耆首可能通过与县衙的关系或向衙门行贿，说服地方官员对晏秉彝的诉状一直从 6 月 8 日至 11 月 16 日都坐视不理。晏秉彝虽然声称晏家还通过其他途径影响了官府的决定，但结果与此无异。

(二) 浮梁县胡宅村的天主教徒与一块功德碑引起的冲突,1873—1876 年

驰名世界的景德镇古窑位于浮梁县城附近,皇帝用的就是这里生产的瓷器。[①] 天主教传教士在这一地区的活动历史悠久。[②] 教徒在不同时期修建了几座教堂和礼拜堂,在离景德镇不远的胡宅就有一座。尽管该村并不像它的名字所示,是由一个单姓宗族组成的,但胡姓在此地是大族,而且胡氏各房掌管着公有财产。但是,不断的分家削弱了胡氏宗族的力量。[③] 从始于 1873 年的冲突中可以显而易见地看出这一点。

胡拔一是某房族长,也是一位很有势力的天主教徒,1872 年 7 月,他将该族曾经用做祠堂的一座房屋卖给另一房的族人。[④] 买主后来又把房屋卖给本房的一名监生胡汶萍。[⑤] 1873 年 2 月初,胡汶萍将胡拔一的远祖早年挂在屋内的一块匾额取下。显然,胡拔一信奉基督教并没有影响到他对祖先的崇拜,他认为胡汶萍这样做放肆轻侮,要求对方赔钱一百吊。一个月后,胡拔一和另外五名教徒想了结此事,就到胡汶萍家连日吵闹,最后胡汶萍同意罚钱三百余吊。[⑥]

1873 年 4 月 20 日,胡拔一在街上碰见胡汶萍,斥其要到县衙控告,扭住他的胳膊,把他拉到教堂去受罚。胡汶萍挣脱逃开,胡拔一紧追不舍,抓住后用刀将他划伤。胡汶萍再次逃走,当他回到家时,浑身青紫。[⑦] 稍后,胡汶萍带着胞侄来到胡拔一家,在房前破口大骂,冷不防胡拔一拿

---

① 魏尔特(Stanley Wright)对景德镇及那里的瓷窑有生动的描述,见其《江西本土贸易及其税收》(上海,1920 年),第 20—25 页。
② 魏尔特:《江西的本土贸易及其税收》,第 84 页。赖德烈:《基督教在华传教史》,第 158 页。
③ 莫里斯·弗里德曼(Maurice Freedaman)对这一分裂进程有具体描述,见其《中国的宗族与社会:福建和广东》(伦敦:Athlone Press,1971 年),第 37 页。
④《教务教案档》,Ⅲ/2/615、744 页。
⑤ 胡拔一和胡汶萍是从表兄弟,不在同服之内。胡汶萍在 1866 年给朝廷捐献了一大批粮食,捐得一个功名。胡拔一则没有功名。见《教务教案档》,Ⅲ/2/615、754 页。
⑥《教务教案档》,Ⅲ/2/615、754 页。
⑦《教务教案档》,Ⅲ/2/615、744、754 页。

着刀从家里冲出来。殴打时胡汶萍从胡拔一手里夺过刀子，猛刺数刀。一位旁人劝住了架，可是为时已晚，胡拔一已经死了。①

胡拔一的几个同服兄弟立即报给地保（县衙在地方上的负责人）胡沅佶，经验尸认定上面带有刀伤。② 在去县府投案的路上，一行人被教徒黄万清拦下。黄万清是胡拔一以前的学医师傅，他提出与其让胡汶萍受罚，不如让他出钱私了，并威胁谁敢报官，就带当地教徒前去滋闹。③ 地保和族兄弟只好答应。经过两位胡姓族人（都是监生）做中，胡汶萍付给黄一百三十吊钱，并写下欠条，日后再付三百八十吊。④ 此外，胡汶萍还同意赔一笔钱，作为胡拔一的遗产。⑤

这件事算是暂时平息。但是谁也没料到教徒何鹏飞，也是上述事件的目击者，到了九江，把整件事告诉神父李郁清。李神父带着两位分堂教长和景德镇教堂的几位教徒，跟何鹏飞一起回到胡宅。⑥ 据地保供称，5月15日，李神父召令他和胡拔一的一位堂兄，并另外两位监生做中。李神父称，黄万清无权要求抚恤费，且黄已答应退还余钱，并交出欠条。⑦ 这位神父饬令胡汶萍直接向他赔银三百两作为抚恤费。经过讨价还价，赔偿的数目降低了一些，胡汶萍还同意每年给村里的教堂一笔年金。⑧ 如果上述属实，那么李神父和黄万清一样，都成功地利用了地方惧讼的特点。胡汶萍一定是这样想的：付给神父一笔钱，总比拿钱去填衙

---

① 《教务教案档》，Ⅲ/2/615、749—751页。
② 档案中没有显示地保和任何一名原告有何关系。见《教务教案档》，Ⅲ/2/615、743—744页。
　　关于地保的地位，见史维东《作为最底层官僚的地保：来自华南的地方犯罪案件材料，1860—1877》，载《近代史研究书集刊》7(1978年6月)，第634—640页；以及《从福建教案看地保在地方政府中的作用，1863—1869》，载《清史问题》3.6(1976年12月)，第1—27页。
③ 《教务教案档》，Ⅲ/2/615、754页。
④ 两名监生是胡汪国和李文显。他们的功名是在19世纪60年代给官府捐粮捐来的，两人都是胡拔一和胡汶萍的远亲。见《教务教案档》，Ⅲ/2/615、745—746页。
⑤ 《教务教案档》，Ⅲ/2/615、743、746页。
⑥ 《教务教案档》，Ⅲ/2/615、751—752页。李郁清神父是中国人，可能是位世俗神父。
⑦ 《教务教案档》，Ⅲ/2/615、752、753页。
⑧ 《教务教案档》，Ⅲ/2/615、742—744页。在江西的教案档案中，没有官员报告过神父卷入勒索案。这份控诉要么是诬告的，要么就是反常现象。

门那个无底洞要好。

关于此案上百页的官府报告和供词中，并未提及此事最终是如何让地方官员知晓的。奇怪的是，法国对此事居然也一反常态地缄口不言。浮梁知县、几位署理知县、饶州知府和南昌的官员，依次查阅此案卷宗，将案件的来龙去脉仔仔细细调查了一遍。到 1873 年 10 月份，除了李郁清神父和几位无关紧要的小人物之外，衙役拘捕了这幕戏中的所有角色。知县审问了胡汶萍、黄万清、两名监生、一名有某种官衔的人，以及另外几个人。他们的供词提供了详细案情。到 1876 年官府结案时，这些人均受严惩。[1]

虽然部分案情不甚明了，但有一点却是显而易见——胡氏宗族缺乏团结有力的领导。我们看见两大房派之间的激烈冲突：一支以教徒胡拔一为首，另一支以教外人胡汶萍为首。房产交易不是本案的中心，也不可能是两房之间仅有的一次来往，他们一定还存在案卷未提及的其他交易往来和社会关系。仅凭取下胡拔一祖先的匾额一事不可能激起两边怨忿，引起后来的武力冲突；两房之间一定还有别的积怨。胡拔一如此看重匾额或许表明，他还在继续崇拜祖先，也就是说他仍然保持着某些重要的文化传统；加上他与族人照常来往，因此仍是村庄的一份子。值得注意的是，天主教本身并未引发冲突，是习教之徒让事态变得复杂。

（三）惧讼使一位教徒恶棍横行乡里，丰城县，1878—1879 年

秀才埠位于丰城县偏僻地方，有一个很小的地方教会和一座教堂。

---

[1] 署按察使事根据知县报告写成并交给巡抚刘秉璋的报告中，把地保的话放在所有人的前面。见《教务教案档》，Ⅲ/2/615、742—743 页。

据官员报告，由于胡拔一死在其地界内，因此胡沅佶有责任报告。但他没有履行职责，所以被判杖八十，并解职。见《教务教案档》，Ⅲ/2/615、762 页。他不住在胡宅，而住在距离很远的地方，本来这个原因令他情有可原，但结果无异。见《教务教案档》，Ⅲ/2/615、743 页。

至于其他人，胡汶萍被判绞刑，但遇上两道皇恩赦令，免死。官府规定如他以后再犯，将自动罪加一等，官府革去了他的监生功名（胡汪国和李文显的功名也被革去），但三人后来又被列入持功名者名单中。见《教务教案档》，Ⅲ/2/615、761—763 页。

乡民龚篙仔,四十五六岁,带着两个孩子住在附近一个村子里。龚篙仔有点像个痞子,他自己供称,"小的入教多年,平日遇事生非,人都不敢计较"①。这话说明龚篙仔认为是教徒身份保护了他,但他是否因身为教徒而肆意妄为,我们还不太清楚。龚篙仔涉嫌两起互不干涉的勒索案,正因为一些人面对勒索态度十分软弱,才使他有此一说;这两起案子也使我们认识到乡民对待诉讼的态度,从而间接地看出他们对待宗教身份的态度。

当地人把聂姓村后面的山地视为公产。山上葬有聂姓祖坟,坟地左右种上松树,并立禁碑不许砍伐。1878 年 1 月 27 日晚,胡有贵砍了四棵松树运到山下。次日早上聂间八碰巧路过,认出这些树。得知胡从坟地砍树,聂揪扭不放,要让聂氏宗族罚他。龚篙仔正好碰见二人,见自己的邻居兼朋友胡有贵处境不妙,就劝聂放了他。聂离开时声称会叫族人来评理。②

龚篙仔供称,他以为聂间八有钱,人又懦弱可欺,遂心生贪念,准备敲聂一竹杠。③他和胡有贵来到聂家后,反咬一口,称聂砍了几棵树,被胡发现了。他威胁聂:"如不出钱赔偿,定要告官拘究……"被吓坏了的聂间八乖乖交给龚篙仔八十九吊钱。龚给胡十九吊,其余的揣进自己的口袋。④

另一件勒索案发生在1878 年 2 月。龚篙仔的三堂弟龚力四给当地一个叫龚有三的人交钱作抵,暂借他一把劈柴火的斧头用。龚有三想拿回斧头,但不还抵押款。两人为此多次争吵。后来,龚有三把钱还给龚力四,后者也把斧头还给了他。⑤

3 月 6 日,龚力四病故,其胞兄为其下葬。龚篙仔跟这位长兄商量讹

---

①②③《教务教案档》,Ⅳ/1/366、448 页。

④《教务教案档》,Ⅳ/1/366、448—449 页。

⑤《教务教案档》,Ⅳ/1/366、449 页。

钱,因"龚有三有钱怕事"①。这位长兄不想跟他一起干,于是龚篙仔一个人去了龚有三家,假说龚有三因柴斧事令龚力四气愤猝死。他还说他已经偷偷塞钱给长兄,让他悄悄把龚力四埋了,不让县衙知道。龚篙仔把话说到一定份上,才道出真正目的:"如不给钱使用,小的就报官验究……"这一招果然奏效。龚有三"吓逼畏累",给了他四十六吊钱,了结此事。②

丰城知县对这些事有所耳闻。③ 派兵役前往拘拿龚蒿仔,他很快逃走了。聂间八就到县城把事情原原本本告诉知县。龚篙仔潜逃在外,直到 1879 年 7 月 13 日才被兵役抓获。胡有贵却没有被拘。地方官府审讯了五次④,最后判龚篙仔杖一百,罚三年苦役。由于当地保甲首领既未阻止龚篙仔,也没有报告他的恶行,官府革了他们的役。⑤ 尽管聂间八和龚有三也没有报官,知县却没有惩罚他们,他下令把查到的属于两人的东西全部返还给他们。⑥

龚篙仔认为两位受害人虽然有钱,但性格软弱。让我们来分析一下这两人的选择。首先,假如他们一开始就投处族中或村里耆老,事实上聂间八的确声称要把砍树的事告诉族里评理,但他后来什么也没做,龚有三也没有利用宗族的力量对付龚篙仔。要么族长也惧怕龚篙仔,无能为力,要么未发现勒索一事,否则无法解释宗族为什么没有采取行动。

其次,聂、龚两人还有个选择就是告官,但似乎没有人愿意投诸县府或者为证实龚篙仔的威胁之辞而到县府走一趟。⑦ 龚篙仔之所以敢威胁

---

① ②《教务教案档》,IV/1/366、449 页。

③ 从档案中无法确定知县掌握案情的来源。

④ 知县获报勒索案后,先审讯龚。南昌知府复审时,发现他翻供,遂命丰城新知县重审。知府拿到供词复核,仍不满意,又派新建县知县冷鼎亨确审;冷知县把审理结果上交后,知府再提讯龚,之后又派另一名判官(署南昌县知县)崔国榜复审。崔的报告终于得到知府和按察使的批复。见《教务教案档》,IV/1/366、450—451 页。

⑤ 官员判定为首的人,即"牌甲",玩忽职守,但无隐匿罪。见《教务教案档》,IV/1/366、448、451 页。

⑥《教务教案档》,IV/1/366、451 页。

⑦ 显然,聂和龚都不知道,或都没注意到,根据大清律法,如犯诬告罪,要处罚的是原告而不是被告。他们本来可以凭这一点指出龚篙仔说要去县里的话其实是虚张声势。

人,是因为他本来就是一个地痞,而不是因为他的宗教身份,这一点谁都没有提到。何况,并没有传教士插手这件事,或向地方官员施压,或庇护龚篙仔不受罚。本案唯一体现出的宗教意味仅仅在于,它表明教徒龚篙仔在地方社会仍然是个活跃分子,尽管他的行为为人所不齿。事实上,龚篙仔心里明白,而笔者也不妨大胆认为,受害者通常是不愿见官的。把事情闹上公堂意味着要和贪婪的衙役打交道,要付出远远超出法律之外的费用。① 这点正合龚篙仔之意,因为付点钱给他比去衙门便宜得多,而且简单得多。聂间八和龚有三虽然什么错事也没做,但他们付得起被敲诈的钱,也宁愿这么做。最后,官府对龚篙仔的严惩也说明,包括教徒在内的任何人仍然是本地的一份子,不能无法无天。

(四) 永新县洋江村房产被毁的赔偿,1897 年

这个乡村案例进一步表明,教徒与教外人之间的日常往来会引起各种矛盾,但是通常可以通过族人关系得到解决,大家共享村里和睦之好。1897 年初,教徒刘绿阶侵占了洋江村原属于刘氏宗族的一块地,这块地就在该族祠堂门前。刘氏宗族认为他占有这块地名不正言不顺,不过档案中未提及刘氏族人希望如何解决这一问题。双方谈判最后破裂,刘氏族人对刘绿阶十分恼怒,毁坏了他的房子和私产。随后刘绿阶将此事闹到宗族之外,请顾其卫(Jules-Auguste Coqset)主教和吉安教会出面。②

主教插手干预此事,向官府告状。永新知县调查后,传唤族中耆老刘润九和其他族人到堂听讯。从他们的供词中,知县判断这起冲突并不严重,并非不可调解。于是他将房子的归属交给刘氏宗族来裁决。知县

---

① 有些乡村恶痞和衙役交情很好,他们经常一起敲诈勒索受害者。见明恩溥(Arthur Smith)关于乡村恶痞长达一章的讨论,参见《中国乡村生活》(纽约:Fleming H. Revell,1899 年),第211—225 页。

②《教务教案档》,Ⅵ/2/683、1030—1031 页。

判决宗族赔偿刘绿阶的损失,并给其中一位毁坏房子的族人戴枷,如此方才安慰了主教和刘绿阶。刘绿阶和刘氏宗族同意按地方绅耆的决定,重归和好。[①]

永新知县确认此案是宗族内部问题,事实也的确如此。土地为谁所有,被谁占用,这个问题促使刘绿阶直接挑战宗族的权威。刘绿阶是位天主教徒,他很清楚教会可以保护他不受宗族所迫,并保护他从族里谋取到的利益。他只是在冲突演变成武力之后才这样做的。而且,值得称道的是,当刘寻求主教的帮助时,他没有说是宗教歧视或宗教冲突,这点十分关键。首先,它表明刘绿阶和其他教徒长期以来在村子里相安无事。其次,刘绿阶没有说假话,他让外人——即主教和县官——所做的调查及其干涉保持在最低限度。如果村子要想迅速在表面上恢复宁静,这一点至关重要。从双方都愿意重归和好可以看出,这也是他们都非常愿意看到的结果。

二 和妇女有关的案例:是否因信教而不同?

前文所述晏秉彝事件提及一名寡妇面对信奉天主教的公公让她改嫁时的困扰。清代中国乡村社会的广大妇女,尤其是寡妇时常会面对这种困扰,它常常和经济因素挂钩。例如,在清初山东省的一个偏远落后的穷县,寡妇常常受亡夫家亲戚相逼而改嫁,这些亲戚为生计原因,要夺走她们的房子和嫁妆。[②] 另一个原因可能就是,有房有产的妇女成为寡妇之后,身份独立,男人们逼她们再嫁,可以使她们重新回到男权的控制之下。教案材料显示了晚清江西的乡村妇女面对这种情形如何做出选择,以及基督徒的出现是否会使她们在思想方式上发生变化。

下面的案例都是由于妇女引起的,它们提供了一个视角,让我们了

---

① 《教务教案档》,Ⅵ/2/704、1046 页。

② 见史景迁:《王氏之死》(纽约:The Viking Press,1978 年),其中一章名为"寡妇",第 59—76 页。

解教徒是否受到支配教外人的社会道德观的影响，如果是，这个影响又有多大。在第一个案例中，一位信教的雇工和一位不信教的寡妇发生了性关系，给她和她的家庭造成极大的困境。第二个案例是通奸，一位已婚教徒被亲戚的妻子迷得神魂颠倒。第三个案例也和性行为有关。一名单身男子——后来成为天主教徒——想要强奸他守寡的弟媳，给她的家庭带来伤害。第四个案例中，两名教徒想强迫本地一位寡妇改嫁到他们其中的一个家族。最后一个案例与前面四个有些不同，是关于几位教徒商人妇——也可能是寡妇——的独立性，以及她们居住的那个村子对她们的期望。

（一）吴寡妇的风流引起命案，彭泽县，1872—1878 年

1876 年 10 月 15 日傍晚，彭泽县二十五都（一种乡村行政单位）有人状告杀人。[①] 知县命衙役勘查并拘捕案犯。十天后，知县接到地保高咸熙的报告，大致描述了此案的重要情节。高的消息主要来自于发现杀人案的那个人，也就是死者的弟弟。这份报告写明了所有涉案人员的名字，知县据此逮捕人犯，开堂审理。[②] 六个主要案犯的供词勾勒出一幕乡间的肥皂剧。

1872 年，寡妇吴骆氏雇用 40 岁的教徒张春兴，帮她和儿子吴蕾夏（24 岁）干农活。在吴骆氏家中，一些规矩和男女大防都被抛在一边：雇主和雇工在一张桌子上吃饭，互相称呼对方的名字。1872 年 9 月，张上前调戏吴骆氏，两人发生了性关系。[③] 吴蕾夏和妻子发现母亲与雇工的奸情后，家里爆发了争吵。这对老情人立刻让儿子一家搬出去，到别处

---

① 《教务教案档》，Ⅲ/2/620、828—838 页。这桩案子和后面接着的一桩最初出现在我的文章《中国乡村的妇女和法律：江西"教案"中的修女，1872—1878》，载《清史问题》3. 10（1978 年12 月），第 49—68 页。
② 地保讲述的情况总是作为最重要的证据被引用在县令分别呈交给按察使和巡抚的信的起始，巡抚又以自己的名义将该信交给总理衙门。见《教务教案档》，Ⅲ/2/620、828—829 页。
③ 《教务教案档》，Ⅲ/2/620、831 页。

谋生。吴蕾夏说，"小的因张春兴强横，怕力不能敌，不敢捉奸，并怕影扬母亲的丑"①。主要是后一原因使吴不敢到县衙告状。

在紧凑的中国农业社会，很少有什么能逃得过邻居街坊的眼睛。到1873 年 3 月，村民们都在议论吴蕾夏为何受到母亲如此对待。据张的弟弟说，张变得对村里的闲言碎语十分敏感，担心地保得知奸情，会把他赶出村子。② 聪明的张立即找到了解决办法。在知县面前，吴骆氏解释说，"张春兴就说，如不允从，定把奸情喊破，使妇人没颜做人的话吓逼。妇人被逼没奈勉从"③。张请了个媒人，举办了婚礼，入赘她家，这样使得他们的偷情变得合法化。

但是吴骆氏并没有因此心安。张春兴强行掌管了她的家和所有的田地，吴蕾夏仍然无力阻止这一切。在一则情绪激动的供词中，吴骆氏哭诉道，她再也无法忍受新丈夫的辱骂和殴打。张想把田屋卖了钱，然后把妻子带回安徽老家，也不管她是否愿意。而吴骆氏想捍卫吴家的财产，她只有含泪把所有地契秘密交给儿子保管，她知道这是唯一的出路。④

这种表面上的平静持续了一段时间，1876 年 10 月 15 日，张逼问妻子地契放在哪儿了。问出结果后，张抓起一把铁耙，冲向吴蕾夏的小茅屋。他怒气冲冲地要求吴归还地契，一边用铁耙砸毁锅灶。他把吴妻揪出来，掴她巴掌。吴蕾夏当时正在邻居家里，听到家里的响动，叫上几个朋友，肋下挟着一把刀，回到家里。和他一起回家的三人里面有两人拿着砖头。张见状想逃走，但这几个人狠狠地揍他。⑤ 张被打晕了，越来越

---

① 《教务教案档》，Ⅲ/2/620、833 页。
② 《教务教案档》，Ⅲ/2/620、828—829 页。吴氏与其子在供词中一口咬定与地保（这里称为"保邻"）有关。见《教务教案档》，Ⅲ/2/620、831、833 页。在官府对此案的总结中又再次出现。见《教务教案档》，Ⅲ/2/620、835 页。
③ 《教务教案档》，Ⅲ/2/620、831 页。
④ 《教务教案档》，Ⅲ/2/620、831—832 页。
⑤ 《教务教案档》，Ⅲ/2/620、832—834 页。

虚弱。就在这时，吴蕾夏举起刀，狠狠地刺下去。颈部挨了几刀之后，张瘫成一团，死了。

这四人立即意识到他们犯了重罪。吴蕾夏供称，他们唯一的办法就是把尸体藏起来。当天晚上，四人把尸体扛到村后的一个小山洞里，草草扔在那里了事。当然每个人都发誓谁也不许说出此事。唯一的目击者是一个张雇来挖芋艿的佣工，他怕受牵连，也答应守口如瓶。①

张春兴的弟弟发现哥哥突然消失，连日寻找了九天才找到尸体。他找到了那个看见打架和藏尸的佣工，从他口中问明事情前因后果，报告给地保高咸熙，高将杀人案报告给彭泽知县。② 知县带上一名仵作来到山洞，他们查验了已经腐烂的尸体，只能确定上面有几处刀伤。③

知县把为首的几个犯人带回县衙公堂，放过了媒人和四个帮手中的一个。彭泽知县、南昌知府和江西按察使接连审理了此案。三次审理和反复调查证实了上述案情。没有人把基督教作为本案的焦点，也没有一位传教士加以干涉，只有一位传教士要求知道张姓教徒是怎么死的。江西官府把县衙的记录呈报给了北京。

1877 年 9 月，衙役将吴蕾夏从一县衙门押往另一县，吴中途病死。官府判定吴在这场由一个恶棍激起的杀人案中有罪。据大清律法，对该罪的处罚是杖一百和劳役三年。④ 每名从犯各杖八十。官员对吴寡妇宽大处理，只判她为奸妇，因与张春兴发生非法性关系处以杖一百和戴枷一个月。后来还减轻了刑罚，允许她交钱免除戴枷。⑤

---

① 《教务教案档》，Ⅲ/2/620、834 页。

② 《教务教案档》，Ⅲ/2/620、828 页。

③ 《教务教案档》，Ⅲ/2/620、829 页。

④ 《教务教案档》，Ⅲ/2/620、837 页。

⑤ 《教务教案档》，Ⅲ/2/620、837 页。有些罪犯，包括妇女，可以用罚钱代替刑罚。杖刑名义上的数目和实际数目也有差别。德克·布迪（Derk Bodde）和克拉伦斯·莫里斯（Clarence Morris）：《中华帝国的法律：以清代 190 桩案件为例》（马萨诸塞州剑桥：Harvard University Press，1967 年），第 77—79 页。（转下页）

　　起初吴骆氏因为守寡而显得相对独立，这似乎让她陷入了困境。和妇女的"三从"标准相反，吴寡妇自 1864 年丈夫死后，从来没有听从过她的儿子。① 她管理田地，雇用劳力，掌管家产。对于寡妇来说，拥有地契象征着比拥有家庭财富更多的东西，也代表着她的独立和安全。然而，这种伴随着吴骆氏的寡妇生涯而来的自主性，却在她和张发生性关系后一下子坍塌了。由于她珍视自己的道德立场，而且村子里也向来敬重一个寡妇的守节，为此吴骆氏对张产生了不满。虽然张是天主教徒，但他的宗教信仰似乎并没有约束到他的行为。就像大部分中国男人一样，他想用传统的道德标准来守住自己的利益，逼吴骆氏嫁给他，从妻子手中夺过田屋的管理权，对她拳脚相加。最后吴骆氏为了报复，扣留了所有的田屋契。在这种情况下，吴寡妇处于两难境地：她既不能自己保留田屋契，以免它们和其他家产被张夺去，也不能把这些东西都放在儿子那里，他不太可能好好待她。但她不情愿地选择了第二种方式。

　　显然，吴骆氏没觉得作为一个寡妇应遵守的道德有多重要，至少她心里是这么想的，虽然表面上不一定这样做。而吴蕾夏也默认了。吴蕾

　　（接上页）有一个法律上的技术问题，即没有任何人提到吴氏的财产继承，或者对这个问题表现出丝毫兴趣。虽然吴蕾夏成年后没有提出家庭财产的所有权，但他作为继承人的法律地位是毫无疑问的。况且他已经接收了他母亲的财产。在本案的处理中，官府判定"张春兴霸占吴姓房屋田地，追还吴蕾夏（即其家庭）管业"。见《教务教案档》，Ⅲ/2/620、838 页。这个判决构成一种并不常见的案例，它表明当妻子有继承人时，入赘的丈夫（及其亲属）无权要求妻子的财产。这个细节说明《教务教案档》对研究清代法律的重要意义。

　　关于寡妇的继承地位，见瞿同祖《传统中国的法律与社会》（巴黎：Mouton，1961 年），第 104 页；斯当东（George Thomas Staunton）译：《大清律历》（伦敦：Cadell and Davies，1810 年），第 84—85 页和 526 页；鲍来思（Guy Boulais）译：《中国律例指南》（上海：天主教会印刷所，1924 年），第 189—190 页；史景迁：《王氏之死》，第 72—73 页。有些宗族族规特别规定寡妇若招赘再嫁，不许支配前夫的财产，见刘王慧珍《中国古代的家法》，第 92 页。

① "三从"限制了妇女的自主性。它要求在家从父，嫁人从夫，守寡则从子。见瞿同祖《传统中国的法律与社会》，第 102—103 页。

　　吴氏的丈夫死时，吴蕾夏只有 16 岁，是长子。作为另一个继承人的弟弟早年被叔父收养，和生身父母分开住。到 1872 年奸情案发生时，吴蕾夏已是有妻有子的成年人了。见《教务教案档》，Ⅲ/2/620、831、833 页。

夏是吴家财产的合法继承人,然而张仍旧把他踢出生养他的家门,逼他离开其父置下的田屋。吴没有告状是因为他要保全母亲名节的孝心占了上风。具有讽刺意味的是,村子里奉行的理想精英观和寡妇守节观念,使得一名普通长工能够在某种程度上控制一名拥有独立意识和家产的妇女。

村民的这种观念也影响了张春兴。由于入教并未使他受保护,也未带来任何好处,他害怕地保一旦得知他和吴寡妇的奸情,会把他逐出村子。① 而对于吴骆氏来说,嫁给教徒并未产生任何不同,她仍然要失去财产和由财产所带来的独立性。

(二) 一桩风流韵事和两条人命案,高安县,1873—1876 年

陈姓的一大房派在高安县钟坊村安基,并建有祠堂。尽管一些陈姓族人入了教,但他们仍和不信教的族人居住在一起,和不信教的亲戚过从甚密。② 教徒陈淙祥在一位"房叔"(不在同服之内,比他长一辈)于 1873 年 3 月出门做生意后,迷上了这位房叔的妻子陈胡氏。1874 年十一二月间,两人的奸情发展迅速。38 岁并已有家室的陈淙祥恬不知耻地去踏比他小一岁的陈胡氏的门坎。陈胡氏住的那间屋子和她丈夫的叔叔陈仲禾的屋子连在一起。1874 年底某日,这位叔叔无意中听到这对情人在房内悄声说话,叫了一群人来帮忙抓住奸夫。陈淙祥瞅准空子溜走了。陈仲禾痛斥陈胡氏,严厉警告她以后不准和奸

---

① 通常,人们认为宗族或村子的耆首会监管一些道德行为,见瞿同祖:《传统中国的法律与社会》,第 20—41 页;胡献晋:《中国的宗族及其功能》,第 53—63 页;萧公权:《乡村中国:19 世纪的帝国控制》,第 184—205、342—343 页。然而,从地保对通奸和其他有伤风化行为的权威来看,村里的耆首在这方面也许并不强势。张要将他与寡妇的关系合法化碰到了很多麻烦,就因为地保在这方面的作用和权势,这一点他和其他村民都了解。地保地位很低,被称为"贱民"(mean people),因此长期被拒绝在精英社会的大门之外,然而具有讽刺意味的是,精英的传统道德却要靠他们来维系。
② 《教务教案档》,Ⅲ/2/616、770—780 页。

夫陈淙祥继续来往。①

陈胡氏丈夫回来后，陈仲禾把事情原原本本告诉他。这位丈夫从妻子口中问明一切属实，痛打了她一顿。据大清律令，丈夫可以无条件休掉奸妇，还有权将奸夫揪送县衙问罪。② 这位丈夫只做了第二条，他到处寻找陈淙祥，想把他抓到县衙坐牢。可是这位戴了绿帽子的丈夫没能抓获奸夫，于是他委托叔叔陈仲禾，要是陈淙祥再回来，就抓他送官。

1875年3月13日，陈淙祥又趁夜悄悄溜进陈胡氏卧房，却再次被陈仲禾发现。他叫来九名族人一起抓住了这个夜行贼。陈淙祥拿刀拼命反抗。在夺刀过程中，几位陈姓族人用陈淙祥自己的刀子戳伤了他。陈姓族人将陈淙祥的双手紧紧绑住，把陈胡氏也绑了，一并押往县城。走了不多会儿，这对男女就坐到地上，不肯再走，并破口大骂抓他们的人。据族人和证人称，"陈淙祥卧地混骂，并称到官也没重罪，将来定要报复杀害"③。陈仲禾证实："小的因陈淙祥犯奸，败坏家风，反敢辱骂，要图报复，一时忿激。"④陈仲禾看到附近有一个土坑，就令族人将这对男女推入活埋。

一位目击者告诉陈淙祥的妻子，她立刻找地保核实。后来地保张维溏把这桩杀人案报告给高安知县。⑤ 知县根据地保提供的人名和案情，派了衙役来勘查核办，捉拿嫌犯。后来，知县带仵作亲临钟坊村查验，发现死者躺在坑里，双手紧缚。仵作指出男尸身上有几处刀伤，但二人都是窒息而亡。知县令将尸体移葬别处。⑥

同年3月24日，陈仲禾和其中三名族人向县府投案受审。可是高

---

① 《教务教案档》，Ⅲ/2/616、770—772、774页。
② 如果丈夫当场抓奸，那么他杀死其妻子和奸夫就可以免受惩罚。无论是当时还是事后，如果丈夫只杀死妻子，则要受罚。见瞿同祖：《传统中国的法律与社会》，第110页。
③ 《教务教案档》，Ⅲ/2/616、773页。
④ 《教务教案档》，Ⅲ/2/616、774—775页。
⑤ 《教务教案档》，Ⅲ/2/616、770—771、773页。
⑥ 《教务教案档》，Ⅲ/2/616、770—771页。

安知县在结案之前离任了,署高安知县复又调查审理,瑞州知府又将这些程序重复一遍,均未发现事实有出入。应传教士的要求,官府将材料呈交总理衙门。官府判陈仲禾秋后问斩,另外三名帮凶各杖一百。衙门还要择日审讯被抓的另外六个人。[①]

此案中无人提到任何宗族或房派的族长干涉案件,也没人在它仍是桩奸情时,投诸祠堂审理。一般而言,这类争执矛盾都会由宗族出面解决,以平息乡里的蜚短流长,把对家族名声的损害降到最低。但陈氏宗族的处理方法与此相反,他们要正式告官,即便陈仲禾是长辈,陈淙祥是他的"族孙"[②]。虽然陈仲禾没有被正式赋予权力,但他却是案件的执行者。他两次发现侄媳妇和男人偷情,又两次叫族人抓住他们,最后还下令将他们处死。

事情明摆着,陈仲禾称奸情"败坏家风",会影响他们在乡里立足,而且他明令阻止均被置之不理。这对偷情男女耍赖坐在地上不走,态度蛮横,如果不予惩诫,有损族威,尤其是在在场的小辈面前。[③] 而且,通奸是重罪[④],可两位偷情者却称不会重判。从供词里我们无法判断,他们这样说究竟是表明双方的道德观相差太大,还是只是一种哄骗。我只能说,这对情人为他们的浪漫付出了巨大的代价——最初是兴奋,然后或许真的产生了感情,最后是被捉奸时的愤恨。

陈仲禾在对两名偷情者泄愤时,并没想到处死两人会损害本房支的利益。等他清醒后主动向县衙投案,无疑是想让家族不必因为缉拿他而受衙役无休无止的骚扰。1875 年的通奸案使陈氏宗族失了三条性命,并

---

① 《教务教案档》,Ⅲ/2/616、777—779 页。

② 斯普连科(Sybille van der Sprenkel):《清代中国的法律制度》(伦敦:Athlone,1966 年),第 80—89 页;胡献晋:《中国的宗族及其功能》,第 56 页。族祖孙之间相隔两代,且不在同服之内。

③ 同审的三位同谋,两人 30 岁,另一人 32 岁。见《教务教案档》,Ⅲ/2/616、773 页。

④ 清代法律规定,远亲之间通奸应受罚(杖一百)。犯者如在同服之内,为乱伦,处死刑。见瞿同祖《传统中国的法律与社会》,第 64—67 页。亦可参见苏成捷《中华帝国晚期的性、法律和社会》,第 30—38 页。

且牵连了一大批族人。无论是杀人者,还是对凶手的审判,都将在该族留下深深的阴影。此案表明,乡村的道德规范适用于包括天主教徒在内的每一个人,而在高安县的偏远乡村,这种道德规范尤为严苛。

(三)一位天主教徒想强奸一位寡妇:报复和自杀,金溪县,1877—1880年

据金溪知县报告,1876年徐寿祥病故,其兄徐裕祥欲与孀妻徐余氏成婚。[1] 徐余氏不从,并告诉婆婆徐李氏(下称徐老太),希望她主持公道。做母亲的狠狠骂了儿子一顿,但徐裕祥还是执迷不悟。1877年五六月间某日,徐裕祥见徐余氏独自在卧房内,强行闯入,欲行不轨。寡妇厉声呼救,徐老太立即赶到阻止。徐裕祥回到自己房间,面对母亲的责骂,出言顶撞,毫无悔意。后来徐又用绳子把母亲绑起来,显然是不想让她坏了自己的好事。徐余氏只好悄悄逃走,去找伯父徐瑞龙帮忙。徐瑞龙立即赶来给徐老太松绑。[2]

不久邻居们都知道了此事,徐老太想把儿子告到官府。徐裕祥一听说,立即逃出家门。徐氏最后没有正式上告,最大的原因是因为徐瑞龙把这不孝子的名字从徐氏族谱上革除了。[3] 徐姓人现在不承认徐裕祥是族人,并把他赶出家门。但这种方法的威慑力能持续多久我们不太清楚。[4] 从官方报告来看,不久这个徐裕祥就加入天主教,找了教友来帮

---

[1] 巡抚李文敏呈给总理衙门的咨文中,含有知县阳晖壁对此案的总结报告。抚州知府批复了这位知县的报告,呈交按察使复议,获其核准。后者也写了一个总结。这两篇总结显然都是根据徐氏家族成员的口供写的,虽然其中并未直接引用供词原文。见《教务教案档》,Ⅳ/1/365、445—447页。

[2]《教务教案档》,Ⅳ/1/365、445页。

[3]《教务教案档》,Ⅳ/1/365、445页。这项惩戒十分严厉,因为将一个人的名字剔除出族谱,意味着他将丧失族人资格,从而享受不到所有家族特权。见胡献晋:《中国的宗族及其功能》,第61页。

[4] 徐氏宗族处理此事的方法印证了刘王慧珍对各种程度的宗族处罚的一般性讨论。她认为,"收回家族特权,逐出家门,从家谱除名这些都是十分严厉的惩罚,意味着中止或取消肇事者的身份。一般来说,当体罚或一般惩戒不足以令其改正错误或弥补过失时、当另一个族人的身份受到威胁或侵犯时、当肇事者危及自身身份时,或者当他使家族蒙羞时,家族会采用这类惩戒方式。这些惩戒方式代表了身份伦理的执行,即令严重侵犯身份的行为不端者自身身份也受到报复。"见刘王慧珍:《中国古代的家法》,第36—46页,尤其是第46页。

他。后来他回到家里，到处犯事。徐瑞龙只好告官。知县差役拘查，徐裕祥害怕被抓，再次逃走。①

徐裕祥对伯父心怀怨恨。1880 年 4 月 2 日，他冒险回家找徐瑞龙，徐瑞龙责骂侄子，令他越发恼恨，他一边回骂，一边用刀刺向徐。徐瑞龙避过，这时两名徐氏族人来了。他们三人抓住徐裕祥，缚住双手，把这家族的逆子带往县城。在中途休息时，徐裕祥设法逃走了。显然他害怕自己做的一连串坏事会受罚。他跳进池塘，结果淹死了，族人们尽力扑救也未及阻止。②

徐瑞龙害怕被人告发要坐牢，于是通过另外一位族人恳求徐老太不要把儿子自杀的事告官。也许是因为徐瑞龙答应给她买田，照顾她家；也许是因为徐裕祥的忤逆不孝，总之她同意了。③ 地保也没有报告官府，然而知县还是从别处知道了这件案子，派了衙役来调查。④ 徐老太决定和官府合作，到县衙把事情始末一一呈报。

显然，徐裕祥的所有不轨行为并不是因为加入天主教引起的。尽管他从教友那里得到了一些安慰，但当他回家向伯父挑衅时，身边并没有其他教徒出现或帮忙。族人抓住他以后，徐害怕在公堂上丢脸和受罚，他明白即使有教徒身份也不可避免。我们将永远无法知道，徐是否意识到教会并不宽恕自杀行为。显然，宗教并非本案的焦点，也不是致使徐意乱情迷和动武的原因。

审判徐瑞龙时，官员认为他不可能意料到徐裕祥的自杀。官府强调的是徐氏族人和地保都没有及时报告死人的事，这对查证事实至关重要。因此，他们比照以财私和人命罪来判徐瑞龙的刑。⑤ 然而，官府认为

---

① 《教务教案档》，Ⅳ/1/365、445 页。

② 《教务教案档》，Ⅳ/1/365、445—446 页。

③ 《教务教案档》，Ⅳ/1/365、446 页。

④ 知县是怎样得知案情的，仍然是个谜。由于地保没有履行职责向上报告，知县解了他的职。见《教务教案档》，Ⅳ/1/365、446 页。

⑤ 《教务教案档》，Ⅳ/1/365、446 页。关于用类推的办法定刑，见陈张富美：《清代法律的类推》，载《哈佛亚洲研究通讯》30(1970)，第 212—224 页。

以财窝赃罪只适用于那些当事人之间关系不在五服之内的案件，而这件案子牵涉到的是伯侄关系，所以官员们只判徐瑞龙杖一百；由于徐裕祥并非徐瑞龙殴毙，应于满杖上减一等（杖九十）。官府又判徐瑞龙无需守诺赡养徐老太。① 至于另外三名涉案徐姓族人，只有一个帮忙掩饰的人受罚。官府免了徐老太的罪，称死者系逆子，她和徐家碰到的是件麻烦事。②

我们对于徐裕祥加入天主教的动机一无所知，或许是因为被族里除名才有此举动。当然入教既没有改变他，也没有帮助他。新信仰显然并未缓解他对伯父的怨怒。最后要说的是，他的行为和后来的死并没有引起教会的干涉，所以天主教出现在这桩案子里，最多只能算是偶然。

（四）天主教徒试图强迫一位寡妇再嫁，吉水县白水村，1899 年

1899 年 8 月，总理衙门得知，当年 7 月 5 日，白水村村民捉住并殴打了董福大神父。③ 顾其卫主教谴责吉水知县没有好好保护这位传教士，也没有在他受重伤后提供帮助。④ 大约在这个时候，吉安知府也接到一封来自天主教教会的信，大概是这位主教所写的。信中说到董神父离开永丰县，来调查吉水县白水村和其他村子民教之间由争吵引起的诉讼案。住在大塘口的黄姓人认为神父是来挑拨离间、唆使教徒诉讼的，就把他抓起来。⑤

地方官员调查之后，发现此案关键人物是两位天主教徒冯宇贵和黄邦沂。两人强迫寡妇周叶氏改嫁给当地黄氏房族。⑥ 未成，就强行抢人，

---

① 徐瑞龙答应照顾徐老太可能是因为她已丧二子，又没有丈夫。
② 《教务教案档》，Ⅳ/1/365、446 页。
③ 他可能是位中国籍世俗神父。
④ 《教务教案档》，Ⅵ/2/725、1076 页。
⑤ 《教务教案档》，Ⅶ/2/614、718 页。
⑥ 此案档案明确指出，冯、黄二人曾强逼该寡妇改嫁，材料中暗示可能是嫁给另一个姓黄的人，因此她仍然是黄家的人。

要将她照族法家规惩治。① 此时神父到达该村,几名黄姓人来到教会学校,邀他同去祠堂商议。董神父以为要为难他,扒后窗逃走,不慎刮到手臂——这是他身上唯一的外伤。② 当地一位教长去祠堂劝和息事。③ 后来董神父回到了永丰县。④

为妥办此案,候补知县张鹏程来到吉安,与顾其卫主教当面会商。⑤ 主教称冯、黄被控强抢寡妇系受诬告。张给主教看了周叶氏和她父亲的供词,于是主教承认,黄只是一介平民,素不安分。张顺势答应为了民教相安,免予处罚。⑥ 吉水知县为表和解,给了董神父一笔钱作为医药费,张鹏程也将此事转告主教。两名滋事黄氏族人戴枷示惩。⑦ 主教似乎得到安抚,立下画押结案字据。⑧

尽管这只是一件很小的而且很容易解决的案子,其详情还是如实报告给了法国公使和北京总理衙门。黄氏房族此举动机不明,不过一些乡民认为,黄姓人之所以强迫寡妇再嫁,是有经济上的原因的。⑨ 除了这个可能性之外,我们还应指出,该族对待寡妇的立场与宗教无关,只是碰巧有教徒身份的当地人卷入了一件寻常的家族事件中。而即使身为教徒,也会迫于经济压力而让寡妇改嫁。闹出事情后,教徒和其他人一样,都希望早日解决。他们去请神父是希望他能提供帮助。本案又是一起教徒优先寻求宗族帮助的案例,从这个重要意义上讲,教徒显然仍保持与

---

① ③《教务教案档》,Ⅵ/2/727、1077 页。

②《教务教案档》,Ⅶ/2/614、720 页。

④《教务教案档》,Ⅶ/2/614、721 页。

⑤ 等待任命实差的官员称为"候补"。候补官员常常接受一些暂时的任命,如以"委员"名义调查教案。见布鲁纳特(H. S. Brunnert)和海格尔斯特洛姆(V. V. Hagelstrom):《中国当代的政治组织》,贝尔切克(A. Beltchenko)和莫伦(E. E. Moran)译(上海:Kelly and Walsh,1912 年),第 510—511 页。

⑥ 冯、黄二人已逃离本地,官府抓不到他们。见《教务教案档》,Ⅶ/2/614、720—721 页。

⑦ 这两人就是去请神父到祠堂的人。从名字的辈分看,其中一人是黄邦沂的兄弟或堂兄弟。见《教务教案档》,Ⅶ/2/614、719、721 页。

⑧《教务教案档》,Ⅶ/2/614、721—722 页。

⑨ 黄家可能想从该寡妇改嫁中捞些彩礼钱。见《教务教案档》,Ⅶ/2/614、721 页。

族人的认同，并且深受乡村道德之约束。

（五）教妇拒出演戏钱，南城县，1899 年

1899 年 12 月，法国传教士戴俊道（Antoine Tamet）神父来到南城县定居，他向法国公使报告：一个叫李裕生的人迫害当地女教徒，而知县却惩罚了女教徒，罪名是她们拒出演戏钱文。公使要求总理衙门下令江西官员调查此事。[1] 由于缺少江西巡抚的回信，我们只好依赖于法国方面提供的资料。

戴神父称，四位女教徒从邻县临川县迁居到南城县三十七都的硝石街。这些妇女都有两个姓，表明他们都已婚，但是资料中没有提到她们的丈夫。她们似乎完全依靠自己生活，背后没有任何男人支持——很可能她们都守寡。这些妇女合伙开店，常年从事贸易。[2]

当地每逢过节就要请人唱戏，钱由各家商户派出。因此，都长李裕生也到这些商妇处收钱，遭到拒绝后，李唆使几个地痞砸了店门，偷走东西。之后还放了一把火——也许是故意的，也许是无意的。大火连续烧着了二十多家店铺和房子，不仅烧毁了大量财产，还烧死了一个人。[3]

其中一位女教徒杨永泰控至县府请求审理。据戴神父称，李裕生贿赂了衙门的人，让知县把这些女教徒和另外四名教徒抓起来。衙役鞭打教徒，逼他们认捐，仍遭拒绝。于是知县对他们动刑，并羁押在县衙大牢。[4]戴神父为教徒奔走，但知县并未理会。于是，这位神父只好直接向北京的法国公使求救。

公使致函总理衙门，请南城知县将众教民开释。又称，教徒无需出钱演戏、为寺庙神诞举办仪式等地方活动捐钱。实际上，总理衙门早在1860 年就有明文规定，但是在许多地方，人们仍然要求教徒捐钱。[5]由于教徒的商铺和教外人的店屋连在一起，都长很难不把他们视为地方的一

---

[1][2][3][4][5]《教务教案档》，Ⅵ/2/743、1106 页。

份子。

尤其值得一提的是,此案牵涉到的是一群从商的信教妇女,她们显然没有任何男性支持,靠自己开店收入独立生活。她们富有,且得到一位具有同情心的传教士帮助,这些或许可以解释她们对抗都长及其手下时的自信——不仅仅作为天主教徒,而且也作为妇女。在这个案例中,我们看到中国乡村妇女的生活选择比我们想象的更多,她们比通常认为的更加充满勇气和活力。

结　论

本章这些案例描绘了一幅中国地方社会的清晰图景,以及宗族、家庭和个人——包括教民和平民——在地方社会所扮演的角色。其中有几个共同的问题。在晏秉彝一案中,我们注意到,他没有供奉祖父立在当地寺庙的牌位。虽然祖先崇拜是引发教徒和教外亲属之间冲突的重要原因,但还应看到其他因素所起的作用,例如,晏秉彝一案和本文其他案例就说明,金钱关系对于涉案双方都很重要。在定期分配宗族房田收益的过程中,如果把教徒排除在外,就可以增加教外人的那一份。因此教外人坚持要排斥教徒。然而,仍参与宗族其他集体事务的教徒则希望能够从宗族利益中分一杯羹。教徒并不认为自己的宗教信仰会影响到自己和宗族、地方的关系,他们仍自认是宗族一员或者地方的一份子。

从这些案例中,我们还看到人们如何处理纠纷,以及如何进行审判,用一个学术术语来说,就是非正式的调解(族人和乡里)和正式的裁决(知县)制度是如何运作的。[①] 就非正式调解而言,家庭和宗族不仅发挥着互相支持的作用,还通过引导和监督所有成员的行为来规范乡村生活。所以说,家族是维护社会秩序的第一道防线。就正式裁决而言,知

---

① 见黄宗智:《清代的法律制度与实践》,第 110—137 页。

县要稳定地方社会，在很大程度上必须依赖像地保这样的乡村一级人员的上报工作。如果这些人不把乡村的问题上报到县府，知县就无法得知维护公共治安所需的关键信息。无论何时，只要基督徒涉及地方治安事件，政府官员就应该马上得到情报。这是一个重要问题，我将在第六章深入探讨。

正式的官府判决总是支持家族对传统的严格维护，例如寡妇守节、婚姻忠诚，以及男性、长辈为尊等。这些传统背后的价值观可以从平民百姓——包括教徒和教外人——的生活中得到反映。我们看到，在江西乡村的地方天主教会，天主教似乎对当地百姓奉行的价值观几乎没有影响，一种解释是：教会对于乡风俚俗引起的案件干涉非常有限。晏秉彝利用教会告状告到北京，这种行为并没有被人们竞相模仿。

因此，我们无法简单刻画江西乡村地区民、教各自的利益和行为。该如何理解乡民所表现出的价值标准和行为规范呢？我认为在影响日常生活的各种复杂因素之中，不仅交织着人的情感，更隐藏着晚清社会生活的不安定感。无论信仰什么宗教，男人和女人、已婚或寡居、宗族和家庭，他们的安定感来自于地方社会的稳定。反之，稳定的生活又依赖于人们对财产的拥有和控制，这些才是人们普遍关心的事情。

第五章　与教士和教徒有关的房地产纠纷的处理

晚清乡村的房地产交易引起了"大量纠纷和讼案"①。基督徒既然仍是乡村的一份子,卷入这些是非也就不足为奇。为了在地方上修建一座正规教堂而计划购置房地产以及实际的交易过程,不仅牵涉买卖双方,还牵连到拥有既定利益的其他居民。因此,各个时期不同地方关于乡村资源的利用以及风水问题的案件,揭示了房地产纠纷所反映的社会情态,有助于我们了解地方层面的基督教。这些纠纷最后通常得到妥善解决,因为教徒和平民发现,互相适应是最好的选择。

然而,一旦涉及传教士,教会和官府便会纠缠于法律问题和操作层面。教会通常提出享有条约规定的在华拥有房地产的权利;而清政府官员则希望监控教士教民获得房地产的过程,及其是否遵守了中法两国条约及后来双方同意的补充条款所规定的购置手续。为了更好地了解江西省各个地方地产纠纷的复杂性,我们必须首先追溯在华教产的历史渊源,以及条约中有关房地产交易的条款。

---

① 黄宗智:《清代的法律制度与实践》,见第 36 页、36—42 页所举例子。

一 传教早期及条约的签订

传教士入华伊始就购置房地产建立住院、传教所和教堂。1595 年，利玛窦获明政府官员允许，在南昌购置了一处房屋居住，这是天主教在江西获得的第一处教产。① 其后 300 年间陆续来到江西的其他耶稣会士、方济各会士、多明我会士以及遣使会士是如何获得房地产，以及这些教产的位置在哪里，相关资料佚失。不过，我们知道，18 世纪清王朝对天主教的打击已经影响到对现存教堂的公开管理和维护。从 1724 年到 19 世纪初，传教士要么放弃了位于城市和大型城镇的各种教产，要么眼睁睁地看着清政府官员将其没收。实施禁教后，少量传教士继续在华潜伏，为了避免惹上麻烦，他们避开省、县的行政中心，秘密传教。②

从 1810 年开始，传教士带着满腔热情卷土重来，并且人数不断增加。传教士不顾清王朝的禁教可能带来的人身安全问题，一边继续在遗存下来的小教堂或祷告室里传道，一边开始着手修建新教堂。如第二章所述，道光(1821—1850 年)初期，一位方济各会士在江西南部的赣县乡下买了一块地，建了一座教堂。③ 1834 年，遣使会士在江西北部商业重镇吴城附近修建了一座新教堂。④ 随着西方列强用炮舰打开中国国门，教会势力进一步扩张。鸦片战争和接踵而至的条约在一定程度上反映出传教事业的扩张及其势力的膨胀。在 1842 年和 1844 年的条约中，传教士获得在五个通商口岸定居和修建教堂的特权，但条约同时隐晦地暗示了传教士不许在内地旅行、居住和传教。⑤ 1844 年，迫于法国的压力，

---

① 德礼贤：《中国的天主教教会：从最早记载至今日的中国天主教教堂史概览》，第 98 页。

② 魏扬波：《广东省的天主教徒活动和中国人的反应(1848—1885)》，第 60 页。虽然魏指出，他关于传教士活动的论述是在广东，但同样也适用于其他省。

③ 《教务教案档》，Ⅵ/2/667、1004、1008 页。

④ 《教务教案档》，Ⅰ/2/969、907 页。

⑤ 威罗俾：《外国人在华特权和利益》，卷 2，第 702—703 页；马士：《中华帝国对外关系史》，卷 1：《冲突时期，1834—1860》，第 312 页；还可参见赫兹利特(Godfrey E. P. Hertslet)（转下页）

皇帝颁令结束了 1724 年以来的禁教。从此,清政府开始正式接受中国人信教,只要教民不"生端滋事"①。但是,这道律令明示传教士只能到条约规定的口岸城市活动。1846 年皇帝谕示,现存的康熙年间(1662—1722年)的教产,除了"已拨给寺庙和百姓居住的教堂"之外,其余皆归还给教民。在这条谕示中,皇帝又重申了传教士不能在中国内地传教的禁令。②

显而易见,一些传教士没有理会皇帝对旅行范围的限制,于是催生了增补条约的需求,以明确他们在中国的地位和权利。1858 年和 1860年,西方列强和中国签订新条约时,传教士也从中获得在中国任意地方传教的特权,而中国人则可自由信教,不受任何滋扰。③

对传教士而言,条约最重要的一个变化是 1860 年《中法条约》的第六款。该款确认了 1846 年皇帝归还教产的谕示,并将字面意思加以引伸:中国政府同意赔偿教民先前被没收的"教堂、学校、公墓、田地房屋",但没有写明对康熙年间教会所受损失的具体赔偿数目。传教士认为,归还以前所有的教产固然必要,但并不如他们在中国任意地方修建新的基地重要。如果他们希望永久扎根,就必需建立新的教产。既然当初条约谈判时没有明确提出这一条,那么就得出台一个补救措施。于是一名在法国政府担任翻译的传教士私自在第六款的文本下加了一句话,这句话在法国官方的版本中没有出现。这句添加的话赋予法国传教士"在各省租赁或购买土地,并可随心修建营造"④的特权。

在条约的庇护下,法国传教士迅速在各地租用、购置了大量产业,修

（接上页）和华德华·帕克(Edward Parkes)主编:《大不列颠与中国及中国与国外势力的条约,议院命令,国会法令、规章和条律及其对英国在华利益的影响》(以下简称《大不列颠与中国及中国与外国势力的条约》),卷 1(伦敦:His Majesty's Stationery Office, by Harrison and Sons,1908 年。)

① 马士:《中华帝国对外关系史》,卷 1:《冲突时期,1834—1860》,第 691 页。
② 马士:《中华帝国对外关系史》,卷 1:《冲突时期,1834—1860》,第 692 页。
③ 见赫兹利特和帕克主编:《大不列颠与中国及中国与外国势力的条约》,卷 1,第 273—274 页;1858 年《中法条约》第八款。
④ 威罗俾:《外国人在华特权和利益》,卷 2,第 706—707 页。

建新教堂,此举得到了清政府的同意。根据最惠国待遇,其他国家的传教士也享有这些权利。直到 1869 年,官府才意识到这些文字只在条约的中文版本中出现,而且严格来说,它是伪造的。① 然而至此,由于在条约的中文本中添加这句话所带来的教产膨胀已是既成事实。

(一) 1865 年的柏尔德秘(Berthemy)协议

法国传教士收回以前被没收的教产以及购买新址,立即引发了关于条约的执行问题以及建立购买房地产合法手续的问题。1865 年初,江苏巡抚李鸿章不允许传教士在本省除条约规定口岸以外的地方购买田地房屋,使这一问题被提上日程。② 驻北京的法国公使柏尔德秘(Jules Berthemy)写信给总理衙门,指出李鸿章这一行为违反了条约第六款,提出抗议。在和法国商议之后,1865 年 2 月 20 日,总理衙门正式同意以下内容:

> 嗣后法国教士如入内地置买田地房屋,其契据内写明立文契人某某,此系卖产人姓名,卖为本处天主堂公产字样,不必专列传教士及奉教人之名。③

这一简短的声明就是柏尔德秘协议。

尽管法国政府过了一段时间才公布柏尔德秘协议,但他们还是认为它构成条约的一部分。④ 中国方面,总理衙门在背后施压,要求李鸿章等

① 威罗偂:《外国人在华特权和利益》,卷 2,第 707 页。
②《教务教案档》,Ⅰ/1/84,50 页。
③ 赫兹利特和帕克主编:《大不列颠与中国及中国与外国势力的条约》,卷 1,第 320—321 页。柏尔德密协议的中文版,见《教务教案档》,Ⅰ/1/86,52 页。该协议的法文版及附加内容,见高弟爱:《1860—1900 年中国与西方列强关系史史史》,卷 1,第 68—71 页。
④ 据威罗俾称,"柏尔德密协议的文本从未由官方公布过,实际上,从未正式、明确地宣布过"。不过,他引用了一封来自总理衙门的信函,其中包含柏尔德密协议及施阿兰大臣谈判达成的附录。法国的立场时常表现得模棱两可。见《外国人在华特权和利益》,卷 2,第 707—709 页。(转下页)

各省官员按协议内容照办。柏尔德秘协议确实有助于厘清法国传教士购买房地产的手续，它规定卖主必须在契约上说明，所卖房屋是给当地天主教会全体成员的。实际上，中国方面不让在契约上写下任何外国人姓名或传教机构的名称，就是试图使该房地产仍归中国司法管辖之下，而不是成为条约规定的口岸或租界的一部分。[1] 总理衙门在给李鸿章的一封信中重申了这一点，并附上柏尔德秘协议的副本。总理衙门强调，如果教产总属教徒公共之业，那么于中国自然不会造成什么伤害。[2]

在柏尔德秘协议的执行过程中，总理衙门的官员还认为，或者说希望，人们打算把房地产卖给教会之前，应当先通知地方官府，并在交易之前征得官府同意。这样人们就不能将私人房地产径自出售，而是所有交易都将通过官府这一渠道得以完成。[3] 我在《教务教案档》中发现与此有关的最早一个案例是在 1868 年。该年 12 月 9 日，总理衙门官员在盛京（沈阳）与法国传教士就房地产买卖纠纷进行交涉时指出，根据他们对柏尔德秘协议的理解，传教士应当先找到合适的房地产，然后与业主商量购买事宜，在向当地官员报告之后才能购买。[4]

盛京房地产纠纷和许多其他案例表明柏尔德秘协议仍有局限性。协议文本中虽然提出诸如注明房地产新的所有者名称等细节，但没有说明完成一桩交易必须经过哪些步骤。鉴于地方官员经常接到房地产交

（接上页）法国外交信函档案馆却藏有两个版本的协议，是小册子印刷本。驻北京的法国公使大约在 1895 年左右将该协议同时印刷了中文本和法文本。见法国南特外交档案中心，"北京，大使馆"，A 列，第 415 箱。本章讨论的《教务教案档》档案和具体案例证实，法国方面认为柏尔德密协议是有效的。

[1] 威罗伸：《外国人在华特权和利益》，卷 2，第 709—710 页；赫兹利特和帕克主编：《大不列颠与中国及中国与外国势力的条约》，卷 1，第 321 页。

[2] 《教务教案档》，Ⅰ/1/86，53 页。

[3] 根据赫兹利特和帕克的解释，中法之间达成的协议"进一步规定，房地产的所有者应当在以此种方式出让之前，将其意图详告于地方政府，向后者请示，以明确这种出售被允许与否。只有在得到地方政府的批准之后，才能完成转让，不允许私下直接交易房地产"。见赫兹利特和帕克主编：《大不列颠与中国及中国与外国势力的条约》，卷 1，第 321 页。

[4] 《教务教案档》，Ⅱ/3/1281、1771 页。

易投诉,总理衙门认为,如果事先经过地方官员同意,一些潜在问题是可以避免的。例如,一些人自己并没有房地产,或者只有空名而没有实产,由此造成欺诈交易;还有一些涉及房地产的位置、用途以及这种用途对当地风水的影响等问题。

而对于传教士来说,官府的介入至少意味着房地产的购买受阻或推迟,而且最后常常得不到批准。神父们怀疑官员并不想在自己的辖区内修建教堂,于是想方设法设置重重障碍。在他们看来,地方官员似乎都是早有准备,例如,指出某处房产破坏乡里的风水,或者说契约不合法等等,以此为由,破坏交易。

由于教会的房地产交易遍及全国各地,官府必须找出一种通行的做法来阻止由此带来的各种问题。1876年,两广总督报告称,卖业人立契出售田地房屋给教会之前,必须先报明地方官员,由官府验明核实卖业的位置、边界分明,契据合法,业主确系本人自愿卖给教会,与地方无碍。经官府调查核实确凿无误,方可交易。如有人未事先报明地方官府而私自卖业给教会,那么卖主将受严惩。①

鉴于官府的正式态度和持续不断的房地产交易纠纷,法国公使伯利(Frédric-Aélbert Bourée)在1882年初向总理衙门投诉。2月5日,总理衙门复函称,和教会之间的未定买卖必须先报明地方官员,以保证该交易符合柏尔德秘协议的规定:即契约上必须注明卖主姓名,及所卖之业为当地教堂公产。总理衙门还新增了一条:契约必须交到当地官府验税;没有官府印花税契作为产权证明,将来就会产生争讼。总理衙门认为交易过程最后的这道手续可以减少欺诈交易,杜绝反悔(比如诉讼)。总理衙门声称这一点完全符合柏尔德秘协议的精神,并不违背该协议及其他任何条约。②

---

① 《教务教案档》,V/1/259、192页。
② 《教务教案档》,V/1/235、166—167页。还可参考高弟爱:《1860—1900年中国与西方列强关系史》,卷1,第71—73页。

伯利公使希望明确,把买主支付印花税和官府在契约上盖印放在交易最后,换句话说,就是地方官员其实无需真正审批整桩交易。而总理衙门、省府和地方官员却不这样想。1891 年 11 月,南洋通商大臣刘坤一通饬辖内,如传教士置买房地修建教堂须事先报明官府请示酌定。[1] 后来法国驻上海领事提出抗议,称中法之间任何条约都没有规定这道手续。但显然中方并未理睬。[2]

这些问题一直悬而未决,直到发生另一件房地产纠纷,这次是在四川省的乐至县,由一位叫施阿兰(A. Gérard)的法国公使引起。他在 1894 年 7 月写了一封信给总理衙门。[3] 乐至一案促使中法双方对柏尔德秘协议进行全盘讨论,并导致了它的第二个版本的诞生。

(二) 1895 年的施阿兰协议

乐至一案发生后,接下来整整一年时间,总理衙门和法国公使都在交换关于房地产交易问题的意见。双方深入研究各自的档案以寻找支持自己立场的资料。总理衙门拿出 1868 年的盛京案,称在那次的房地产购置事件中已经规定,卖业人在卖业给传教士之前,必须先报明地方官员批准。[4] 施阿兰公使则引用了柏尔德秘协议的内容作为回复,指出协议中并没有这条规定。施阿兰还向前任法国公使伯利求助,请他来协助解决。按照施阿兰对伯利和总理衙门之间来往信函的理解,买主只需在成交之后向地方官府提交契约,以支付印花税并让官府在契约上盖印。施阿兰确信这样做既符合中国律例,又不违背任何条约。但是,如果按照这种方法处理,那么地方官员就无需在交易之前介入交易并给予

---

① 《教务教案档》,V/4/大事年表,19 页。
② 《教务教案档》,V/4/大事年表,25 页。
③ 《教务教案档》,V/3/1613、1632—1633 页;高弟爱:《1860—1900 年中国与西方列强关系史》,卷 1,第 73—74 页。高弟爱在 74—77 页记录了中法商谈的详细结果。
④ 《教务教案档》,V/3/1614、1634 页。

批准。为了减少地方层面的误解,施阿兰要求将柏尔德秘协议的原始文本复制一份,分发各省,并要求各省高层官员下令,停止房地产交易之前的报告和审批手续。①

1894 年 10 月 15 日,总理衙门再次试图向法国解释中方对房地产买卖手续的意见。它指出,由于老百姓经常出售有好几张房契的房地产,或者出售村、族公产,因此在交易之前,买卖双方必须报明地方官府核实。地方官员接到报告后,调查核实无误,方给予批准,这样一来,就可以发现上述细节问题,避免盗卖或其他骗局。因此,中国官员提出这一要求是为了保护传教士不上当受骗,蒙受钱财损失,而不是故意和他们为难。② 施阿兰回复说,在他看来,如果传教士买房地产之前先要获得官府酌准,地方官员就会加以阻挠。施阿兰对地方官府公开歧视天主教深信不疑,因此他理所当然地认为,除了严格遵守条约规定,别无良策。③

在施阿兰看来,遵守条约就包括遵守柏尔德秘协议。1894 年,施阿兰向总理衙门控诉,说中国各地官府所持的是已经变更了的协议版本,这个版本含有要求卖主在卖业之前须报明地方官员酌准的那句话。④ 1895 年 2 月 7 日,施阿兰写信给总理衙门,控告江西省鄱阳县知县使用一个有上述那句话的柏尔德秘协议版本,并且不同意废除有关规定,或者没有在地方上公开宣称废除它。⑤

面对中国方面答复此类控告时的推诿拖延,和法国在试图改变一个已有 30 年历史的官方手续时所遭遇的困难,施阿兰下决心制定一个新的、措词明确的关于房地产交易手续的协议。1895 年 3 月 28 日,法国公使将下文递交给总理衙门:

---

① 《教务教案档》,Ⅴ/1/235、167 页。
② 《教务教案档》,Ⅴ/1/241、171 页。
③ 《教务教案档》,Ⅴ/1/247、174 页。
④ 《教务教案档》,Ⅴ/1/236、169 页。
⑤ 《教务教案档》,Ⅴ/1/256、185 页。

嗣后法国传教士如入内地置买田地房屋,其契据内写明立文契人某某,此系卖产人姓名,卖为本处天主堂公产字样。不必专列传教士及奉教人之名。立契之后,天主堂照纳中国律例所定各卖契税契之费,多寡无异。卖业者无庸先报明地方官请示准办。[①]

这个新文本就是施阿兰协议,总理衙门接受了该协议,希望以此解决争执不休的印税(即登记费用)问题和地方官员介入房地产交易的时间问题。教会将按协议规定支付登记费用,地方官员也将等到交易完毕之后再介入。

1895 年 4 月 8 日,总理衙门将施阿兰协议分发到各省督抚,再分发到下属府县衙门。[②] 按照施阿兰的要求,总理衙门在 1895 年 5 月 26 日向各省分发了该协议的第二个版本,这一次盖上了官印。[③] 中国方面同意用这些规定来处理以后所有中国人和传教士之间的房地产交易。法国公使把使馆和总理衙门的所有信件印成两本小册子,分发到领事手上。公使显然还想把它发到各位主教手上,供他们参考。[④] 第二本小册子的最后一页用粗体字写着“明文”,全文用汉语书写,从中不难猜出它的用心。[⑤]

二　江西地方关于房地产所有权、教堂位置和购买手续的看法

对于法国政府在华代言人来说,施阿兰协议和之前其他有关传教士

---

① 《教务教案档》,Ⅴ/1/259、191 页。威罗俾:《外国人在华特权和利益》,卷 2,第 708—709 页;高弟爱:《1860—1900 年中国与西方列强关系史 00》,卷 1,第 74、78 页;均有引用。
　　赫兹利特和帕克书中的版本如下:"此后,如法国传教士进入内地购买田地房屋,契约抬头应写明卖业者姓名,证明该产业已卖给当地教堂公产,不必在契约上注明教士及奉教人之名。立契之后,天主堂照纳中国律例所定各卖契税契之费。卖业人不必报明地方官府其卖业之意,也无须在卖业之前请示同意。"见赫兹利特和帕克主编:《大不列颠与中国及中国与外国势力的条约》,卷 1,第 321 页。
② 《教务教案档》,Ⅴ/1/265、198 页。
③ 《教务教案档》,Ⅴ/1/267、201 页;《教务教案档》,Ⅴ/1/271、202 页。
④ 法国巴黎教会档案馆藏有法国公使印刷的小册子之一的副本。
⑤ 见法国南特外交档案中心,"北京,大使馆",A 列,第 415 箱。

的协议巩固了他们在推广和保护天主教在华传播过程中所获得的国家利益。从教案档案来看,传教士的做法往往合乎律例,但却没有顾及中国人的感受和房地产交易中的实际问题。中国官员则过于拘泥形式,常常以自己对条约和协议的理解来审理有关教士教徒的纠纷案件。以下案例揭示出双方都存在的官僚主义心态,同时也反映出与乡民利益攸关的问题,如土地所有权的掌控和获得土地的方法等。在这些案例中,我们不仅看到民教之间的一些典型交往,同时也看到,双方齐心协力地共同解决问题。

(一) 谁拥有这块地? 赣县平陆上的一桩房地产权纠纷,1886—1896 年

　　1886 年 6 月底,遣使会江西北部宗座代牧区主教白振铎告诉九江道台,赣州府城的一座教堂被人捣毁,一名神父失踪。约在同一时间,白主教在江西南部遣使会的同事写信到欧洲,称赣州地区发生了一桩可怕的暴力"迫害",知县和一些绅士派了一大群人袭击教徒,抢劫了四个大的地方教会,拆毁教堂建筑,破坏教产,包括主教的船,还殴打一名神父。这名神父挣脱后,和大群教民仓皇逃走。教会损失惨重。①

　　南昌的省府大员立即会商案情。② 巡抚认为可能是地方官员没有保护好天主教徒。③ 考虑到这一点,加上案情看来十分严重,他想派一名以前处理过教案的能干助手下去。当时唯一符合条件的人选只有南昌一等同知蔡士俊。蔡受命后立即马不停蹄,疾驰 900 里,用最快的速度赶到赣州。④

①《传教年鉴》(ACM)51(1886),第 580—582 页。
②《教务教案档》,Ⅳ/1/382、532 页。
③《教务教案档》,Ⅳ/1/384、537 页。
④《教务教案档》,Ⅳ/1/382、532 页;《教务教案档》,Ⅳ/1/385、545、549 页。巡抚了解平陆上教案的严重性,而南昌到赣州路途遥远,使得调查异常艰难。值得注意的是,蔡士俊并不是"望差官",而是在职官。有些教案的调查,委员的选择是非常谨慎的。

此案的背景

南昌督抚对此事已有所了解,因为他们已经接到赣县知县李廷俊的一份报告。李称,平陆上——赣州城外约 20 里的一个偏远乡镇——一个姓谢的天主教徒家庭和当地士绅积怨已久。①

谢氏大约 100 年前从邻县信丰迁到赣县,居住在龙王——离平陆上约一里地的一个山脚下——至少已有 20 年。从 1860 年开始,为了争一块地,谢氏就与当地一个叫阳楚三的职员结怨甚深,谢家占了上风。②1873 年 2 月,赣县知县崔国榜命衙役传唤双方到县衙,审理这起纠纷。阳、谢两家都拿出几份契约。知县根据这些证据,判谢氏无理,命他们停下正在建造的位于阳家地里的一座房子,并还给阳另一块地的税钱。知县还让传道师谢兰玉打消盖礼拜堂的念头。传道师拒不从命,知县就将他收押大牢。③据知县称,谢氏在以往历次诉讼中都没有提到要把这幢未完工的房子作为礼拜堂;只是在 1873 年 3 月阳楚三死后,他们才突然宣布要这样做。后来,白主教把这一声明当成事实,误认为政府插手是想阻止把房屋变成礼拜堂使用。但是,这只是妨碍本案解决的众多棘手问题之一。④

主教之所以关心这桩案子,是因为这里天主教活动历史悠久。在赣县,天主教可以追溯到 1790 年以前。传教士在这些年中已经取得一些成果,因为许多姓谢的人都来这里信教。⑤ 到 1870 年末,"平陆上教区"

---

① 《教务教案档》,Ⅳ/1/382、533—536 页。
② 阳楚三告谢姓有几个原因:(1)谢姓曾经立约,使用阳家坟山一处,每年交纳税钱。现在谢姓后人拒纳税钱;(2)谢姓未经官府批准就在阳家的地里盖房建屋,坏了这块地的风水;(3)谢兰玉欠阳家祠堂租谷;(4)谢兰玉的女人从阳家的田里砍伐树木。见《教务教案档》,Ⅲ/2/591、681—682 页。
③ 《传教年鉴》(ACM)39(1874),第 296 页。
④ 谢家称其祖上确实立契购买了盖房占用的那块地,因此认为这是合法的。但是,在这块地的西边,是谢家另一位祖先同意交税的阳家的地,自那以后,谢家一直在这块地上种树砍树。阳家后来收回这块地,还想继续从谢家收取这块地的税。见《教务教案档》,Ⅲ/2/591、681—682 页。
⑤ 《教务教案档》,Ⅵ/2/667、1006 页。

包括四个地方教会，总共有 280 名教徒。① 早期传教士们在哪里举行宗教仪式已无从知晓。但我们知道，一位圣方济各会传教士在 1825 年从谢氏手里买了一块地，并盖了一座教堂。② 1871 年，遣使会士不顾当地生员阳葆光的反对，建了一座新教堂。阳葆光是和谢家有宿怨的阳氏家族成员。③

此后四年，当地人对教民中伤诽谤。1876 年，白主教得到一份揭帖，上面有赣县周围六个村子耆老的签名。这份揭帖称谢氏是外来人，并指责他们引来了"传邪教者"。这份揭帖还称谢氏偷了阳家的地。原来当地一名生员教徒谢应平给"匪首"，即主教写信，让地方官员干预，压制众怒，并允准在当地建一座教堂。④ 一位在平陆上传教的遣使会神父报告称，大约在 1876 年 9 月，他为了躲避风头要离开当地，这时地方绅士雇了 300 人，对他进行恐吓，并驱赶当地教民。后来绅士发现这个"洋鬼子"已经离开本地，这才放心。但是，众教民不让他们赶走另一位中国神父，而教民中有些人是生员，这或许也使地方绅士颇为踌躇。最后，他们还是解散了雇来的那批帮手。⑤ 此后一直到 1886 年以前，双方都相安无事。

谢氏与阳明书院

1886 年，遵照头年夏天来此视察的王吾伯主教的意思，谢氏开始在龙王修建一座欧洲风格的建筑，想用做天主教的义学。⑥ 当地阳明书院的山长石昭华（贡生）对这幢新房子十分眼红。他称龙王的地是书院的，还对这幢未经官府批准修建的房屋风格持有异议。他还声称谢氏已经

---

① 《传教年鉴》（ACM）43（1878），第 179—180 页。
② 《教务教案档》，Ⅵ/2/667、1004、1008 页。
③ 《教务教案档》，Ⅵ/2/667、1008 页。
④ 《传教年鉴》（ACM）42（1877），第 282—284 页。
⑤ 《传教年鉴》（ACM）43（1878），第 179—180 页。
⑥ 这桩案子有很多事实上的出入，中国的各级调查官员觉察到了这一点并予以解决。调查者还根据该案完整的卷宗，查清了一些事实出入。关于"义学"，见《教务教案档》，Ⅳ/1/382、533 页。本案使用的地名，见《教务教案档》，Ⅴ/2/1054、967—968 页。

拖欠书院好几年的租钱了。①

岁考来临时,该地和邻近各县的大批童生聚集赣州,制造了这起案件的导火线。② 阳明书院的考生对房屋一事议论纷纷,引起了其他考生的注意。但是知县李廷俊亲身阻止他们前往房屋所在地,以避免和教徒起冲突。③ 为了平息众怒,知县命谢氏停止修建房屋,并派衙役去看管建屋用的材料,监督负责建屋的首事。知县还派了保甲绅士到各乡,不准人们到处乱走,严饬不准再闹事。④

1886 年 6 月 21 日,李廷俊开始审理谢氏和阳明书院的土地纠纷案,但谢家的三名教徒拒不在公堂露面。6 月 25 日,当地人发现龙王谢家围墙外有一个死人,这使得本已复杂的案情更加扑朔迷离。血从死者的嘴角流出,看见尸体的人称这个人死得相当惨。⑤ 在知县和仵作赶来之前,那幢具有欧式风格的房屋已经着火,被完全烧毁了。同一天,附近仓寮前教会的一座礼拜堂也被毁坏。两名传教士和一些谢姓人逃走了。⑥

驻吉安的法国传教士步师嘉(Louis Boscat)写信给中国官员,说不能把这些事件和王主教先前的巡视联系在一起。他称王主教确实想在仓寮前建一座大教堂,以代替那里的礼拜堂,并且下令在龙王早已购置好的一块地上修建一座新学校。可是,有人为了败坏教徒的声誉,将一具尸体放在谢宅外面。不久,步神父又称,一千多人袭击了当地的神父,

---

① 《教务教案档》,Ⅳ/1/382,533—534 页;台湾台北中央研究院近代史研究所档案馆,总理衙门收电簿,1891 年 3 月 11 日(GX17/2/2);江西巡抚德馨致总理衙门的信。这封信函未收入《教务教案档》,只在《教务教案档》,Ⅴ/2/1071 页中提到过。

② "岁考"决定生员的升降和黜革。见张仲礼:《中国绅士》,第75 页。

③ 《教务教案档》,Ⅳ/1/382,533 页。

④ 《教务教案档》,Ⅳ/1/382,536 页。在后来的一封信函中声称,知县命绅耆认真约束乡民,勿再生事端,并安抚各方。见《教务教案档》,Ⅳ/1/385,549 页。

⑤ 《教务教案档》,Ⅳ/1/382,534 页。

⑥ 《教务教案档》,Ⅳ/1/384,537—538 页;《教务教案档》,Ⅴ/2/1039,925 页。根据中国方面的陈述,这件事可能发生在 6 月 25、26 或 27 日,知县在 6 月 28 日赶到调查。根据王吾伯主教的叙述,冲突始于 28 日晚,持续到次日。见《传教年鉴》51(1886),582 页。我对日期的出入无法解释。

抢劫教徒，并放火烧毁了教堂和学校。教徒已经把所有事情上报给县衙，然而后者却无动于衷。步神父想把当地教徒保护起来。[1]

6月28日，知县李廷俊到平陆上视察现场，发现谢家的房子只被火烧毁了一小块，于是向邻居打听。邻居们告诉他，有人看见是谢家人自己放的火。一位姓谢的女教徒和一位当地衙役（或许是名地保）承认了这一点。[2] 可是，知县仍觉得纵火、杀人和土地纠纷有许多疑点。如果他要解开这些疑点，重新开堂审理，做出判决，需要一段时间。于是他请求上峰不要为此案的结案定最后期限。[3]

同知蔡世俊是省府派到当地处理本案的委员，他于1886年8月初抵达赣州。与他同来的还有赣州知府崔国榜（他在1873年的房地产案中任知县），以及两位当地官府派出的委员。蔡世俊一行于8月9日到达平陆上[4]，在距目的地三里路左右，地方耆老李通洪携18位乡人，在此跪递公禀，称遭当地教民欺侮，要求官府阻止。官员们说他们会调查此事，但同时要求几位耆老也要约束子弟及附近居民等人，安分务农，不许滋事。[5]

在平陆上，崔知府和蔡同知发现，骚乱发生的主要原因是天主教徒对龙王和仓寮前两块土地的所有权不明。谢氏持有的仓寮前土地的地契日期是1797年。[6] 而阳明书院持有的同一块地的地契日期是1844年，持有的另一张龙王的地契是1876年。[7] 从地契上看，书院是从一个

---

[1]《教务教案档》，Ⅳ/1/384、542—543页。

[2]《教务教案档》，Ⅳ/1/382、535页；《教务教案档》，Ⅳ/1/386、551页。这个职能被称为"地邻街保"，但这个词的确切意思不明，因为它在江西教案中只出现唯一的一次。不过，既然官府有时使用"地邻"一词指"地保"，我想这里也是同样道理。

[3]《教务教案档》，Ⅳ/1/382、535页。

[4]《教务教案档》，Ⅳ/1/384、538页。

[5]《教务教案档》，Ⅳ/1/384、538页。

[6]《教务教案档》，Ⅴ/2/1051、964—966页。这封信包含谢姓地契的副本；见《教务教案档》，Ⅴ/2/965—966页。根据王吾伯主教的说法，谢姓最早在1796年租赁这块地。见《教务教案档》，Ⅵ/2/667、1004页。

[7]《教务教案档》，Ⅴ/2/1054、967—973页。这封信包含该书院地契的副本；见《教务教案档》，Ⅴ/2/969—972页。

姓郭的人家买下龙王这块地,而该地契上的税印也表明,书院已经登记了这份契约。这则证据和其他几份证明使官员确信谢氏确实是租龙王的地①,虽然他们在1876年没有与书院签订新的租约,但他们仍像以前那样,付等额的租金。②

崔知府和蔡同知判决:龙王和仓寮前两处地产都归书院;教徒必须把龙王那块地上正在修建的欧式风格的房子挪走,把地还给书院。③ 谢氏得知这一判决后辩称,"始以赣俗,租田买皮不买骨"。他们拥有田皮,即地皮权;而书院拥有田骨,即地基权。谢氏称,如果要他们出让田皮而不给予任何赔偿,他们就无钱购置新的田皮,而且当地也没有其他地方可以重新起基建屋。④ 官员回复说,谢氏无法提供充足证据支持其上诉,但是谢氏宗族可以对此再议,并在五天之内再次上诉。末了,官员们告诫谢氏,不要妄想借助洋人势力撑腰,也不能羞辱乡民,如果官府传唤,不准不到堂听审。⑤ 但他们没有下令谢氏立即将土地归还给书院,于是谢氏继续保留这两块地。⑥

毫无疑问,赣州知府和南昌府同知显然意识到,只要传教士遵守置买田地房屋的章程,平陆上的所有问题都是可以避免的。地方和省府官员指出,1865年,柏尔德秘协议中,法国同意了房地产交易之前先报明地方官员核准;只有这样官员才能判断卖主是否产权明晰,交易是否会有

---

① 各种契约中都标明"实地勘界",通过对契约的仔细比较,官府断定书院持有的地契是合法的。见《教务教案档》,Ⅴ/2/1054、967—969页。其他官员后来声称谢家持有的地契是伪造的。见《教务教案档》,Ⅴ/2/1077、988页。

② 《教务教案档》,Ⅳ/1/384、539页。此前,书院还就租谷的数额提出诉讼,但未获支持。

③ 《教务教案档》,Ⅴ/2/1054、967页;《教务教案档》,Ⅴ/2/1055、973页;《教务教案档》,Ⅴ/2/11061、978—979页。

④ 《教务教案档》,Ⅳ/1/384、539页。谢家显然认为他们"永享耕佃"。这种行为在长江下游地区非常流行,给佃户更多安全感,并在一定程度上缓解了佃农的生存压力。费惟凯(Albert Feuerwerker):《19世纪中国的叛乱》(安·阿伯:Center for Chinese Studies, University of Michigan, 1975年),第97页。

⑤ 《教务教案档》,Ⅳ/1/384、539、541页。

⑥ 《教务教案档》,Ⅵ/2/667、1005页。

障碍等。之后，也只有在这之后，才能进行交易，契上注明卖给教会全体人员，而不是某个教士或教徒个人。① 但是平陆上没有一名天主教徒遵守这一章程，某种程度上也许是因为天主教堂在当地存在历史较长的缘故。江西官员要求总理衙门对法国公使说清楚这一点，使他能够明白，并保证让传教士遵守柏尔德秘协议。官员们还希望公使能够让江西主教劝说谢氏将土地主动归还给书院。②

法国公使没有给予直接答复，中国方面只得到顾其卫主教的一个间接回答。这位新近提拔的江西南部代牧区主教于 1888 年春被派到赣州，他想修复仓寨前被毁坏的教堂。③ 他不仅对房地产的购买手续视若无睹，而且也毫不理会官员将土地归还书院的判决。显然，主教欲将这一事件凌驾于中国法律之上。也许是因为有主教的撑腰，谢氏决定不理会 1887 年 2 月这一付清欠租给书院的最后期限，对挪走欧式风格建筑的命令也置若罔闻。④

这种态度是对政府权威的直接挑衅。教徒不仅不归还土地，还决定在 1891 年 2 月 9 日农历新年那天重新开工，继续修建欧式风格的房屋，这使问题更趋于复杂。⑤ 乡民集结抗议。赣州官员向上级报告说，局势很难控制。⑥ 巡抚德馨称，

> 倘冀重翻前断，仍图兴建，民教龃龉势所必至。赣州民气强蛮，心志齐一，设聚滋闹，地方官保不及保，护不及护。⑦

---

① 《教务教案档》，Ⅳ/1/386，550 页。
② 《教务教案档》，Ⅳ/1/386，551 页。
③ 《教务教案档》，Ⅴ/2/1044，933 页；《教务教案档》，Ⅴ/2/1047，934 页；《教务教案档》，Ⅴ/2/1049，962 页。
④ 《教务教案档》，Ⅴ/2/1061，979 页。
⑤ 台北中央研究院近代史研究所档案馆，总理衙门收电部，1891 年 3 月 18 日（GX17/2/9）；江西巡抚德馨致总理衙门的信。这封信函未收入《教务教案档》，只在《教务教案档》，Ⅴ/2/1074 中这样提到；还可参见《教务教案档》，Ⅴ/2/1077，988 页。
⑥ 《教务教案档》，Ⅴ/2/1049，962—963 页；还可参见《教务教案档》，Ⅴ/2/1050，963 页。
⑦ 《教务教案档》，Ⅴ/2/1077，989 页。

民怨沸腾之际，顾主教还在火上加油。他倚仗法国公使撑腰，要求赣州官员安排他与书院会面，这样双方可以拿出自己的契据互验。赣州官员认为，除非该主教持有先前并没有出示的契约，否则无此必要。更何况，如果重开此案，将使原本已激忿的书院学生与官府更加疏远。① 概括地说，巡抚担心这是法国想藉此挟制地方官，一旦开此先例，日后很难容忍。②

这种进退两难的局面也体现在别的方面，进则得罪地方势力，退则使中西关系雪上加霜。③ 赣州知府和赣县知县没有受此掣肘，他们和保甲长合作，给乡民造成目前情势紧张的印象。④ 后来，官府以违抗先前审判结果和过期未还清欠租为名，逮捕了三名谢氏成员，此举安抚了众考生。可见书院学生在考试期间的举动还是有一定影响的。⑤ 到1891年，平陆上乡民怒气渐消。此时，中方不得不答应法国提出的当面验证契约一事。⑥

一个令人吃惊的结局

我们不知道是什么原因消除了赣县地区民教之间的怒气，但一定出现过某种僵局，因为中法两方面的官员对此案再未有过什么举动，也没有报告任何新问题。1896年，南京洋务局道台黄遵宪收到一封委任状，任命他掌管五省教案。江西巡抚命候补知县许宝莲将江西发生的各教案卷宗带到上海，协助道台调查。赣县的平陆上地产纠纷也在其中。

许在上海复查了这些教案材料，在黄道台的支持下，判仓寮前的土

---

① 《教务教案档》，Ⅴ/2/1076、986 页；还可参见《教务教案档》，Ⅴ/2/1077、987—989 页。
② 《教务教案档》，Ⅴ/2/1060、977 页。
③ 柯文详细地讨论了19世纪60年代的这一内容，见《中国与基督教：传教运动和中国排外主义的发展，1860—1870 年》，第 180—185 页。
④ 这些委员是谁，地方官员是否委派他们，这些都无法确定。见《教务教案档》，Ⅴ/2/1077、988 页。
⑤ 《教务教案档》，Ⅴ/2/1077、987—988 页。
⑥ 《教务教案档》，Ⅴ/2/1082、990 页。

地属于教会。① 尽管谢氏无法证明其拥有明确产权,但传教士的确持有1825 年的税契,说明方济各会当时已经购买了这块地。② 据此,道台与法国领事交换意见时,同意让赣县官员颁发一种代契(上有印花),标明土地的边界。这种新型契约载明卖业大小及业主姓名。官员还同意教民可以不受干扰地继续其修建计划,并受官府保护。法国则向道台保证,教徒打算建的学校和医院的风格可以不是欧式的,而是根据当地风俗修建成中国式样。③

从这起历时长久的乡村案件中我们可以看出乡村的几个问题。首先,它显示赣县平陆上地区的乡民是如何争夺土地资源的。案中提到1886 年谢氏和阳明书院因欠地租而起冲突,甚至诉讼。官府判决谢氏无权拥有这块地,这就触动了他们的利益。谢氏担心不仅要遭受眼前的钱财上的损失,还要失去其他耕地。由于谢氏抱有这种想法,加上案件的判决对他们不利,他们只能紧守着土地不放。书院也指责谢氏强占这块地,但谢氏是如何强占的,我们却不甚清楚。④ 书院虽然得到了地方生员的支持,但既无法从租户那里收到租,也不能压迫他们。最后,它只好求助于官府来解决冲突,执行判决结果。⑤

虽然天主教本身也是 1876 年案件的焦点之一,但它很快就被从一开始就存在的土地争夺问题和后来的房屋风格问题取代。阳明书院的士民阻止了教会学校的修建,但是由此引发的冲突并没有激化——士民

---

① 《教务教案档》,Ⅵ/2/667、1007—1009 页。

② 1862 年南昌的一座教堂被烧毁后,这份契约显然也毁掉了。江西许多教堂都把包括房契在内的一些档案保存在南昌。见《教务教案档》,Ⅵ/2/667、1007—1008、1010 页。

③ 《教务教案档》,Ⅵ/2/667、1010—1011 页。

④ 《教务教案档》,Ⅳ/1/382,533 页;《教务教案档》,Ⅳ/1/386,551 页。

⑤ 从平陆上的房地产案及相关纠纷可窥探省级官员如何解决棘手的教案。但是,各级官员的作用不可能严格区分。署知府蔡世俊到达之后,和赣州知府主持了调查。虽然还派了另外两名委员,但他们并不起主要作用。知府和蔡世俊的配合顺利有效。更重要的是,他们进行了深入细致的调查和公正的审判。巡抚对他们的判决结果很有信心,因此即使面对主教的质问,也表示完全支持已有的判决。我估计,蔡知府和赣州知府的表现正合省府官员的胃口。

既未称要毁坏可能建成的教会学校,也没有对天主教教义本身提出质疑。19 世纪 80 年代当地的反教呼声的确十分高涨,但我相信它的策划者未能如愿,因为这起案件有这样一个社会背景:教徒构成地方社会的一份子,在冲突发生之前,民教已经相处了 100 多年。无论是教民还是平民,绅士还是百姓,归根结底他们关心的都是实际的利益,即对田地房屋的控制权、租金和土地资源。

(二) 将族产卖给传教士,泸溪县,1894 年

本案也是因房地产的所有权引起的。1864 年,林蕴玉(一位武举人)与林陈氏立契,买她一块地和一幢房子。因为林蕴玉没有付足钱,卖主林陈氏保留了地契,并每年收取租金,用其中的一部分交税。后来官府革去了林蕴玉的举人头衔,这使他生活日益窘迫。由于无钱用度,他把从林陈氏那里买来的房子卖给了一位传教士,但在卖契上没写清房主是谁以及出售日期(应该在 1890 年初)。后来戴俊道(Antoine Tamet)神父将这幢房子加以修缮,作为教堂使用。[①]

1894 年春,泸溪县知县接到房屋原主人林春发递交的诉状。林春发是林陈氏的亲戚,也可能是她的后人。除了控告房屋买卖一事,林氏族人还控告林蕴玉欠租谷未还,态度恶劣。1894 年,戴神父直接写信给建昌知府,说明教会拥有这幢房屋的所有权,这使局势变得更加复杂。知府命令详查此案,并派一位委员协助知县处理这场纠纷。[②]

尽管各乡绅民向知县和委员请愿,称该屋风水特殊,但两位官员显然未加理睬,他们的注意力集中在房屋的所有权上。据林春发供称,房屋确实属于林氏祖业。林氏宗族实际上已经公议过将其改成祠堂。[③] 林蕴玉也供述了买卖房屋的详情,承认他把房子卖给传教士是个错误。[④]

---

① 《教务教案档》,Ⅶ/2/736、1090—1091 页。
②③ 《教务教案档》,Ⅶ/2/736、1090 页。
④ 《教务教案档》,Ⅶ/2/736、1091 页。

　　知县将这些供词比较过后做出判决：命林蕴玉把钱还神父，也就是说，这场买卖实际上是无效的。但是林拿不出钱来还给神父，戴神父于是拒绝合作，也许是因为他已经投入了一笔钱用于修缮房屋。他还出示了从林蕴玉那里得来的房契。面对这种情况，知县只好承认卖房子给神父是合法的，并在房契上盖上官印。[①] 案子就此了结。

　　江西巡抚在 1899 年 10 月将此案详情上报总理衙门，并称此案已经在几年前了结，之后当地民教和睦共处，相安无事。[②] 我们或许会问，知县凭什么法律判决传教士持有这幢来历不明的房屋是合法的？但是重要的一个事实是，林氏宗族接受了这个决定，而乡里之间也恢复了往常的生活。

（三）乡民担心进山砍柴的道路被租给英国传教士，德化县，1895—1896 年

　　1895 年初，平民万东圃和其他业主签下长期租约，将长冲谷一带田地租给一个叫李德立（Edward Little）的英国传教士。[③] 据李牧师称，该交易获得了业主同意、乡绅核准和担保。[④] 李牧师和其他传教士计划把这块江西北部偏僻山地改造成一个西方人的避暑胜地和度假天堂——也就是后来闻名的牯岭街，今天庐山的一部分。但是当传教士开始修建房屋时，当地老百姓提出反对，并毁坏了他们的建筑材料。[⑤]

　　九江道台命代理德化知县开展调查。代理知县询问了乡绅耆老，证实万东圃等人和李牧师的租约是合法的。而且无论绅民，都未找出任何理由，包括风水一说，来阻止房屋的修建。不过当地人的确有一个担

① ②《教务教案档》，Ⅵ/2/736、1091 页。
③《教务教案档》，Ⅵ/2/663、990 页。
④ 李德立（Edward S. Little）:《牯岭的故事》（上海：Presbyterian Mission Press，1899 年），第 4 页。李提道，租约是当地绅士中最有权势的一位万姓举人写的。我认为这个人并不是万东圃，因为官员对涉及教案的人都会注明功名，而他们没有提到万东圃有任何功名。
⑤《教务教案档》，Ⅵ/2/663、988 页。李德立声称这件事是某些绅士挑起的，因为此事并未事先与他们商量，他们也没有享受到任何法律规定之外的好处。见李德立：《牯岭的故事》，第 8 页。我在教案档案中没有找到任何事实支持这一点。

忧——一旦英国人控制了进山的道路，他们就没法在那里砍柴了。①

在议定的解决方案中，官府批准李牧师等传教士租赁并开发长冲一带，中方还允许英国人开辟道路，并同意他们修建包括澡堂在内的房屋建筑。作为承租者，英国人拥有对土地的完全控制权。不过传教士也要同意当地乡民继续在这片山上砍柴。②

英国领事试图利用长冲一案来谋取附近其他房地产的租赁权，没有成功，也没能威胁到地方官府。领事收到一笔3 455块银元的赔偿金，用于赔偿被毁的建筑材料。知县也得到英方同意：将来传教士在山上修建任何建筑之前，将首先报明地方官，这样官府就可以采取措施预先防范事件激化。③

这个案例清楚地描绘了一个与百姓利益息息相关、而与乡绅利益无关紧要的场景。无论哪个群体，都没有发出反对基督教的声音，也没有以风水问题将案情复杂化。④ 对于长冲一带的人们来说，他们最关心的是和日常生活中的经济、交通紧密相关的地方资源问题。英国传教士心里很明白这一点，因此在是否同意进山的问题上显得比较灵活。李牧师也主动允诺，中国人尽可使用新修好的道路，这一点缓和了他们与乡民之间的紧张气氛，避免了更多麻烦。后来新教传教士继续开发长冲及其附近地区，使它成为了一个度假胜地，李牧师独具匠心地将它命名为"牯岭"（即英文 cooling——"凉爽"的意思）。不到几年时间，一位天主教神父购买了这里的房地产，天主教徒也可以在炎炎夏日来到这里避暑。⑤

---

① 《教务教案档》，Ⅵ/2/663、987 页。
② 《教务教案档》，Ⅵ/2/663、989—990 页。
③ 《教务教案档》，Ⅵ/2/663、987—988、990 页。
④ 但是李德立称，后来绅士散发匿名揭帖，以风水为由，反对该租约。见《牯岭的故事》，第 4、8 页。既然这块地是"废弃之地"，绅士们的号令又有多少人相信和响应呢？况且中国官员申明绅士不得以风水为由进行阻挠。见《教务教案档》，Ⅵ/2/663，990 页。
⑤ 《穆仁手册》，藏爱尔兰都柏林：《圣高龙庞外方传教会档案》，第 148—149 页。

（四）教徒控告房产购置手续案得到解决，永新县乡下，1896—1897 年

1897 年 5 月，顾其卫主教致电法国公使，称去年永新县教徒购买房产，官员要征收三倍于平常的印花税。[①] 他向总理衙门指出，此举违反了柏尔德秘（实际上是施阿兰）协议，该协议载明印花税按中国律例收取，不能歧视洋人。[②] 同年 7 月，法国公使致信总理衙门。信中认为，关于教会购买房地产及其对所购置房地产的所有权的协议（即施阿兰协议）从未在永新县公示。公使在信中还特别要求地方官府给教会前段时间从长胡尾购得房产的税契盖印。[③] 信中未提及税收，而是暗示长胡尾的形势和主教 5 月份控告的多征印税有关。

永新县位于赣西南边陲，毗邻湖南，处于行政管理范围的边缘地带，因此这里的历任知县有可能不熟悉柏尔德秘协议和施阿兰协议规定的房地产购买手续；该县的长胡尾山区远离县城，地处偏远，管理这片地区的乡村官员就更有可能不知道教徒购买房地产的规定了。因此，总理衙门督促江西巡抚将柏尔德秘协议和施阿兰协议的复本分发各县，并在县里公示。[④] 巡抚照办，并命省府官员采取措施，以保证印花税的缴纳皆按照有关规定执行。[⑤]

1897 年 9 月 19 日，公使再次向总理衙门投诉，称永新知县迟迟不给长胡尾的教会房契盖印。[⑥] 公使也许不知道，至少他没有提到，永新知县和一位委员正在调查长胡尾的房产交易，因为有人指控它是一桩欺诈交易。[⑦] 两位官员发现交易中有不正常现象，但他们宁愿允许教会保持目前的房产，也不

[①②]《教务教案档》，Ⅵ/2/673、1017 页。

[③]《教务教案档》，Ⅵ/2/680、1024 页。中国官员也把长湖尾称为长湖田。

[④]《教务教案档》，Ⅵ/2/681、1029 页。

[⑤]《教务教案档》，Ⅵ/2/683、1032 页。

[⑥]《教务教案档》，Ⅵ/2/704、1043 页。

[⑦] 1885 年中国人捣毁了长湖尾的一座教堂。1896 年，教会很可能想买下这块地，以取代当年被毁并获赔偿的那块。中国各级官员都认为主教不过是想借 1885 年事件，图谋将当前事件朝有利于他们的方向解决。见《教务教案档》，Ⅵ/2/704、1045 页。

愿让他另外再选一块地方。① 于是决定,万一上峰下令要求迅速解决此案,就绝口不提此事。为了避免事情复杂化,知县给这幢房屋的房契盖了印,印税自然是按惯例收取。这时候知县才接到教徒购买房地产有关规定的正式通知,于是将规定通告当地。②当地绅民没有再生异议,同意就这样解决长胡尾之争。

(五) 将狱监公署骗卖给传教士,德安县,1899 年

1899 年,樊体爱(Louis Fatiguet)神父打算向一个叫刘前吉的人购买位于德安县境内的一幢房屋,在交易结束之前,县府官员却质疑这场买卖的合法性。樊神父向驻汉口的法国领事求助,领事的介入惊动了九江道台,他派了一位官员下去调查。③

道台从德安知县的报告中得知,刘前吉卖给神父的房屋是县狱监的公署(典室);历任狱监都在此屋办公,迄今已有 40 余年。知县查阅旧档后发现刘的确有一幢房屋,但已在咸丰五年(1855 年)被匪焚毁。④

道台赞同知县的调查,将此事告知法国领事,并通过他转告给樊神父。樊神父对知县的禀报表示怀疑,反问他:狱监的房契在哪里?且此屋既为衙署,为何其房屋式样与普通民房无异?樊神父坚持认为刘前吉才是房屋真正的主人,他把房子卖给教会并没有触犯任何法律。他还愤怒地补充说,教会绝不会宽恕任何不合法的房地产买卖;不过他既然没有违法,为什么不了结此事? 为什么中国官员一定要他另外选个地方?⑤

道台和知县并未给出答案。相反,道台写信给法国领事,说他认为

---

① ②《教务教案档》,Ⅵ/2/704、1045 页。
③《教务教案档》,Ⅵ/2/735、1085—1086 页。
④《教务教案档》,Ⅵ/2/735、1086 页。
⑤《教务教案档》,Ⅵ/2/735、1086—1087 页。

德安知县的禀报有案可据，并非不实之词。官员没有让步，知县把买房的钱还给当地教会的教长，也就是说，官府不承认这桩交易。教长收了钱，就把房契还给知县。道台还告诉领事，如果神父提出要求，他可以派人去和知县面谈购买其他房屋事宜。[1]

此案未言及之事与所言之事同样值得一提。双方都是据实力争，并未提及这起纠纷有何反教意味。此外，当地乡民也没有一个人因为这房屋将成为教会财产，或者以影响当地风水为由出面告状。这完全是件民事纠纷，中国官员也是依据事实判断。教会之所以不能购买狱监办公的房屋，是因为它不属于刘前吉，仅此而已。

三 房地产交易中的风水问题

传教士常常说中国人以风水信仰为由，阻止他们购买房地产，而真正的目的只不过是反对天主教在当地传播。为此，我们有必要弄清楚房地产交易中的各方——教士、教徒、官员、平民——是如何看待和处理风水问题的。下面的案例提供了一个难得的机会，从中可以观察到一直保留风水信仰的民间社会是如何接受新教堂落户本地，以及如何接受那些并不信仰风水的外来人。

对许多中国人来说，风水是解释大千世界的重要途径。他们以风水为准则，调整空间布局和各种建筑的用途，以期与当地山河走势所显现的自然力量和谐一致。[2] 人们相信，选择一处吉地盖新房，对房屋主人、住在里面的人和四邻的财运以及子孙后代有直接影响。如果房屋位置选得不好，一定会影响现有的风水，使整个地方倒运。

在江西，无论城乡居民，皆信风水，它也是引起一些房地产纠纷的重要原因。例如，罗安当神父 1882 年在安仁县一个叫东溪的村子

---

① 《教务教案档》，Ⅵ/2/735、1088—1089 页。
② 王斯福：《中国风水术的人类学分析》，第 172—175、236—254 页。

里,从一户人家手里购买了一块空地,用来修建教堂。买卖双方都没有把这事报告给官员备案,也没有申请官府批准。于是地方绅民向知县控告"因动土造堂,有伤一都风水龙脉,损碍民命"[1]。官员立即意识到,百姓对风水的担忧会破坏乡里和睦。审理东溪一案的道台称:

> 盖教士收回原价,仍可另行觅地建造,该都风水亦可保全,从此民命无损伤之虞,民教即可永远相安无事。[2]

好指摘者或许认为,中国人总是以风水信仰为借口来掩盖反对修建教堂的意图,一些西方人也这样认为。一位法国领事就东溪一案称,"至龙脉风水之说,本系荒唐不经,显系借此为词,希图住址。但凡买卖基业,应听与受愿否,旁人即不能强阻"[3]。如果没有外界的干预,传教士当然会轻松些,不过,是固执地坚持原来的买卖,还是另选一块地方,对于他们来说是个两难选择。一方面,如果他们接受教堂与当地风水冲撞的说法而另择他处,那么按照他们的理解,这种妥协就是接受了迷信思想,这是为教会所不容的。另一方面,如果他们在买地建房的事情上拒不退让,而公众又将此视为有损当地风水,那么以后的传教工作将由于百姓长期延续的憎恶感而受到百般牵制。

传教士的生活有时需要变通和妥协。将普通民房作为小教堂,或者将现有建筑扩建为教堂,都不失为解决风水问题的一种办法。尽管传教士似乎不愿意认可这种解决途径,不过,现有的建筑确保不存在风水上的问题,利用它们无疑使传教士避免了更多的麻烦。事实上,在使用普通民房做礼拜堂或将现有建筑改做教堂的地方,确实没有出现过因风水

---

[1]《教务教案档》,Ⅳ/1/367、453—454 页。在另一例中,1894 年,泸溪县士民指出"若建教堂,有关合邑风水。"见《教务教案档》,Ⅴ/2/1145、1070 页。

[2]《教务教案档》,Ⅳ/1/367、489 页。

[3]《教务教案档》,Ⅳ/1/367、458 页。

而带来的阻碍。①

(一) 修建教堂引发的争吵，贵溪县鹰潭，1877—1898 年

鹰潭位于贵溪县城东 45 里外，在信江岸边，是当地的商业重镇。它位于连接赣东和鄱阳湖的商业要道上，有利于商人和传教士进入。因此传教士集中于此地，希望在这里修建几座教堂。

据九江道台的报告称，1870 年，一位法国传教士第一次试图在鹰潭修建教堂。② 他所以萌生此念，是因为许多教徒，尤其是来自当地桂氏宗族的教徒都住在这里。③ 他在教徒的帮助下购置了几块地，其中包括一块桂氏宗族（或者曾经属于该宗族）的旧坟地。乡民得知这些交易后，称无论教徒在哪块地上建教堂，都会破坏整个地方的风水。④

挑头的反对者是生员桂藻华。他向贵溪知县递交了诉状，称桂良才将本不属于他的一块地，还有另外两个桂氏族人将本属于族里的地骗卖给了教会。这位生员暗示，出售这些土地和紧接下来的修建教堂，将会破坏桂氏祖坟的风水。⑤

官府调查显示，第一次土地交易发生在 1877 年，桂冬喜把他在沙滩石的地基卖给教堂。后来，1882 年和 1883 年，又有一位桂姓人氏把沙滩石另一处叫胡家井的几块地基陆续卖给教堂。⑥ 1883 年某个时候，一位传教士购买了一批木料砖瓦准备修建一座新教堂，生员桂藻华令将这些建筑材料尽数毁坏，计价 102 两白银。⑦ 官府固然责斥此举，但仍需判定此案到底是因为卖业中包含合族公产而涉嫌欺诈交易，还是属于尚未办

---

① 例如，19 世纪 70 年代，位于安仁县山区的邓家镇，教徒将几所原属于普通百姓的房屋用做教堂时，并未遇到风水障碍。见《教务教案档》，Ⅲ/2/605、706 页。
②④《教务教案档》，Ⅳ/1/379、514 页。
③《教务教案档》，Ⅵ/2/705、1049 页。
⑤《教务教案档》，Ⅳ/1/379、523 页。
⑥⑦《教务教案档》，Ⅵ/2/705、1047 页。

结或手续不全之案。官员还要确定,两次土地交易是否遵守了中法之间关于房地产买卖手续的相关协议规定。[①]

1884年4月2日,罗安当神父面见贵溪知县张鹏程讨论此案。张知县督促罗神父交还所有地契,他照原价赔偿。知县还答应他另选其他地方,以平息争端,尽量避免与鹰潭乡民发生公开冲突。据知县称,罗神父似乎同意接受这一方案,答应与上级商量,获得批准。张知县希望教会方面批准,他即向卖户收钱还给教会,而卖户则可重新拥有原来各地。可是,罗神父的上级没有批准,所有的地契仍保留在这位传教士手里。[②]

此案在后来20多年中一直悬而未决,而传教士和法国领事屡次要求完结此事。从1877年到1898年,数位官员试图办结这件已经变得十分棘手的案子。一些官员发现以往数次调查细节太多,难以理清头绪。一位官员称,到1890年,此案案牍已有两尺多高。[③]

德立儒(Alexandre Dillieux)神父在贵溪传教多年,1896年,他到鹰潭划出1877年、1882年和1883年购置的土地,自行立桩定界,准备修建教堂等建筑。[④]贵溪知县杨焴恐滋生事端,决定改变前任官员的立场。杨知县要想一个两全之计,既可消除鹰潭乡民的阻碍,又可让传教士正式拥有这些地块。[⑤]

当杨知县得知鹰潭乡民和教堂已经就这些土地的所有权和使用权达成协议,十分惊讶。一名信教监生詹善宾向知县呈交了一份文案,称民教已决定在公堂外自行解决问题。[⑥]教堂已付钱给卖主,乡民也已同意教士继续修建。[⑦]知县委派贵溪县丞和鹰潭巡检面会当地绅耆。[⑧]这

---

① 《教务教案档》,Ⅳ/1/379、523页;《教务教案档》,Ⅵ/2/705、1047页。法国公使声称,由于传教士没有向地方官员报告购买事宜,他们才会以此为借口阻挠买卖。见《教务教案档》,Ⅳ/1/376、509页。但是事实并不支持这一说法。

② 《教务教案档》,Ⅳ/1/379、523—524页;《教务教案档》,Ⅳ/1/381、531页。罗安当神父或许保留有房契,因为知县没有收齐买房屋的钱。见《教务教案档》,Ⅵ/2/705、1050页。

③④⑤⑥《教务教案档》,Ⅵ/2/705、1048页。

⑦ 《教务教案档》,Ⅵ/2/705、1049—1050页。

⑧ 桂氏全族似乎只有一个人有科举功名,是名监生。见《教务教案档》,Ⅳ/1/379、523页。

些官员确认已经达成这么一个协议。他们还发现原先关于风水问题的控告现在已经不甚了了，不再成其为问题了。①

大部分案件都不会拖延这么长时间才解决。从 1877 年一直到 19世纪 90 年代末，官府屡次查办此案必然使鹰潭地方笼罩着不安，也许正因为此，乡绅耆老才最终同意把地卖给坚持不懈的传教士。但是，案中并未解释为何最初的风水问题到后来却只字未提。也许这个问题通过私下谈判已经解决，即教堂保证所修建筑的位置、大小和样式不犯风水。在贵溪县城附近，教徒为避免乡民反感，建了一座中式风格的教堂。② 鹰潭乡民应该知道此事，从而减少了在这方面的顾虑。

地方官员无能为力的案子却在民间得到解决，这点非常重要。时经数年，历次调查和厚厚的案牍使该案中的地产交易越来越错综复杂。最后，地方官员只能承认民教在外达成的协议。官员还批准桂氏宗族将与传教士所购地基相连的一块地转给教会，以抵偿桂藻华 1883 年损坏的土方木料的赔款。③ 这令德神父很满意，他签署字据，称 1877 年以来的所有案子都已办结。④ 后来，他开始修建教堂，雇用的工人大部分都来自桂氏宗族。⑤ 就中文资料所显示，此后再未生出事端。

(二) 风水纠纷导致房地产置换，丰城县城，1898 年

1898 年，一位传教士花 1 000 元在丰城县城买了一块空地，想用来修建一座新教堂。这块地正好在县衙后面。我们不知道这位传教士是否遵守了购买房地产的规定，地方官员在交易之前是否知晓。几乎就在

① 《教务教案档》，Ⅵ/2/705、1050 页。
② 《教务教案档》，Ⅵ/2/733、1084 页。
③ 桂藻华家贫，无力支付 102 两白银的赔偿。桂氏宗族不能袖手旁观，只好将原先捐给巡司衙门的一块地转给天主堂。1897 年 4 月，桂藻华择吉日签立卖契，永无反悔。见《教务教案档》，Ⅵ/2/705、1049、1051 页。
④ 《教务教案档》，Ⅵ/2/705、1050—1051 页。
⑤ 《教务教案档》，Ⅵ/2/705、1050 页。

买地的同时,麻烦来了,地方绅民出于风水考虑,反对在那里建教堂。据南昌知府称,丰城县民认为这块地在县衙的"脉"上,担心在这里盖房子会破坏整个县城的风水。①

丰城知县文聚奎和谢安东(Aimé Braets)神父却轻而易举地平息了这场纠纷。1898 年 12 月 21 日,知县把县衙前的一幢房屋换给教会,答意他们可以完全拥有这幢房子的所有权,做些必要的修整之后,就可以把它变成教堂;重建亦可。② 教会显然从这次置换中受益很大,他们不仅拥有了一座位置更加醒目的房屋,而且不必有风水之忧。知县还指出,这幢房屋的价值远远超过那块地。知县称,为了表示他的友好,教会无须付给他两块地的差价。③ 这一做法得到了南昌的上级官员的批准,并称这样做是为了"怀柔远人"④。

同一时期,丰城县漆家墟也发生一起冲突(见第六章),但与县城的这桩房产置换案并无联系。在解决漆家墟案的协议中,李德望(Ambroise Portes)神父提出,赔偿受伤教徒和被毁教产的银两可降到 1 000 元,即教会在县城买地的花费。李神父很可能想以此回报知县不收差价的恩惠。这位传教士还提出想在县城再买一块地,用来建一座教会学校,知县也同意了。⑤

由此可见,尽管事关风水,传教士仍表现出变通的灵活性和协商的意愿。这种态度既避免了无休止的协商,也表明了天主教传教士对于地方问题的敏感性。

(三) 教徒毁坏一座乡下石庙,临川县,1898—1899 年

江西东部遣使会代牧区主教和安当(Casimir Vic)致信法国公使,称

①《教务教案档》,Ⅵ/2/707、1052—1053 页。
②《教务教案档》,Ⅵ/2/707、1053—1054 页。
③④《教务教案档》,Ⅵ/2/707、1053 页。
⑤《教务教案档》,Ⅵ/2/709、1059—1061 页。

岳诺(Claudius-Louis Gonon)神父在崇仁县遭袭。主教特别指出该县知县煽动乡民反教。[①] 法国公使接到这一消息后，立即照会总理衙门。总理衙门指示江西巡抚委派一名官员前往调查。崇仁知县、临川知县，以及一位负责办理此案的干事联合调查过案情之后，证实岳诺神父确实受伤，致其受伤的原因与当地一个叫董有发的教徒和黎姓族人的纠纷有关。[②]

董有发不住在崇仁县，而是住在临川县一百零九都，有地基一块，旁有两棵古树和一座小石庙。[③] 这种用来供奉某种自然界物体或其灵魂的小神庙在中国很常见。[④] 董有发的这块地和隔壁崇仁县黎姓宗族的坟地相连。

董信教后，将石庙拆毁多年。1898 年六七月间，黎姓族人未经董同意，雇了几个工人在原址上照原样又建一座小庙。[⑤]

董有发不动声色，直到岳神父访问附近的杭埠教堂时才向他告发黎姓人的所作所为。岳神父在董向他告状后的第三天，即 1898 年 12 月 3 日，带领董和众教民拆毁石庙，并砍倒两棵古树。后来，据董有发称，"旋被黎姓族众借口风水，图霸地基"。黎姓族人还痛打董、岳神父和众教徒致伤。[⑥]

而据黎姓四位族人的堂上供词称，把和黎姓祖坟相连的大树搬走，拆毁石庙，会"碍风水"[⑦]。于是黎姓族人找董有发理论，发现在场的还有

---

① 《教务教案档》，Ⅵ/2/710、1062 页。

② 《教务教案档》，Ⅵ/2/720、1067—1069 页。

③ 《教务教案档》，Ⅵ/2/720、1067 页。

④ 许多自然界物体受到中国人的关注和崇拜。关于"树木崇拜"，见庄士敦(R. F. Johnston)：《威海卫狮龙共存》(纽约：E. P. Dutton and Co.，1910 年)，第 377—384 页。还可参见伯克哈德(V. R. Burkhardt)：《中国风俗》，卷 2(香港：South China Morning Post，1955 年)，第 103—105 页。

⑤ 《教务教案档》，Ⅵ/2/720、1068 页。

⑥ 《教务教案档》，Ⅵ/2/720、1067 页。

⑦ 《教务教案档》，Ⅵ/2/720、1068 页。《教务教案档》，Ⅵ/2/720、1068 页。

一位传教士和其他教徒，两群人就争吵起来。

黎姓族人在供词中坚持称岳神父"在场帮护"，引起族众不服。① 不久，争吵升级为打架，有人用竹烟袋打伤了董有发的额头，另外不知何人向教士投掷石头，伤及其脑后和杭埠教长的前额。董有发家不见的几头牲畜，不知是被人放走了，还是被人偷走了。直到地保等人出面劝阻，众人才散开。②

调查此案的三名官员判断，这起冲突不存在产权之争，因为双方都有明确的合法地界。但他们支持董有发所告黎姓借风水图谋曾属于他的那块建有小庙的地基。官府判决：

> 黎姓嗣后只准按照祖坟旧界管业，不准借坟影射侵占董姓……地基。③

官府罚先前传唤作证的四位黎姓族人戴枷，以此警告不许再滋生事端。开释之后，黎姓须严加管束。最后，官员给了岳神父和教徒2 400两白银，作为他们受伤医药费的赔偿。④ 岳神父同意并签字，官府遂了结此案。⑤

在处理这件有可能演变得十分复杂的冲突时，两位官员和那位委员显示出了高超的策略和技巧。尤其值得一提的是他们如何解决土地产权、地方神庙，以及宗族企图以风水为由为自己的行为辩护这些错综复杂的问题。既然这块地基属于董有发，官员就没有质疑他拆毁神庙和砍倒古树的权利。在这起冲突里，包括官员在内的任何人都没有把矛头对准这座庙以及与之相关的信仰；黎姓也只是声称石庙被毁、古树被砍会影响周围的风水。令人费解的是，既然董有发多年前就已经拆毁这座石庙，为什么黎姓族人要等那么长时间再去重建一座？这样一来，董有发

① 《教务教案档》，Ⅵ/2/720、1068 页。
② 这里的职能机构被称为"地邻"。《教务教案档》，Ⅵ/2/720、1068 页。
③④《教务教案档》，Ⅵ/2/720、1068 页。
⑤《教务教案档》，Ⅵ/2/720、1069—1070 页。

当然有理由认为黎姓是以风水为由，想霸占这块地。

虽然官员们在风水问题上支持董由发，但他们在报告的措辞上还是十分谨慎。他们没有刻意去说明风水问题与这起冲突无关，而是在报告中暗示，黎姓宗族应该找出比风水更好的理由来为其行为辩护。正如我们在其他案例中所见，官员们很难完全回避风水问题（如上文提到的绅民俱称某座教堂的位置会影响到全城风水的时候）。由于这起冲突只涉及一个宗族，而且冲突的焦点是一块偏僻的山地，因此情况略有不同。官员解决冲突时可以偏向董有发，而不用郑重其事地去调查所谓的风水之争是否有凭有据，或者冲突的缘由是否真的关乎整个地方的风水。从这件事最后的处理结果和官员的种种表现来看，事实与主教所说的知县煽动乡民反教完全是两回事。因此主教的控告很快就悄无声息地结案了。

小 结

法国方面认为，江西各级地方官员对于柏尔德秘协议和施阿兰协议，要么浑然无知，要么置之不理，因而故意在教会购买房地产时设置重重障碍。而传教士无论遭遇到什么麻烦，总是把它们理解成官府或地方社会为阻止传教而采取的策略。但是传教士们忽略了一个事实：作为新到一个地方的人，他们似乎过于轻信当地的骗子了。在购置房地产和修建教堂过程中，传教士有时忘记了一个基本的市场原则——货物出门，概不退换，买主自行当心。因此，欺诈交易和不合章程的买卖时有发生，并常常导致房地产纠纷，比如泸溪县和德安县的案例。引起这些案子的一个重要原因，是购买者在交易时不够精明，而不是他们的国籍或宗教信仰。

法国方面没有意识到中国社会的复杂性，也不了解在赣县和德化那样的县里，老百姓首要考虑的是维护获取地方资源的权利，比如田皮权和进山砍柴的道路权。所以,他们执意认为官府和地方社会是在干预或阻挠传教士购买房地产。上述案例表明,在乡村社会遇到的常常是实际的生活问题,而非宗教问题。

我想强调的是,上述所有案例涉及各色人等,他们所处的社会环境有时因风水信仰而变得更加复杂,许多问题互相牵连。尽管许多人认为一座建筑的位置、朝向和用处会影响到地方上每个人的福祉,但这并不意味着这些问题毫无解决办法。在鹰潭,对兴修教堂会破坏桂氏祖坟和全城风水的担忧持续了20多年,以致地方绅耆情愿在公堂之外解决,答应教会在最初的选址上修建教堂。由此可见,无论是宗族还是地方,即使事关风水问题,也愿意做出妥协。

传教士和中国地方官员也会变通。在丰城县城,民众以破坏当地风水为由,反对教士在原先选址上修建教堂,于是这位教士答应另选一块地。在临川乡村,当黎姓状告教徒破坏了他们祖坟的风水时,地方官员未予理睬,而是偏向教徒,判教徒在自己地基上的举动有理。从这些案例可以看出,就像民教之间的其他问题一样,风水问题也可以通过商议解决。在往来密切的乡村社会,双方都明白,相对冲突而言,相互适应是更好的选择。总之,无论教堂修或不修,人人都是地方社会的一份子,日子照常过下去。

第六章　教徒与地方治安：参与和影响

19 世纪五六十年代,只要一提到天主教,全国上下的官绅士民都会联想到邪教或非法活动。比如,人们将天主教和太平军的拜上帝教混淆,怀疑所有的天主教徒都是太平军;许多人分不清或不愿分清楚天主教信仰和太平军的信仰有何区别。即便在太平军被镇压之后,人们仍将天主教与危险的邪教混为一谈,这种看法一直持续到该世纪末。人们总是认为教徒败坏世风,破坏了社会秩序。这种认为教徒有害于社会治安的观点直接影响到教徒的生存和活动,使他们成为官府和民间严密监控的对象。

江西官府对教徒的举动十分敏感。吉安官员在 1861 年末禀报,城外有一穿着奇怪之人,自称是神父,官员盘问后,称此人"难保非发逆假扮,前往各处窥探虚实"①。又如,南昌城北居民由于太平军对这座省会城市的长期围攻而人人自危,有人害怕太平军假装成教徒混迹城内,除非官府采取特别措施加以防范。② 有人认为,如果"长毛"进城,或者洋教士吸引更多的"长毛"来此,将身家性命不保。③

---

① 《教务教案档》,Ⅰ/2/1081、974 页。
② 《教务教案档》,Ⅰ/2//982、914 页。
③ 《教务教案档》,Ⅰ/2/1022、948 页。

这些想法很容易使那些反教文字的炮制者把教徒与反清集团联系起来。19 世纪 60 年代,江西士绅印刷了许多由湖南长沙的反教人士撰写的檄文,并在南昌地区广泛张贴。其中有一篇"湖南合省公檄",满纸诋毁之言。另一篇檄文则指出基督教信仰和太平军的信仰如出一辙,教士和叛军串通一气。[①] 1866 年,同样的揭帖也出现在赣州,号召人们处死"天主教匪"。这类揭帖的作者宣称自己的目的是"为保固乡村,禁绝异端"[②]。

在一些乡村地区,我们也发现人们持有类似的态度。比如,1866 年底,在南昌附近的徐家村,村民魏正仁发现有十个人在当地教徒徐泰方家里点着蜡烛,跟着一个陌生人念经。这个陌生人是一位中国传教士,魏正仁怀疑他是斋匪。几位村民担心"一家客留,邻佑连坐"。因此,虽然徐已向四邻保证不会发生什么事,但他们仍疑虑重重,说要密切留意徐家的一举一动。[③]

江西巡抚刘坤一在 1870 年致总理衙门的一封奏折中陈述了民众对天主教的不信任,奏折中称:"[教徒]多系地方无赖,流品卑污。"[④]

可以肯定的是,19 世纪后半叶,天主教徒时常被怀疑和非法活动有关,他们也确实犯过法。但是,江西的教案材料并没有显示教徒与太平

---

① 柯文:《中国与基督教:传教运动和中国排外主义的发展,1860—1870 年》,第 89—91 页。关于其文本,见《教务教案档》,Ⅰ/2/983、918—920 页或《教务教案档》,Ⅱ/2/691、861—863 页。

② 一则重要的揭帖题名为"江西合省士民公檄",另一则是"赣州合郡士民公檄"。见《教务教案档》,Ⅱ/2/691、866—868 页。

③ 接下来几日其他村民想找神父当面质问,争执一触即发,最后以神父仓皇逃往南昌告终。之后徐泰方就发现有人从神父的房子里偷走了他的行李,于是上告南昌知县。知县派出兵役前往调查,逮捕了魏正仁等人,并给予处罚。省级官员("总局司道")复核此案。他们注意到此事发生期间,到处都张贴着内容未曾公开的匿名揭帖;遂命各府县官员严禁继续张贴。见《教务教案档》,Ⅱ/2/694、869—873 页。

　　上面提到的省级官员特指布政使、按察使、督粮使和盐法道。见《教务教案档》,Ⅲ/2/604、701—702 页;《教务教案档》,Ⅳ/1/380、525 页。"总局"和"司道"有时也写为"总局司道",例见《教务教案档》,Ⅴ/2/1140、1060 页。详细情况,见布鲁纳特和海格尔斯特洛姆:《中国当代政治组织》,第 418—419 页。

④《教务教案档》,Ⅱ/2/752、972 页。

军或其他任何邪教积极串连。尽管如此,上述那些怀疑论调仍影响了许多人,甚至客观上左右着地方民心,这便迫使官员和教徒不得不去应付由于这些论调带来的冲突。对于官员来说,这种状况使原本已经十分棘手的地方控制更加复杂,也使得他们上报的有关教徒的案件中,地方治安问题首当其冲。

保甲制的废除并没有使清政府更容易控制地方。据一位学者的研究,彼时地方治安系统已经"完全瘫痪"①。官员只好临时准备各种措施和人员来应对各种地方突发事件。他们还得小心翼翼地处理和天主教有关的骚乱,以减少因此引起的中外关系的摩擦。清王朝已是危如累卵,地方官员的任何举动以及成功与否都关乎王朝的存亡。

我注意到,官府用来解决教案的方法和动用的人员,通常也用来维护地方社会治安。尽管官员对基督徒普遍有偏见,但还是把他们看做地方社会的组成部分,而不是一个被割裂的特殊群体。从以下案例我们可以看出:法律、秩序和公共安全对于每个人的日常生活都至关重要。

一 城市里的基督徒:地方治安措施和地方政府防范冲突的努力

从以往的研究我们得知19世纪60年代南昌士绅是如何煽动民教冲突的;但是,之后就再也没有城市教案的记载,因此,没有人能断定60年代的这些案件是否代表了整个江西省的冲突模式。如果从地方治安和地方控制的角度来观察整个局势,就会产生这样一些疑问:首先,南昌士绅真的把他们的仇教情绪传染到了别的城市吗?其次,对涉及教徒事件,政府官员怎样做出反应?采取了哪些措施?下面我们将从发生在省府南昌、府城吉安、赣州以及县城吉水和永新的案件来探讨这些问题。

---

① 萧公权:《乡村中国:19世纪的帝国控制》,第254—258页。

(一) 南昌和吴城的教案引起的地方控制危机,1862—1872 年

南昌是巡抚和其他省府官员的衙署所在,还驻有一府两县的衙门。江西没有第二座城市拥有如此集中的政治力量和政府官员,南昌城内绅士的数量更是居全省之冠。此外,由于南昌位于赣江边,是连接江西南部地区与鄱阳湖和长江的交通枢纽,主宰着江西以水路为主的贸易和经济,优越的地理位置使它成为全省的金融中心和商业中心。[①]

南昌对清王朝的政治和经济意义重大,又通往富庶的江西北部鱼米之乡,无怪乎 1853 年太平军将目标锁定该城。太平军长期在江西作战吸引了曾国藩——一位高级官员,也是清王朝最重要的地方首领——来到江西。[②] 但是,挽救南昌于叛军之手的是南昌县民刘于浔(举人),他把江西北部地方团练训练成一支庞大善战的军队,把太平军阻挡在南昌城外。[③]

整个 19 世纪 50 年代,太平军和清军都在江西激战,争夺城池。吴城是鄱阳湖畔一个具有重要战略意义的商业重镇,它位于南昌北面 180 余里处。两支军队在这一地区频频开战,民众苦不堪言,当地的天主教徒也未能幸免,他们在 1834 年修建了一座教堂,1857 年,清军开进吴城时,一位将领因为怀疑教徒与太平军为伙,令将教堂的看教人杀死,并捣毁教堂和教徒开的店铺。[④]

之后十年中,全省因南昌地区教徒和传教士而引起的问题层出不穷,令清政府地方官员头痛不已。人们怀疑教徒与太平军有染、虐待婴儿。种种疑虑导致武力冲突不断,对地方政府维护法纪构成了严重挑战。我们从 1862—1872 年间南昌和吴城事件的档案材料中,可以近距

---

① 卫三畏:《中国总论》,卷 1,第 111—112 页;夏之时(L. Richard):《中国坤舆详志》,甘沛树(M. Kennelly)译(上海:土山湾印书馆,1908 年),第 140—145 页。
② 简又文:《太平天国全史》(纽黑汶:Yale University Press,1973 年),第 196—198 页、246—248 页、250—252 页和 328—337 页。
③ 孔飞力:《中华帝国晚期的叛乱及其敌人》,第 152—156 页。
④《教务教案档》,Ⅰ/2/969、907 页;《教务教案档》,Ⅱ/2/778、994 页。

离观察官员们在维持秩序和处理教徒事件时遇到的问题。

南昌教案起源于方安之神父的到来。这位说法语的中国籍神父常常给他的欧洲修士讲道。1861年底，他在南昌城内的筷子巷买了一幢房屋，打算把它作为住所、礼拜堂兼育婴堂。在几位教徒的帮助下，方神父开始照料从其他地方抱来的年幼孤儿。① 不久罗安当神父也到了南昌，同他一起照管育婴堂。也许是为了安全起见，他们把大门紧闭，只从后面的一扇小门出入。② 这样，街坊四邻和一些好奇人士几乎看不到里面在干什么。

紧闭的育婴堂大门隔绝了人们的视线，引起当地民众的怀疑，原本关于教徒同情太平军的议论就已广泛流传，这时又增添了新的怀疑。此时，清军与太平军正在300里外打仗，教士和教徒又在紧闭的门后不知干什么勾当，南昌的一些居民感到无论城厢内外都危险重重。巡抚得知此事后，派了夏燮和张国经两名官员前去调查。③ 夏燮发现方神父和其他教徒出入城门不受任何限制，于是要求传教士和教徒必须到城内和城外的公所（public office）登记，登记后发给腰牌，也就是一种身份卡，以便于驻守城门的差役检查。④

官府设立这些公所是一种常用措施，以便将百姓行踪备案，预防不法之徒混迹城内，维护城内治安。在方神父到来之前公所就负责登记工作。正常情况下，应由保甲负责对居民的登记和控制，但在官方档案中没有提到南昌的保甲有此职责。而官府决定采用这种方式把教徒挑出

---

① 《教务教案档》，I/2/982，914页。
② 《教务教案档》，I/2/983，915页。
③ 夏燮是候补官员，张国经是署知县。
④ 《教务教案档》，I/2/982，914页。夏燮使用"公所"一词，其确切意思不明。我认为它是指政府，即公共政府机关。但是，孔飞力对这段时期的研究指出，"公所"是"对精英主持的具有多种功能的办公机构的传统称呼"，见其《民国时期的地方自治：控制、自治和流动问题》，收录在魏斐德和卡罗琳·格朗特主编：《帝国晚期的冲突与控制》(伯克利：University of California Press，1975年)，第286页；孔飞力：《帝国晚期的叛乱及其敌人》，第73页。

　　19世纪90年代末至20世纪初，"公所"一词通常指政府机关。根据夏之时：《中国坤舆详志》第313页，"没有印章的中国政府机关就称为'公署'，或曰公共场所"。还可参见布鲁纳特和海格尔斯特洛姆：《中国当代政治组织》，第420页。

来，也是一个别出心裁的变通之策。

　　不久，大门紧闭的育婴堂令谣言四起，说神父和育婴堂的人虐待这些儿童。根据谣言杜撰的匿名揭帖到处张贴。一则来自湖南长沙的公檄还栩栩如生地描绘了教士将婴孩采生折割的惨像。[1] 1862 年 3 月中旬，事情愈演愈烈，愤怒的民众拆毁了筷子巷的教会房屋、袁家井的育婴堂和离城六里外的庙巷的一所育婴堂，还抢走了一些和教徒做过生意的店铺的存货。知府命差役拘拿，但这群人在夜色掩护下逃走了，并未受罚。育婴堂被毁后，当地会众将孤儿转移到东南方向的抚州的一座教堂，两位神父则朝北逃走了。[2]

　　庙巷的地保立即向官府禀告，称对教堂的袭击事发突然，无从禁阻。[3] 地方官要他秘密查访。南昌城内的一名地保则禀称，育婴堂的婴儿并无乳母，是湖南省的公檄加深了人们对教徒原有的怀疑。教案发生前，在南昌参加科举考试的生员对教堂里的活动十分好奇，于是到筷子巷去查看，可是教徒不让他们进入教堂，引起骚乱，吸引了一大群人驻足观看，最终导致房屋被毁。[4] 地保还提到人们在育婴堂里发现有些可疑物品[5]，这些话被巡抚引用在呈给总理衙门的函报开头。此外，有南昌大户称在罗神父的住处发现婴孩的骨头碎片，这是传教士杀害婴儿的证据[6]，群情激愤之下，人们相信了关于传教士恶行的谣言，采取了行动。

　　事发后，罗安当、方安之两位神父从南昌逃走，随后中法两国围绕着

---

① 公檄全文在《教务教案档》附件中，见《教务教案档》，I/2/983、918—920 页。

②《教务教案档》，I/2/994、923 页；《教务教案档》，I/2/1000、927 页。

③《教务教案档》，I/2/983、916 页。

④《教务教案档》，I/2/994、923 页。

⑤ 地保报称，人们在教徒用过的房子里发现一些血膏和铜管。谣言称传教士用金属器具从儿童的眼睛中提炼东西。当地一位姓夏的绅士（可能是夏廷榘）把这些东西交给官府。一位保甲局的委员上交一个口袋，里面装满碎骨头和牙齿。这些东西都是在教堂院子里找到的，被认定是教徒做的肮脏勾当剩下来的。官员断定骨头和牙齿确系之前死在那里未及埋葬的兵丁身上的东西。血膏和铜管则被交给驻北京的法国公使，他们称这只是一种烈酒和用来煮咖啡的器皿。见《教务教案档》，I/2/994、923 页。

⑥《传教年鉴》(ACM)30(1865)，第 179—181 页。

传教士是否有权进入省城传教开始了一场漫长而激烈的争论。从1862年事发后一直到1863年,南昌的大小官员无不为地方的紧张气氛和对民众的控制日益乏力而焦虑。巡抚沈葆桢称,地方上纷感官府偏袒洋人,民众对政府失去了信心。可见,此时的民众与官府已势不两立[1],一则匿名揭帖声称要诛殛罗、方两贼,各乡族长公同处死本村教徒,不必禀官。[2] 沈认为,官府要想维持地方秩序,必须重获民心。

沈巡抚想对南昌民意进行一次秘密查访。他让几位非江西籍的好友打扮成商人模样,到城内各个酒楼茶肆去探听。这份报告非常重要,因为他们用白话毫无隐海地记录下一些当地百姓的真实感受。[3]

问:你们纷纷议论,都说要与法国传教士[罗安当]拼命,何故?

答:他[罗安当]要夺走我们本地公建的育婴堂,[他]又要我们赔他许多银子,且叫[本地]从教的来占我们铺面田地,[他]又说有[法国]兵船来挟制我们,我们让他一步,他总是进一步,以后总不能安生,如何不与他[罗安当和法国人]拼命!

问:我等从上海来,彼处天主堂甚多,[教徒]都说是劝人为善。譬如育婴堂一节,岂不是好事?

答:我本地育婴,都是把人家才养出孩子抱来乳哺。他[天主]堂内都买的是十几岁男女[照看婴儿]。你们想:是育婴耶,还是借此采生折割耶?而且长毛都是奉天主教的,他们必定要在城内及近城地方传教,譬如勾引长毛进来,我们身家性命不都休了。[4]

---

① 《教务教案档》,I/2/1000、925页。
② 《教务教案档》,I/2/1000、948页。
③ 柯文:《中国与基督教:传教运动和中国排外主义的发展,1860—1870年》,第98页。这件档案确实不太寻常,我在直隶、福建、山西和山东的《教务教案档》中均未看到类似档案。
　　关于南昌事件,蒋廷黻选取了七件重要档案材料,包括秘审档案。蒋廷黻编:《近代中国外交史资料辑要》,第二版(台北:台湾商务印书馆,1959年),第73—84页。
④ 《教务教案档》,I/2/1022,948—949页。该报告的另一个译本(和我的有些细小差异)是在柯文《1862年湘赣的反教事件》的附录中,载《中国研究论文》,12(1958年12月),第20—21页。

这些受访者都认为没有人会顾及他们的性命,除了奋力反抗别无选择,即使消灭一名太平军或者一名教徒要赔上许多人的性命也在所不惜。[1] 南昌的一则匿名揭帖则回应了这种情绪,呼吁合省居民同声相应,将邪教斩除净尽。[2]

为了防止民教冲突加剧,总理衙门要求江西官府采取果断行动。此时法国正援助清军在上海、宁波一带攻打太平军。因此总理衙门电告巡抚,暂且忍气吞声,以大局为重,如传教士回到南昌,仍需以礼相待。[3] 文中还指示江西官府,筹款暗中赔付教堂被毁之费,并让传教士在离省城偏远僻静处重建教堂。[4] 为了给江西官府更多时间重塑威信,总理衙门指示湖北省府,罗安当神父从北京返南昌途中经过武昌时,让他在武昌多停留一段时间。[5]

尽管遇到许多阻碍,罗神父还是很快回到南昌地区。他发现,一些有店铺的教徒还是顶风重新开业了。[6] 1863 年 5 月,罗神父抵达南昌时,有人在城门口贴了大幅禁令,称法国"蛮贼"不准入城。[7] 城乡百姓对官府与传教士之间的任何接触都十分敏感,他们向知府派去安顿罗神父的差役投掷石头。罗神父意识到危险,即刻前往九江。百姓把罗神父的返昌归咎于教徒,拆毁了教徒在本地开的几间店铺。[8]

1865 年,刘坤一任江西巡抚伊始,即意识到管理这一方百姓困难重

---

[1]《教务教案档》,Ⅰ/2/1022、949 页。

[2]《教务教案档》,Ⅰ/2/91022、949 页。柯文翻译了这则揭帖,见《1862 年的湘赣反教事件》,第21—22 页。

[3]《教务教案档》,Ⅰ/2/997、925 页;《教务教案档》,Ⅰ/2/1001、928 页;《教务教案档》,Ⅰ/2/1006、935 页;《教务教案档》,Ⅰ/2/1040、955 页;《教务教案档》,Ⅰ/2/1071、968 页。

[4]《教务教案档》,Ⅰ/2/1001、928 页。

[5]《教务教案档》,Ⅰ/2/1036、952 页。

[6]《传教年鉴》(ACM)30(1865),第 172 页。

[7] 夏燮,别号江上蹇叟:《中西纪事》(1865 年),卷 21:5b。卷 21 题目是"江楚除教",暨"从江西和湖南驱除天主教"。

[8]《教务教案档》,Ⅰ/2/1065、964 页。

重。① 南昌城内民情激愤，哪怕有一名传教士返城也会点燃这个火药桶。幸好，整个 1870 年，传教士没有再进一步努力尝试进入省城。即使在这一年，刘巡抚仍然认为南昌对传教士来说还是不安全。他还提到，科举考试即将举行，期间会有大批人员涌入南昌，弹压极难。② 刘巡抚很清楚考生参与了 1862 年破坏教产事件。此外，他还考虑到九江至南昌一路并不太平，近期的一场大旱使沿途到处都是无家可归的饥民，保护外国人无论对文武官员来说，都是很大的压力。③ 事实上，此时江西北部盗匪猖獗，官府正在布兵设防。④

法国代理公使罗查哈（Julian de Rochechouart）不相信刘巡抚的这些警告。1870 年初，他乘一艘兵船经长江进入鄱阳湖，中途搁浅，另外取道抵达南昌，等待他的是数万充满敌意的民众。⑤ 刘巡抚立即派兵弁前往保护，避免麻烦。但是这位法国人对如此众多反对他到来的中国人不以为然，坚持要进入南昌城。中国人面对法国公使要将兵船开入鄱阳湖的威胁，毫不退却。⑥ 最后巡抚还是做出妥协，同意让传教士和西方人进入南昌，但先要平息民愤，安抚绅民，与之建立良好关系。清府官员明白，民心一失，必伤国体。⑦

---

① 《教务教案档》，Ⅰ/2/1078、972—973 页。

② 《教务教案档》，Ⅱ/2/737、956 页。南昌既是两座县城的县治，又是统管八县的府城，还是省城府治。官员几乎每年都要在这时举行一场重要的科举考试。

③ 虽然高级省府官员了解条约赋予西方人进入中国城市的权利，然而对民众的难以控制使西洋人无法进入南昌。这点不仅针对西方传教士，也针对受雇于中国政府的西方人。1870 年 8 月，水军阻止了两位在中国海关工作并携有九江道台颁发的旅行许可证（票照）的美国人。他们已经到达离省城只有 60 里远的小镇樵舍，该地的水师统领让他们退回九江，因为当年的旱灾已经使该地区挤满饥民。即使是一名军官，也很难控制这些饥民，无法保证道路安全。见《教务教案档》，Ⅱ/2/752、972 页。

④ 《教务教案档》，Ⅱ/2/732、946 页。

⑤ 《教务教案档》，Ⅰ/2/737、956 页；法国巴黎《遣使会档案》：《江西的遣使会士》，第 283—289 页。

⑥ 《教务教案档》，Ⅲ/2/560、634 页。

⑦ 《教务教案档》，Ⅰ/2/1000、926 页；《教务教案档》，Ⅰ/2/1024、949 页；《教务教案档》，Ⅰ/2/1040、956 页；《教务教案档》，Ⅰ/2/1078、972—973 页。

平息民众的困难同样体现在吴城教案中。1870 年 6 月天津教案发生后,大量揭帖点燃了广大民众强烈的反教情绪。① 教徒对人身安全的忧惧并非毫无道理。九月,吴城居民拆毁当地教堂,据当时在场的一位传教士称,教产尽数被毁,严重的人身迫害使许多教徒惊惧逃避。②

巡抚刘坤一下令对吴城教案进行查办。吴城同知禀称,此次事件因拐匪引发,拐匪用药迷倒幼童拐走。在破坏教堂之前,绅士地保禀请同知下令查捕拐匪。③ 尽管同知派役缉拿,并出示晓谕当地百姓不要轻信谣言,吴城的百姓还是陷入恐慌之中。

9 月 10 日,一个卖豆腐的小贩又发现一名被药迷倒的幼童,用水喷醒后,孩子大声哭喊。据几名目击者称,嫌犯朝城外正在修建的那座教堂跑去,之后不见踪迹。众人怀疑拐匪躲在教堂内,于是拆毁教堂搜查,却并未抓到拐匪。事发当时,知县、主簿和绿营军营都正好在别处给饥民分发口粮,闻信赶回,已阻止不住。④ 不过,他们命兵役前去弹压,这次他们抓到了几个人。⑤

省府关于此事的报告中遗漏了一个重要事实,被驻九江的英国领事提出来了:事发前,吴城日日遍贴江西其他地方印刷的反教帖子。⑥ 其中有诽谤天主教的《辟邪实录》,其内容低俗与南昌城内散布的如出一辙。⑦ 总理衙门在给江西巡抚的信中指出,如果地方官员不禁止这类材料的散布,必将滋生事端。⑧ 九江道台调查后发现吴城同知对此置若罔闻,并没

---

① ②《教务教案档》,Ⅱ/2/757、975 页。
③《教务教案档》,Ⅱ/2/766、979 页。
④《教务教案档》,Ⅱ/2/778、994 页。
⑤《教务教案档》,Ⅱ/2/777、993 页。
⑥《教务教案档》,Ⅱ/1/445、424—425 页。
⑦《教务教案档》,Ⅱ/1/445、424—425 页。柯文详细讨论了《辟邪实录》,见其《中国与基督教:传教运动和中国排外主义的发展,1860—1870 年》,第 90—91、277—281 页。
⑧ 一位美国传教士发现《辟邪实录》这段时期在山东省流传。见《教务教案档》,Ⅱ/1/449、431 页。

有阻止这些材料的流传。据道台建议,同知被革职。①

尽管采取了上述举动,整个1872年,江西巡抚仍感觉官府对吴城一带控制虚弱。刘巡抚下令对吴城严加防范,并特别训示新任同知,要求其确保约束职员、衙役和贸易人等。② 同知向巡抚保证,他将严加防范,一旦有关于基督徒的谣言出现,立即扑灭。

基于南昌及周边城镇的地方控制疲弱,刘巡抚希望改变地方绅民的看法,尽管他曾经谴责这些人制造了以往的麻烦。③ 芮玛丽(Mary Wright)指出:"(同治)维新政府重建面临的最严重问题是地方绅士日益加剧的排外情绪。"④南昌的情况就是这样。官员们发现,最简单、最奏效的方法就是禁止洋人入城,但仍需对民众进行教导、安抚和平息。通常情况下,地方精英会在这些方面进行协助,但现在一些有影响的地方功名持有者就和政府唱反调,比如1862年夏廷榘(进士)和刘于浔在南昌资助重刊公檄。⑤ 吴城和南昌相邻,完全可以认为两地精英之间有某种社会关系或政治往来。但是在1870年吴城事件中——我们发现这里的反教材料和先前在南昌看见的差不多——这些绅士起了什么作用却无法确定。省府官员对地方精英在这些事件中的立场和可能扮演的角色十分紧张,因此没有征募他们或利用他们的团练来对付地方社会新的威胁——由好战的法国人在背后支持着的顽固的天主教传教士。

官员对待地方绅士和对待传教士一样小心翼翼,吴城和南昌事件的同时解决清楚地表明了这一点。1863年罗安当神父和署九江道台蔡锦青达成协议,中国赔偿吴城被毁坏的两座教堂;官府归还其中一处给教徒,并允许他们再选一块地另起一座教堂。中国付1.7万两白银给教会

---

① 《教务教案档》,Ⅱ/1/445、426页。
② 《教务教案档》,Ⅲ/2/564、639页;《教务教案档》,Ⅲ/2/567、641页。
③ 《教务教案档》,Ⅱ/2/737、957页;《教务教案档》,Ⅱ/2/747、963页。
④ 芮玛丽:《同治中兴:中国保守主义的最后抵抗(1862—1874)》,第146页。
⑤ 柯文:《中国与基督教:传教运动和中国排外主义的发展,1860—1870年》,第92—94、100—103页;夏燮:《中西纪事》,卷21.4。

和当地教徒,赔偿他们在吴城和南昌的财产损失和其他费用,其中包括赔偿筷子巷被毁的房屋、袁家井教堂和庙巷教堂。南昌城内的这三处地基仍归中国所有,但中国须同意罗安当神父可以在僻静处所买地修建新的育婴堂和教堂。巡抚沈葆桢认为此案已经办结,遂咨呈总理衙门,将详情报告。总理衙门将处理结果告知法国公使。①

但是,整个 1870 年,中国官员都认为传教士重返南昌不安全。就在当年,戴济世(François-Ferdinand Tagliabue)主教试图和中国官员商谈关于在城内重建一座教堂的事而未果。② 中国官员的办法仍然是将传教士挡在城外,以保持城内的安定。既然城内没有传教士,就意味着不必有教堂。这种方法显然获得成功,因为终至 19 世纪末,南昌的官员再没有上报关于传教士和教徒的任何事件。天主教会在城内的两座房屋也被派上其他用场:一座成了住房,另一座被当成祠堂。中国人还接管了南昌郊区的庙巷老教堂。③

直到 1897 年 4 月,法国公使施阿兰又重提此案。施公使通过法国驻上海使馆照会江西巡抚,称南昌官员仍未归还 1862 年事件中三座原属教会的房屋。④ 江西官员没有轻信,他们指出罗安当神父和当时的署九江道台蔡锦青已经达成协议,并于 1863 年已了结此案。为此,他们还搬出旧档案作为证明。⑤

1897 年 10 月,法国公使声称中国原先付款赔偿的是教徒被毁的财物,而不是教会房产。中国人不仅没有归还三处教产,还将其据为己

① 《教务教案档》,Ⅰ/2/1072、968—969 页;《教务教案档》,Ⅰ/2/1074、969—970 页。
② 《教务教案档》,Ⅱ/2/737、956 页。我们应该注意到,1870 年法国驻华公使认为教会接受了被毁教堂的赔偿,但并没有放弃对南昌驻所的所有权。法国人坚持 1863 年协议中,没有提到所有权的变化。见《教务教案档》,Ⅱ/2/741、960 页。总督刘坤一报告总理衙门,称 1863 年协议确实没有规定对南昌的两处教堂如何处理。见《教务教案档》,Ⅱ/2/747、963—964 页。
③ 《教务教案档》,Ⅱ/2/747、967—968 页;《教务教案档》,Ⅵ/2/708、1055 页。
④ 《教务教案档》,Ⅵ/2/676、1019 页。
⑤ 《教务教案档》,Ⅵ/2/676、1019—1022 页。

有。① 1898 年 3 月,法国指出了问题的关键所在:南昌已经建了英国和美国新教的教堂,独独缺少天主教的教堂。法国认为中国官府没有理由把天主教传教士全部挡在城外。② 后来,朗守信(Paul Ferrant)主教和南昌知府达成协议,教会获得城内和永和门附近的教产,而中国人则保留筷子巷和袁家井的教产。③ 知府从地保那里确定,教徒先前已在庙巷教堂那儿建了一座公墓,为此,知府命令将此处教产归还给教徒掌管。④ 朗主教和知府在 10 月 24 日就协议形成文字。主教称他认为南昌一案现在已完全解决,可以通知法国公使了。⑤ 1899 年 5 月 6 日,总理衙门致信法国公使,称他们认为此案已正式解决。⑥

(二) 难以弹压的考生,吉安,1868—1869 年

1865 年,罗安当神父派傅儒翰神父到吉安、瑞州和临江三府传道。傅神父在庐陵县郊遭到村民的袭击(原因尚不明确),但这并未阻止他前行的脚步。⑦ 1868 年,傅儒翰神父来到庐陵县西城门外一位平民家中居住。经当地几位据说信教已有五代的教徒捐赠,傅神父将房子扩建,用于传教事务。⑧

如前所述,吉安地方官员对当地教徒没有好印象(见第三章)。⑨ 参加科考的生员也是这种心态,约定于 1868 年乡试之后,将该教堂拆毁。吉安知府闻讯后,在乡绅的帮助下阻止了考生。⑩ 8 月份,庐陵一位教徒

① 《教务教案档》,Ⅵ/2/687、1034 页。
② 《教务教案档》,Ⅵ/2/703、1043 页。
③ 《教务教案档》,Ⅵ/2/708、1055—1057 页。
④ 这里,地保被称为"地邻"。见《教务教案档》,Ⅵ/2/708、1057 页。
⑤ 《教务教案档》,Ⅵ/2/708、1057 页。
⑥ 《教务教案档》,Ⅵ/2/719、1065—1066 页。
⑦ 《教务教案档》,Ⅱ/2/700、879 页。
⑧ 《教务教案档》,Ⅱ/2/708、895 页。
⑨ 《教务教案档》,Ⅱ/2/708、895—896 页;《教务教案档》,Ⅱ/2/712、901—902 页。
⑩ 《教务教案档》,Ⅱ/2/708、901—902 页。

发现当地一家刻字店正在刊刻毁谤天主教檄文的板片。① 虽此人当即拿走板片销毁,过后代理庐陵知县还是差役拘拿刻字店主。店主立即供出主顾的姓氏,但官府未再追究,也没有再逮捕其他人。② 即便如此,九江道台仍在 1869 年 4 月自信地称,庐陵县再无任何反教文字。③

接下来的乡试有可能再次触发考生与教徒之间潜在的摩擦。④ 这次官府下决心采取一切可能的防范措施,尽管他们深知这样做必定会激起大批功名持有者的愤慨。知府令各县教谕务必传谕各县保约阻止考生闹事。与此同时,差役密切注意地方上的风吹草动,必要时予以弹压。⑤

尽管如此,1869 年 5 月 12 日考试结束后,考生们仍与教徒发生口角,但没有引发严重冲突就解散了。据知府称,次日他接到考生骚扰教堂的消息时,便令保约调查。⑥ 当时教徒试图阻止考生进入教堂,随后发生冲突,有人趁机点火烧教堂。文武官员赶到现场察看火势时,考生们早已作鸟兽散。⑦

吉安知府和代理庐陵知县同时下令兵役继续查访,收集相关信息,拘捕肇事考生。有一点很令人惊讶:官员原本对教徒不以为然,这回却悄悄地告诉吴爱耀等教徒,待到府院考试时,留心察看考生,如果认出谁参与了捣毁教堂一案,可以随时禀报官府拿办。⑧

省府官员同意上述举动,并饬令地方官员晓谕各县学教官,传廪保

① 《教务教案档》,Ⅱ/2/716、910 页。
② 《教务教案档》,Ⅱ/2/716、910—911 页。
③ 《教务教案档》,Ⅱ/2/716、911 页。
④ 这种考试称为"科",是为准备更高级的乡试而进行的初级考试。考生将大部分成为生员,有些人则成为监生和贡生。见张仲礼:《中国绅士》,第 75—76 页。
⑤ 《教务教案档》,Ⅱ/2/708、895 页。
⑥ 《教务教案档》,Ⅱ/2/708、895 页。
⑦ 这里的用词是"邻保"或"保约"。见《教务教案档》,Ⅱ/2/708、895—896 页。
⑧ 《教务教案档》,Ⅱ/2/725、929 页。

约,务必密切关注,责令约束即将来参加府院考试的考生。① 此外,省府还从南昌委派一名候补知县张国英前往调查此案。张传唤教徒到公堂逐一查询,但教徒的供词并未让案情有何进展。于是张亲自前往教堂旧址勘查,提讯地保,地保的供词大体相同。② 尽管张及其同僚从头至尾没有指明责任方,但是考生仍被列为最大嫌疑。除了继续让保约分头查问,必要时捉拿,也没有其他措施。

总理衙门感到奇怪,为什么地方官员屡次提审这次已经被平息的冲突中的相关人员,而又得不出一个明确结论。③ 其实并非府县官员懈怠,只是在大考期间,除了来自本州各地的考生之外,大量商人、艺人、手工业者和其他外来人口也涌入吉安,公共治安力量已经发挥到了极限。1868 年,官府与乡绅联手制止了即将发生的冲突,阻止了反教文字的面世。④ 但是,由于各县教谕和保约无力对考生采取官府式的弹压,就算官员竭尽全力阻止,还是爆发了 1869 年的骚乱。

(三) 传教士受到的攻击:赣州的城门事件,1873—1874 年

1873 年 9 月,据白振铎主教提供的信息,法国公使向总理衙门报告:石开泰(Alexis Sassi)神父在华传教 13 年,在赣州传教时,曾想在赣州城内建一座教堂,但知县不准,并没收了建教堂用地的地契。⑤ 1873 年 6 月,这位神父回到赣州,希望解决这个问题。报告中还提及一则教民财产纠纷和平陆上附近修建小堂的事(见第五章)。石神父在八位教徒的陪同下,乘轿前往赣州,随身携带着九江道台的一封信函,他希望这封信能帮他解决问题。⑥ 一行人到了城门,被守城官员挡住去路,接受盘查,

①②《教务教案档》,Ⅱ/2/712、901 页。
③《教务教案档》,Ⅱ/2/709、897 页。
④ 值得一提的是,这类文字还流传到吉安以外的地方绅士当中。
⑤《教务教案档》,Ⅲ/2/587、678 页。
⑥《传教年鉴》(ACM)39(1874),第 297 页;《天主布道会年鉴》38(1877),第 67—68 页。

不仅如此，守城官员还拿走了他的通行证和携带的各种文件。据石神父称，这名官员推了他，对他构成人身攻击。[①] 这名官员还揪住神父的头发，把他摔到地上，殴打了他。不一会儿，周围的人群挤过来，向他扔石头，叫嚷着要把他扔进河里。神父没去成平陆上，乘一艘小船顺流而下。后来，船停靠在一个小村子里，村里的教徒借给他衣物和钱。石神父觉得身体状况还好，于是稍事休息后继续前往吉安。[②]

中国官员认为白主教对赣州城门事件和石神父的伤势夸大其辞，其目的只是想为他手下的传教士在与赣州官府交涉时多获得一些支持。[③] 中国方面还认为主教之所以紧盯着平陆上地区不放，是因为赣县知县崔国榜早先对该地区教徒的镇压和阻止在那里修建礼拜堂使然。白主教提到石神父要去平陆上，是想在赣州地区恢复传道的繁荣局面。

城门事件表明官府对地方的控制十分薄弱，而地方治安的混乱又连累了来访者。据崔知县对石神父的到来的描述：1873 年 6 月 7 日，一位衣着古怪的天主教神父乘着一顶小轿，未经通报，来到赣州。神父一路上吸引了数百好奇乡民跟在后面看热闹。神父一到城门，就有一大批人拥上去，堵住了去路。神父等人决定请一位当地人在前面带路，步行入城。然而民众越挤越多，人声越来越嘈杂，惊动了门吏邓尧增（知府派来的一位候补官员）、刘奉仁（当地生员，在城门行使官员之责）和姚国材（地保，城外地区归其管辖）。三人来到现场后，认为人群拥堵失控，都是因为神父到来引起的。于是他们劝神父立即离开此地。在邓、刘二人的护送下，神父安全离开城门，人群随后就散了。[④] 中国官员没有提到任何对神父的人身攻击或伤害。

主教将此事上告到总理衙门。总理衙门要求江西巡抚刘坤一处理

---

① 《传教年鉴》(ACM)39(1874)，第 297 页。

② 《教务教案档》，Ⅲ/2/587、678—679 页；《传教年鉴》(ACM)39(1874)，第 297—298 页。

③ 《教务教案档》，Ⅲ/2/591、682—683 页；《教务教案档》，Ⅲ/2/611、726 页。

④ 《教务教案档》，Ⅲ/2/611、723、726—727 页。

此事。刘巡抚命地方官员逮捕城门事件的肇事者。赣县知县选出几名精干衙役调查此事，并拘捕相关人员。地保很配合，协助指认主犯，可是嫌犯已逃离本地，后于 1874 年 11 月回到赣州，被另一名地保和众衙役即刻缉拿归案。①

正如 19 世纪 60 年代的南昌一样，官府认为进出赣州是个很大的安全问题。1874 年 6 月的城门事件涉及三种人：一名由正规官僚机构派遣的候补官员，一名代表地方精英行使低级官员职权的功名持有者，以及一名来自县以下官僚机构的地保。② 这起城门事件表明，为了维护地方秩序，地方官府必须紧密团结。事发当时，在面对人数过百的失控人群而又没有士兵在场协助的情况下，这三个人的举动其实是救了神父一命，避免了可能发生的严重后果。

（四）基督徒、犯罪高峰和军事力量的恢复，1874—1875 年

1874 年 4 月整个月，宜黄县城附近的乡村地区爆发了一次犯罪高峰。在县城，光天化日之下发生了两起重大的抢劫案，被抢的人里有一位还持有低级功名，全城都为此惶恐不安。人们确信这些案子都是教徒所为，但是法国公使立即声明，宜黄发生的事件是衙役欺压当地教徒，教徒反抗的后果。据一名神父称，县府衙役蔑视当地一位有教徒身份的诉讼人，而且由乡绅率领的团练要加害所有教徒，由此点燃了教徒的报复之心。③ 神父的说法使官府随后的调查变得更加复杂。不过，在一位经

---

① 《教务教案档》，Ⅲ/2/611、725—728 页。
② 地保在维护法律和秩序时，发挥着重要作用。此案表明他要最先出来维护治安，进行调查，逮捕肇事者。而且地保对城门事件的供词是崔知县对案情总结报告的核心内容（生员的陈述紧随地保之后，而候补官员的则未加引用），连同知县的报告一起，得到按察使和其他省级官员的批复。见《教务教案档》，Ⅲ/2/611、726—727 页。
③ 罗安当神父对宜黄事件的陈述被附在一位法国公使送给总理衙门的信函当中。见《教务教案档》，Ⅲ/2/606、711—715 页。还可参见罗安当的信件，收录在《传教年鉴》（ACM）41（1876），第 146—148 页；白振铎主教的信件收录在《传教年鉴》（ACM）41（1876），第 575—580 页，以及《天主布道会年鉴》37（1876），第 194—198 页。

验丰富的精干官员夏燮(知县)的努力下,不仅完成了这场十分艰难的调查,而且地方法律和秩序也得到恢复。[1]

　　以下关于宜黄各个事件的描述均来自于事件主要参与者的供词。1874年2月,离县城18里的谭坊村,一名叫邹佳期的教徒向不信教的堂兄邹佳祥立契买地,因邹佳期未能付清买地钱,病中的邹佳祥屡次催讨无果,十分恼恨,于是和岳母起草了一份诉状,告其堂弟。[2] 一周后,知县夏燮派衙役周信、陈和、吴恩,将邹佳期带来见官。4月13日,三位衙役遇见邹佳期,命他就范,不料被他逃脱,众衙役决定第二天再次抓捕。当晚,他们和另两名衙役住在当地一家小客栈。谁知次日清早,邹佳期便带着六位教友将惊愕不已的五名衙役抓了起来。[3]

　　邹佳期和同伙把几位衙役五花大绑,带到离宜黄县城北18里远的龙溪镇上,那里也是教徒定期聚会的地方。一位教徒充任法官,其他教徒则扒下陈和与吴恩的衣服,令其赤膊,狠狠鞭打。另一位教徒则写了五份道歉书和借据,要求每位衙役签字后,才放了他们。[4] 几名衙役狼狈逃回县城,向知县报告他们遭受的非人虐待。夏知县验了伤,发现他们身上确有被殴打的痕迹。[5]

　　4月18日,距几名衙役在谭坊蒙羞的四天之后,邹佳期到传道师邹牙牙家,两人闲聊了一会。这时另一名教徒邹怀祖提议抢劫一艘运粮船。当天,八名教徒各带一根杆子和竹篮来到河岸边,选了一处比较容易上船的地方等待。这时,一艘船开过来了,教徒们未遇到任何抵抗就

---

[1] 1875年4月,北京的高级官员命令调查宜黄局势,代理巡抚刘秉章在总理衙门之前收到夏知县的信件。见《教务教案档》,Ⅲ/2/610、721—722页。将近一年以后,夏的继任者重查宜黄县文件,并审尚在人世的罪犯;抚州知府和代理江西按察使也参与了调查。见《教务教案档》,Ⅲ/2/617、780—801页。

[2]《教务教案档》,Ⅲ/2/617、780、782页。

[3]《教务教案档》,Ⅲ/2/617、780、782—783页。

[4]《教务教案档》,Ⅲ/2/617、780页。

[5]《教务教案档》,Ⅲ/2/617、780—781页。

上了船。每人拿走了一担大米，卖给邻近村子，卖得十三吊钱。[①]

三天后，另一名传道员游平俚提议敲诈当铺老板。这次，八名教徒共获赃款十余吊钱。[②] 4月25日，这伙人又从詹坑抢得四十吊钱。[③] 此后几天里，又有12名教徒，其中几名还带着刀，进入宜黄县城，抢了一家生意红火的布店，并且逼着店主写下一张100吊钱的借据。[④]

至此，邹佳期策划了第一次宜黄县城之扰。不久，他们又第二次骚扰县城，这次是因为一位佃户教徒张罢市被东家兼表兄、监生游隆保赶出家门。邹听说后，率领一众教徒进入县城。他们答应张罢市，只要领他们去游家，就分给他一份赃物。张起先不愿意，但是邹等人威胁他如若不从就别想活命，他吓得立即就答应了。[⑤] 张罢市把这伙人领进游家以后，本人并没有参与抢劫，而是悄悄示意表哥从后门溜走。然后张、游二人一起直奔县衙报案。知县立刻带兵役将几名劫匪逮捕。[⑥] 抓捕过程中，几名教徒试图用刀棍拒捕，但终究不敌衙役兵卒，最后还是被捉拿归案。只有邹怀祖和另两人逃脱。

教徒袭击当铺和富户，包括一位有功名者的家，令县城绅耆深感恐慌。于是，包括94名有官衔者在内的地方绅士联名向夏知县提起公诉，称他们只是关心深受教徒"党"之害的村民；教徒目无官府，尤其是这些盗贼进入县城如入无人之境，实在太猖狂，如要阻止此类事件蔓延以至于不可控制，政府官员势必要逮捕案犯并严加惩罚。[⑦] 地方上更有谣言传出，称逃脱的几位教徒要组织更多人马来解救关押在牢里的案犯。整个县城人心惶惶，有些人甚至离开宜黄，搬到更安全的地方。[⑧]

[①]《教务教案档》，Ⅲ/2/617、785—786页。

[②]《教务教案档》，Ⅲ/2/617、783页。

[③]《教务教案档》，Ⅲ/2/617、786页。

[④]《教务教案档》，Ⅲ/2/617、783—784页。

[⑤]《教务教案档》，Ⅲ/2/617、784—787页。

[⑥]《教务教案档》，Ⅲ/2/617、781页。

[⑦⑧]《教务教案档》，Ⅲ/2/617、782、799页。

　　鉴于这种形势，官府必须立即采取措施以安顿地方秩序。知县命"该令传谕绅董实力团练"①。绅士们接到命令后，立即组织保甲，召集团兵，巡逻乡里，采取必要防范措施，遇到任何风吹草动即予以弹压。绅士希望这些举动能平息乡民的恐慌。② 这些举措自然是由政府出资，但的确十分有效，宜黄县城不久就结束了恐慌，恢复了平静。③

　　正如我们看到的宜黄县城的情形，在 19 世纪 70 年代，一些新皈依的教徒的确作恶多端，但这并非因宗教冲突引起。④ 一方面，教徒都是成群结伙地行动，没有遇到任何抵抗，或许这给了他们足够信心在乡民面前耀武扬威。另一方面，失业和贫困促使他们铤而走险：被捕的十名教徒中有八人无业，另外两人是做工的。因此我认为，造成教徒犯罪的主要原因是经济上的无助，而不是他们所信仰的天主教。此外，涉案教徒中，除一人之外，其他都入教不久。⑤ 处理案件过程中，谁也没有提到他们属于哪个教堂，传教神父也不知道他们是何许人也。值得一提的是，该地区老的信教家庭并未参与这些非法活动。⑥

　　我们姑且不考虑教徒盗匪的犯罪动机，就这股犯罪高峰而言，它的确表明地方控制力量十分薄弱，当地居民缺乏安全感。举例来说，当铺老板称他不敢出面状告敲诈他的那伙人⑦，因为他担心官员可能会坐视不理；另外他相信教徒能够躲过官府的逮捕，担心他们回来后会变本加

---

① 《教务教案档》，Ⅲ/2/617、782 页；《教务教案档》，Ⅲ/2/610、722 页。
② 《教务教案档》，Ⅲ/2/610、722 页；《教务教案档》，Ⅲ/2/617、799—800 页。
③ 关于宜黄的教案档案并未说明官府如何支付种种治安防御措施的费用。但是江西全省在这段时期内的一些特殊安全措施可以从巡抚刘坤一的个人记录中看出。1868 年始，东乡县团练局因乱征费而不纳税而遭关闭后，刘巡抚规定，凡是协助政府控制地方的军事机构，其经费暂时分摊在土地税上，但是由县衙而不是团练局的绅董来征收该税。因此，宜黄团练也许要依靠官府征税得到振兴。这也是绅士们向知县求助的另一个原因：只有他才掌握着钱袋子。见刘坤一：《刘忠丞公遗集》(1901)：《奏书》，卷 5.23，卷 6.66b；《公牍》，卷2.10b。
④ 本章还谈到另外一桩案例，其中也提到崇仁县的天主教活动。
⑤ 《教务教案档》，Ⅲ/2/617、782、785—796、797；《教务教案档》，Ⅲ/2/618、802 页。
⑥ 《教务教案档》，Ⅲ/2/617、782 页。
⑦ 《教务教案档》，Ⅲ/2/617、783 页。

厉。被捕的十人中有九人供称，保甲的人根本不知道他们的行踪。① 夏燮的继任对这次犯罪高峰总结道，地方职员失于察查，并非隐瞒不报。② 从某种程度上说，失察更加严重，因为它意味着管理者没有察觉甚至根本不知道管辖区内的犯罪行为。这样一来，地方上如有重大动向，其关键信息就无法传达到知县耳朵里。遇到这种情况，知县也毫无办法，只能解除玩忽职守者的职务。③

至于非正式的地方控制力量，邹氏族绅称，这些教徒都是族中"败类"，对官吏逮捕了这些人表示感谢。④ 可见，如果这些宗族缺乏足够措施来控制那些不守规矩的族人，他们同样不会利用各种事件煽动针对其他教徒的骚乱。看来，乡村绅士，如宜黄县城的绅耆，本身并未积极组织或领导反教行动，相反，他们仰赖于地方官府来重建秩序。

（五）对于如何控制天主教徒的争议，永新县城，1897—1898 年

1897 年 5 月 1 日，顾其卫主教在吉安致电驻北京的法国公使，抱怨永新士绅鼓动百姓与教徒争执并劫毁教徒财物。⑤ 7 月 19 日，主教第二

---

①《教务教案档》，Ⅲ/2/617、785—786 页。保甲人员在这里被称为"牌甲"，其准确身份不能确定。但很显然不只一个人（确切数目不知）负责宜黄县的谭坊，而且他们的职责就是向知县报告违法活动。

任以都（E-tu Zen Sun）指出，"牌甲"意即"十户一组的头"，每十户就是一个单位（当然是属于各村镇保甲之下）。任以都译并主编：《清代的行政术语》（马萨诸塞州剑桥：Harvard University Press，1961 年），第 138 页。

②《教务教案档》，Ⅲ/2/617、796、800 页。

③《教务教案档》，Ⅲ/2/617、800 页。"革役"一词在江西的几次教案中都出现。官员使用这个词表述牌甲和地保玩忽职守的后果。据翟理斯（Herbert A. Giles），"革役"意即"解除衙役一职"，见其《汉英词典》，第二版（上海：Kelly and Walsh，1912 年），第 758 页。

保甲长的工作最初是负责征发劳役。因此，保长不会因劳役繁重而解职。但是，如果这种地位已经成为某种"职业"，那么，失去这份工作（以及同时失去它可能带来的赚钱机会）就会变成一种惩罚。我认为使用"革役"一词可能揭示出"牌甲"，尤其是"地保"的某种职业化倾向，官府的举动尤其说明这一点。

④《教务教案档》，Ⅲ/2/618、1017 页。

⑤《教务教案档》，Ⅲ/2/673、1017 页。该公使还抱怨传教士遭绑架，教会购买房产印花税征收过重，以及地方官员加强执行柏尔德密协议和施阿兰协议的必要性。

次致电公使,不仅重复了前次电文中提及的反教事件,指出一名叫龙学震的举人和其他士绅共同挑起冲突,而且还谴责了地方官吏对这起严重事件不理不睬。① 当月,顾主教找到两份文书,他认为这两份文书揭示了地方官府偏袒地方的实质,以及永新县士绅反教背后的真正原因。②

第一份文书是永新一位姓阎的前任知县的遗稿。据这份遗稿称,传教士逼他审判教徒案件,他不惜自杀以尸谏。虽然这份文件是以第一人称叙述的,措辞刚烈,但顾主教却坚信它是由永新县秀水书院绅首李芳鑫伪造的,目的是诽谤教堂,挑唆民教纠纷,例如1897年发生在洋江一地的地产争端。③

第二份文书描述了一些天主教徒的不法行径,并列出由永新保甲局的某位成员或几位成员拟定的四条保规。局董传命将这些保规四方传达和张贴,以遏止当地教徒某些带有预谋的活动。主教认为这些保规与中西各国签订的条约内容不符,且违反了清王朝容忍基督教的法令。④

这两份文书的重要性在于,它不仅提到了之前声名狼藉的地产纠纷,而且还突出了地方控制。也就是说,所谓的阎宪遗稿和保甲局条规表明,至少某些绅士曾经发出过声音,对永新县传教士和教徒的行为表示担忧。

阎知县遗稿开篇即指出:条约规定传教士不得干预公共事务,第一个问题是传教士和主教偏袒涉讼教徒。作者(也许是"作者们")认为许多"无耻劣员"只会向传教士俯首献媚,鱼肉当地百姓。而地方官稍不遂意,传教士就电报上海或北京,令知县更加为难,且终究索赔巨款。传教士这样做,只会破坏地方法纪,致民愤难平,甚至旧案再起,即作者(们)总结的那样:"仰鼻息于洋人,以犯众怒。"⑤

由此引出遗嘱所指的第二个问题,即传教士频繁干预词讼,主教权

①《教务教案档》,Ⅲ/2/677、1022页。龙可能去了北京,他希望知县因偏向教徒而被革职。
②《教务教案档》,Ⅲ/2/680、1024—1028页。
③《教务教案档》,Ⅵ/2/704、1045页。这桩纠纷牵涉到刘绿阶在其祠堂附近的一块地(见第四章)。
④《教务教案档》,Ⅵ/2/680、1024页。
⑤《教务教案档》,Ⅵ/2/680、1025—1027页。

力膨大，知县将面临管理困境。如果百姓总是看见教民赢得官司，必将会有更多人入教谋利。遗嘱中强调，为严明国法，官员须得掌控审判，不论信不信教，只问原告和被告曲直。如果司法权力不能免受干预，官员将无力澄清是非、维护公道。

为免上述祸患，遗稿中请求，以此为先例，永新一县地方今后永不准添造教堂。作者（们）显然认为：没有教堂，就不会有传教士，也不会有更多新的教徒。没有传教士和教徒，就不会有骚乱，所有相关的不幸就会消失。然而，如何处理县里已经建好的教堂和为数众多的天主教徒，遗稿却没有提到。

永新保甲局为解决这一问题，提出了一个明确的方案，即制定保规。保规序言中有一段和遗稿类似的话，即：条约中有明文规定，不准传教士干预词讼。正是因为有传教士的干预，教徒才越发猖狂。保甲局点出几名教内"棍徒"的名字，指出这些人是如何借教滋事，恃教妄为，狡诱他人。这些"棍徒"结党横行，包揽讼案，黑白颠倒，欺虐乡民，连累士绅，挟制官吏，操纵公事。全县百姓对这种不合礼法的行径怨声载道。永新保甲局保规还认为，教徒无法无天，良懦之人几无容身之地。①

局董觉得应该采取行动制止这种行为。他们决定先对整个形势做个调查，然后把辖区内那些狐假虎威、发号施令的教徒驱赶出去。局董还称，这些举措的花费可由他们直接从乡民那里募集到。②

根据这一基本策略，局董们制定了四条保规，希望以此控制住当地教徒。第一，不准教民干预词讼，因讼投教，或借教滋事。如教徒结党横行，保甲局将严惩不贷。第二，田土户婚等口角由官府审判，双方必须服从，教堂不得干预。如教徒不遵宪示，胆敢包揽词讼，立即驱逐出境。第三，教徒不认祖宗，故不准入祠，冠婚丧祭等事杜绝与其来往。此外，教

---

① 《教务教案档》，Ⅵ/2/680、1027—1028 页。
② 一般老百姓喜欢在付钱之后要个证明，因此保甲局也会开具正式收据。见《教务教案档》，Ⅵ/2/680、1028 页。

民不派杂费，凡公私会花红考费一概不准给发。如教徒能知痛悔前非，各安本分，则仍一体同视。第四，乡民与教民应各安本分，各守各业，都应履行各自之义务，如有借势欺凌，可到保甲局面诉，公同秉正调处。①

知县遗稿和保甲局规条表现了地方精英对于传教士举动和教徒行为的关注。两份文件都提到中外条约中不准教徒干预词讼的规定，且二者都举出一些类似的例子来说明这种干预的危害。这些雷同不是单纯的巧合，它们指出了永新县教徒确实存在的一些问题，并且表明，一些地方绅士正在试图寻找解决问题的途径。

官府对永新形势的调查表明，李芳鑫等绅士曾在 1897 年向阎知县面禀县内法纪不整。他提到宵小游匪混迹城内，而且听闻有不法之徒在外冒充教徒企图包揽词讼等事。奉前任各县令谕示，他们查办保甲，发现保甲扼制这类违法活动尚有成效。② 也许正是这种来自官方的鼓励，促使保甲局绅董们订立保规。

鉴于李芳鑫在永新保甲活动中的突出地位，保规和知县遗言在内容上的互相呼应，以及主教称李芳鑫杜撰遗稿等，调查官员决定进一步弄清事实。首先，吉安知府确定，阎知县是病故，而不是自杀身亡。③ 其次，既然李芳鑫被列为杜撰遗稿的头号嫌疑人，官府决定传唤他。李的详细供词未能保存下来，因此我们不知道他说了什么，但最后官府还是判李芳鑫行为不端——他的受罚，也许是因为他在两份文书的发布中所起的作用太引人注目。④ 最后，地方官员废除了保规，并提醒永新绅耆，皇帝谕令严禁诽谤基督教的匿名揭帖。绅士们答应遵守谕令。⑤ 自此，永新官员全面接管地方治安事务，绅士们似乎也无意再行禀报了。

---

① 《教务教案档》，Ⅵ/2/680、1028 页。
② 《教务教案档》，Ⅵ/2/683、1031 页。
③ 《教务教案档》，Ⅵ/2/693、1039 页。
④ 《教务教案档》，Ⅵ/2/704、1045 页。李芳鑫受何惩罚在档案中未说明。
⑤ 《教务教案档》，Ⅵ/2/704、1045—1046 页。

二 乡村的基督徒和治安问题

上述案例中,江西大城市的官员与地方精英之间关系紧张,在对待教士教民问题上甚至互相对立,但这些大城市的绅士却未必就此组织一场反教群众运动。然而在小县城镇、集市、村庄和乡间,涉及教民的地方控制与地方治安问题同样棘手,其严重性丝毫不逊于城市。那么在这些地区,事态又是如何发展的呢?

从乡村的案例我们同样可以看出:官员,有时包括绅士在内,试图宽大处理一些特殊的治安问题,以稳定地方局势。教徒在这些案例中的表现,很难一言以蔽之。例如,在某个县,天主教徒拒绝参加镇压邪教的团练;而在另一个县,一支由教徒领导的地方团练却在镇压邪教活动。因此,清政府官员无法确定教徒在政治上是否可靠,或者对此表现得忧心忡忡,这是完全可以理解的。况且教徒拒绝登记保甲,很容易使他们遭到怀疑或卷入其他纠纷。下列案件将带领我们深入乡村,让我们从另外一个视角来看待治安问题是怎样影响地方天主教徒生活的。

(一) 对一位信教的团练首事的怀疑,南康县,1869 年

1869 年 4 月,安理格(Jean-Henri Baldus)主教致函饶九道,称位于江西南部的南康县知县指教民为斋匪,拘拿两名在当地有重要地位的教徒:陈远猷和王秀科,残扰教徒。当地的教外人还偷窃教堂的建筑材料,并在城门张贴诽谤天主教的揭帖,抓捕一名传教士,悬银五十两。衙役们"遍处差拿勒索[教徒]"[①]。巡府接到这些指控,迅即饬令地方官员查实。

据南康知县沈恩华询问,团练局绅指认陈远猷及其侄子陈锦心两位生员都是斋匪,参与了秘密活动。知县几次传唤二人问话,拒不认错。

————————————

① 《教务教案档》,Ⅱ/2/715、906—907、909 页。

沈知县认为二人在利用生员的身份特权为自己开脱。于是奏请两江总督准其革除二人功名，以便名正言顺地审讯。① 两江总督同意后，沈知县命衙役传唤二陈。对待另一位身份较高的教徒——王秀科（他拥有监生功名），沈知县也是这样处理的。

与此同时，省府官员委派王明凡（一位候补知县）与沈知县同审此案。两位官员开堂审讯二陈。陈远猷招供他和全家自祖父以来，历年信奉天主教。1856 年县城东北 39 里外的小镇潭口斋匪作乱时，各乡设局团练抵抗，要求陈氏所在的甲（一甲大约 100 户）参加团练局。② 陈认为他拒入团练导致全家遭人痛恨；而且因为他的兄弟教习家里后生子弟拳棒，其实这只是一门武艺而已，人们怀疑他们有不可告人的目的，并向知县告发。陈镜心的供词也大致如此。③

王秀科也是第三代教徒，他也证实二陈对潭口斋匪的回忆。然而，与陈氏一家不愿与地方防御力量合作的态度正好相反，他在团练局里担任首事，并利用这一职权在家里囤藏了许多军器旗帜。1868 年，官府命王交还兵器，但他事隔一年仍未上交。④

官府调查发现，陈家数年习武和王家私藏兵器，令周围不信教的居民疑惧。人们向知县告发后，陈远猷则反称知县不问青红皂白抓捕教徒，而且衙役还偷窃并毁坏家产，正是这项指控引起了传教士的关注和干预。但二陈和王秀科后来还是承认了自己是诬告。沈知县和王知县命二陈停止习武，并没收了王的私藏兵器。他们结案时称，陈远猷、陈锦心和王秀科都不是斋匪，但他们必须受监督，如果安守本分，就可以恢复功名。⑤

我们从这个案例可以推测当时地方社会和地方政府的几个事实。首先，太平军和其他小股叛军威胁到乡村社会时，南康县和其他许多县

---

① 《教务教案档》，Ⅱ/2/715、907 页。
② 萧公权：《乡村中国：19 世纪的帝国控制》，第 28—31 页。
③④⑤《教务教案档》，Ⅱ/2/715、908 页。

一样，是地方精英在领导地方防御力量。孔飞力指出，保甲是江西北部地方军事化的组织单位。其实在江西南部也是如此。但是，在南康出现了两种截然相反的局面，一方面南康团练局的首领无法招募陈远猷所在的保甲，而另一方面王秀科作为团练局首事，负责维护地方安全。虽然王秀科是一名地方领袖，而且拥有用钱捐来的一个功名，在地方上有权有势，但却因为在家私藏兵器而被指控，引起"阖县"的不信任。①

官府要想平衡这种局面似乎不太可能，实际上在本案中主张调查王秀科的就是团练局里的其他首领。虽然我不知道这一地区其他首领的势力如何，但我相信这个案例是缘于地方力量对比的演变，而由于王的对手们未能拥有足够控制王的武器和权势，使这一力量对比演变得更加复杂。于是，团练局的首领们只好向知县求助。知县传唤二陈和王秀科到公堂听审后，这三人起初想以功名特权为自己开脱，接着又谎称自己和其他教徒一样，皆因信教而受官府欺压。主教对这些谎言深信不疑，而事实上我并没有发现有任何材料表明当地官绅举动致使大规模迫害教徒。主教所说的宗教问题其实并不存在，但是他的这一说法却使人们忽视了一个事实，即：王秀科早前曾是维护法纪的首领。

(二) 保甲的复兴和教徒的回应，崇仁县，1872—1874 年

1873 年 3 月 13 日，北京法国公使馆的一位翻译私下将一封江西传教士的信转给总理衙门。这些传教士提到距崇仁县城东北 60 里的一个市镇——秋溪，有可能发生了大规模频繁的迫害教徒事件。据罗安当神父和傅儒翰神父称，秋溪于 1872 年 2 月建起一座教堂后，以当地一个叫汪波的人为首的地方绅士誓将当地教徒斩草除根，并且约定日子要拆毁教堂。幸好抚州知府及时出面干预，才未得逞。此后，为了和神父一争

---

① 《教务教案档》，Ⅱ /2/715、908 页。

高下,汪波私设团练,制造独木舟,铸造枪炮兵器来对付当地教徒。信中还提到,知县用官轿抬汪波到四个山村团练局巡查,聚众反教。期间抢劫勒索、欠租欠债口角不断,但地方官员对教徒的控诉不理不睬。罗神父声称,这段时间是秋溪教徒的多事之秋。冲突在1872年12月14日达到高潮,秋溪教堂在一场大火中化为灰烬。[①]

在写给巴黎同事的信中,罗神父详细描述了这场冲突的前因后果。在过去三年中,神父们在崇仁县劝奉近千人。汪波对这一迅猛的发展势头十分震惊,自称与天主教不共戴天。[②] 汪有一个贡生头衔,而且显然是一名有权有势的地方领袖。太平军叛乱期间,他指挥一支地方团练赶走了两个县的叛军。[③] 换句话说,他在组织、拨款筹建和领导一支有效的地方军事力量方面,有着丰富的经验。后来他再次在当地征税,并利用这笔款购买武器,支付新兵军饷。据罗神父称,汪波要消灭所辖地盘上的所有天主教的踪迹,他的团练在乡村到处搜捕教徒,那些被抓来的教徒都被拖到当地寺庙里,用荆条严刑拷打,直到他们发誓不再信仰上帝,否则就要被荆打致死。[④]

总理衙门接到信后,照会江西巡抚,命他立即查清此事真相。[⑤] 巡抚查明:1872年4月崇仁知县曾正式晓谕当地保甲,要求保证地方上平安无事。为了使保甲重新恢复活力,知县还采取了相应措施,饬令各乡绅董编排保甲,稽查匪类。[⑥] 知县派汪波等几人为秋溪保甲首事,这个职位的责任就是清查住户,散发门牌,门牌上记有各户人口的姓名、职业,以

① 《教务教案档》,Ⅲ/2/568、641—642 页;《教务教案档》,Ⅲ/2/571、645—647 页。关于罗安当神父和其他传教士更多的类似资料,见法国南特外交档案中心,"北京,大使馆",A 列,第 32 箱,1872 年卷宗。
② 《传教年鉴》38(1873),290—291 页。
③ 《传教年鉴》39(1874),357 页。
④ 《传教年鉴》38(1873),290—291 页。
⑤ 《教务教案档》,Ⅲ/2/569、642 页。
⑥ 《教务教案档》,Ⅲ/2/571、643 页。

统计人口。[1] 首事们散发门牌过程中,以章建明(传道师)、余五兴等为首的当地教徒阻挠登记清查,不肯领用标准门牌[2],并且自称是因信天主教才采取这种立场的。他们拒绝与地方治安力量合作,双方对峙,形成僵局。

1872 年秋天,根据当地风俗,整个地方开始筹备年终节日,包括请戏班子演戏。10 月,汪波与一位虽属平民却是族长的许璞初,以及另外几人向各户派收戏钱。此时,章、余、许侯兴等教徒仍以信教为名拒交。在某种程度上他们的抵抗取得了成功,因为他们得到傅儒翰神父的支持。傅神父持有抚州知府要求保护神父安全的特别信函,他向崇仁知县出示了这封信。崇仁知县于是传汪波来县衙当面讯问,六七十名教徒接踵而至。知县劝解教徒离开衙门,但他们仍在附近四处截守汪波。直到秋溪派出"保甲壮丁"来接,汪才安全返回家中。[3]

此后风平浪静了一段时间,12 月初,戏班子演出又掀起风波。汪波去万寿宫看戏,结果他惊讶地发现教徒余五兴也在看戏。汪斥骂余看白戏。双方互相口角,经旁人劝散。[4] 汪波到一座茶楼喝茶冷静。突然,余五兴和章建明父子闯进茶楼,双方互相喝骂。余手持杀猪刀戳汪;随后章建明也拔出自己的刀戳汪[5],直到汪满身鲜血倒地,这些教徒才住手。[6]

地保向知县报告了这次袭击,汪波也正式写了状子上告。由于汪伤

---

[1]《教务教案档》,Ⅲ/2/571、643 页;《教务教案档》,Ⅲ/2/578、657—658 页。

[2]《教务教案档》,Ⅲ/2/571、643 页;《教务教案档》,Ⅲ/2/578、657—658 页。

[3]《教务教案档》,Ⅲ/2/571、643 页。

[4]《教务教案档》,Ⅲ/2/571、643—644 页;《教务教案档》,Ⅲ/2/578、658 页。

[5]《教务教案档》,Ⅲ/2/571、643—644 页;《教务教案档》,Ⅲ/2/578、658 页。

[6] 罗安当神父没有亲眼目睹这件事,他给巴黎的信中对此事是另外一番描述,并且更不可信。信中写道,汪波去看戏,四周坐满团练。他们抓住一名教徒,打得他浑身是血。汪波还想施虐于其他教徒,命手下抓住章建明和另一名教徒。有人提醒章建明,于是他和三个身强力壮的儿子以及另外四人,操着棍棒和农具来找汪波。团练丢下汪波跑了,汪躲进一家茶楼,被章的长子等人发现。他们把他打得趴在地上,不省人事,醒后想寻仇。见《传教年鉴》(ACM)38(1873),第 292—293 页。

势严重,无法到县衙验伤,知县便来到秋溪。① 笔者手头除了有两位当地持功名者的供词之外②,还有章建明本人的供词。根据供词,我们可以弄清事情的原委:章的年纪(61 岁)和他天主教传道师的身份使他在秋溪拥有不可忽视的地位。尽管他不是绅士,但在某种意义上,他是汪波的劲敌。余五兴和汪波在万寿宫发生口角后,立即告诉章,称汪在大庭广众之下羞辱章,章于是产生报复念头。③ 他们对汪发动袭击后,意识到自己免不了被告上公堂。为保全自己,他们便称汪波是要灭教。显然,汪波与章建明等人的矛盾早已存在。然而章建明等人的诬告却在两天之后戏剧性地应验了:据当地教徒称,保长命手下人焚毁了秋溪教堂。④

教堂被焚显系汪波的人所为,但这并不能抹去章建明和余五兴犯下的殴袭罪。差役将二人拘拿至县衙审问。然而这时,大批教徒拥至县衙门口,叫喊着要求释放章、余二人,使事态发生了变化。教徒显然在要挟知县,或者至少让他三思而后行,考虑清楚惩罚章、余可能导致的后果。经过一番权衡利弊,在一位来自邻县临川县的监生兼传道师王家瑞按规矩交纳一笔保释金后,知县释放了章、余二人。⑤

江西巡抚认为崇仁知县和抚州知府的第一份报告不完整,就派了一位委员前去重新调查。委员未展开询问之前,局绅却声称担心教徒会半路拦截,可能还会伤害那些向前来调查的官员透露消息的证人。省府于是从另一个县抽调民兵(勇)到崇仁县保护证人,共有八九个人到县申诉。⑥ 这支额外的兵勇再次逮捕了章、余二人,衙役将他们带到崇仁县

① 《教务教案档》,Ⅲ/2/571、644 页;《教务教案档》,Ⅲ/2/578、658 页。
② 一人是武生员,另一人是监生。见《教务教案档》,Ⅲ/2/578、656—657、658 页。
③ 《教务教案档》,Ⅲ/2/578、658—659 页。
④ 《教务教案档》,Ⅲ/2/571、644 页。罗安当神父在一封私人信函中,特别提到汪波诬告教徒烧毁教堂,希望以此来反告他们。见《传教年鉴》(ACM)38(1873),第 293 页。
⑤ 《教务教案档》,Ⅲ/2/578、657、659 页。王和傅儒翰神父当时在崇仁县城,协助处理教徒的一些未了官司。见《教务教案档》,Ⅲ/2/571、643 页。
⑥ 据罗安当称,巡抚派这些兵丁到崇仁,是因为地方官员对待教徒太软弱了。见《传教年鉴》(ACM)38(1873),第 294 页。

衙。在场的几百名教徒眼看着他们被从秋溪带走，慑于兵勇在场，不敢动手。①

省府高级官员要求传证人到南昌，进行第三次审问。县府害怕教徒半道劫救章、余，请求上级派"良勇"来押送犯人到省城。② 省府命士兵驻扎在崇仁县城，以防不测。③ 面对这种军队兵力的调动，传教士们控诉"省派兵勇 500 名帮助汪波遍捉教民"④。罗神父诉称，许多兵勇就像土匪一样，抢夺教徒的东西，还迫使大批当地人逃离家乡。⑤

江西按察使在南昌对此案做出如下判决：罚章建明杖一百，三年苦役；罚余五兴杖九十，两年半苦役。鉴于崇仁冲突发生的缘由，这位按察使规定，不必要求教徒登记保甲，也不必摊派地方迎神演戏赛会份钱。⑥ 这种在清朝官员看来万无一失的解决办法却没能让罗神父满意，他要求无罪释放章、余。巡抚刘坤一以调查详尽属实、审判公允为由，拒绝了这一要求。他认为推翻原判只会让事态变得更加复杂。⑦ 江西官府最终还是没有释放这两位教徒。

罗神父继续为当地教徒奔走。1873 年 12 月，法国公使将罗神父的一份报告转给总理衙门，报告中称，自 1873 年 1 月至年底以来，崇仁教民受到袭击、抢劫、敲诈 30 多次。⑧ 1874 年 5 月崇仁知县对这份报告做出了回应。他在 1873 年的县衙档案中发现有 34 桩案子和教徒有关，其中有 8 件他已向巡抚做了简要汇报。⑨ 这 8 件之中，有 1 件对我们这里讲述的故事颇为重要。

汪波的侄子汪熙明也是保甲局局长之一，章、余二人袭击汪波时，

①②《教务教案档》，Ⅲ/2/571、644 页。
③《教务教案档》，Ⅲ/2/571、644 页；《教务教案档》，Ⅲ/2/574、654 页。
④《教务教案档》，Ⅲ/2/568、642 页。
⑤《传教年鉴》(ACM)38(1873)，第 295 页。
⑥《教务教案档》，Ⅲ/2/582、661—662 页。
⑦《教务教案档》，Ⅲ/2/582、669—670 页。
⑧《教务教案档》，Ⅲ/2/593、684—685 页。
⑨《教务教案档》，Ⅲ/2/597、687—690 页。

有一大群教徒在场目睹。教民担心汪波可能因刀伤致死，这样章、余二人就会被判杀人罪，于是他们屡次到保甲局询问汪波的伤势，还送药或送买药钱。汪熙明把教徒的关心视为榨取钱财的良机。他用叔叔的门牌证明他与汪波的关系，借此向教徒敲诈，没有现钱就逼他们写下借条。

虽然汪熙明称这样做是为了谋取私利①，但是他这样做还有另外一个可能性，那就是保甲局内资金紧张。汪波在写给另外一位保长的信中，给人的感觉是这类骗钱手段可敛财维持保甲局。② 因此，汪波很有可能还利用其他事情为保局聚敛了不少钱。③ 汪熙明获取这笔钱之后，就能组建团练，而这支团练的用场，据抚州一位神父称，就是用来恐吓当地教徒。④ 一位叫华孟兰的教徒告发汪熙明之后，知县命他返还所有钱财。这样，秋溪的紧张气氛终于缓和下来。⑤

其实，到1874年春，秋溪已经恢复了平静。据罗安当神父称，由于新知县捐了一笔钱，新建的秋溪教堂比原先的旧教堂华丽三倍。1876年初，罗神父看到当地皈依天主教的势头发展迅速，非常满意。他在一个村子里开辟了一座传道堂，汪波就住在附近的村子，他现在可以听见人们唱拜教圣歌。汪的邻居甚至他的父母都皈依天主教了。看来，面对这种新形势，他也不可能再有任何反教之举了。⑥

1872—1873年的崇仁事件因地方治安问题而起，对地方官员来说这是一项艰巨任务。教徒先是拒绝登记保甲，接着又因拒交演戏份子钱而

---

① 《教务教案档》，Ⅲ/2/597、689 页。
② 该绅董是监生。《教务教案档》，Ⅲ/2/585、675 页。
③ 据罗安当一封日期为 1873 年 5 月 25 日的信称，有一种纸片，上面注明某某人不是教徒，或曾卖与教徒的不信教父母。有的还写着汪波的名字。有这些纸片的人估计可以受到保护，但要出钱购买。见法国南特外交档案中心，"北京，大使馆"，A 列，第 23 箱，1872 年卷宗。
④ 《传教年鉴》(ACM)40(1875)，第 123 页。
⑤ 《教务教案档》，Ⅲ/2/597、690 页。
⑥ 《传教年鉴》(ACM)41(1876)，第 145—146 页；《传教年鉴》(ACM)42(1877)，第 120—121 页。

使事态进一步恶化,后来教徒公然袭击汪波,这些事件以及接踵而至的其他问题使按察使发出"民教之间,敌意愈深"的感叹。民教之间的种种冲突和纠纷需要做个了断,公众的情绪必须加以抚慰①,为此,江西官府不得不以军事干预方式,从外县调兵重新抓捕章、余。虽然这个办法耗费巨大,且不是随处可以适用,但是调兵至崇仁县使当地官员得以重建地方秩序。教徒作为秋溪人的一部分,在面对麻烦时,依旧和他们不信教的亲属、邻里正常来往,和睦共处。②

(三) 兄弟帮对教徒的兴趣,武宁县,1874—1875 年

1874 年 10 至 11 月间,在武宁县乡村,有五人遇见靠教人拳棒为生的拳脚师傅余益菖,不久几人成为密友,以余为首。余提议众人"结拜(为)兄弟",互相照顾。③ 众人答应,每人出钱一百文,置办香烛酒肉,进行结拜。12 月 2 日,每人跪拜在地,互表忠心,正式结为兄弟。他们推举年长的陈伦和为大哥④,其他则根据年龄大小,依次称为兄弟。⑤ 一天饭后,几人聊天。陈伦和说:

> 小的们各谈穷苦,余益菖说,他曾学算命,会看星宿,前见天上出有一星,光影甚长,系主兵灾,晓得武宁县城内富商甚多,起意纠人攻进县城抢劫,得赃分用。⑥

如此起意后,兄弟帮打算召集更多人马,再定个日子洗劫武宁县城。但是直到 1875 年 1 月,几乎没有什么人响应这个计划。于是余和王浤

---

① 《教务教案档》,Ⅲ/2/597、691 页。
② 一位乡绅得出了这个结论。见《教务教案档》,Ⅲ/2/597、690 页。
③ 《教务教案档》,Ⅲ/2/614、734—735 页。
④ 《教务教案档》,Ⅲ/2/614、734 页。
⑤ 我们不能不怀疑这种兄弟关系是否受哥老会活动影响,二者具有某些相似之处。关于哥老会的描述,见卢其敦:《中国革命的序幕:湖南省的思想转变与制度变革(1891—1907)》,第 73—80 页。
⑥ 王浤荣证实了这种说法。见《教务教案档》,Ⅲ/2/614、734、735 页。

荣又商量了另一个办法。

余、王二人和太平军叛乱时期的其他人一样,认为天主教徒也是"禁党",并且认为住在九江府城附近的教徒会情愿参加他们的起事。[①] 由于他们不认识九江的教徒,余、王二人认为有必要修书一封,说明意图,向九江教徒发出正式邀请。如果对方有意,则余可前往九江,商量袭击武宁的详情。起事定在 1875 年春,他们希望起事后"列列[传道]老师"入伙。为了使这封信显得正式合体,王在信封上盖上他叔祖——一位道士的印章。[②]

1875 年 1 月 10 日,王浤荣独自把信送到九江天主教堂,静候回音。[③] 此时,白振铎主教拿到了信,并把信转给了住在府城的九江道台。道台立即派兵役捉拿王,而王的藏身处属于英租界。道台派员征得英国副领事的同意,进入租界,将王抓获,带回衙门审问。[④]

根据九江官员从王那里得到的信息,武宁知县派出兵役前去抓捕。[⑤] 官府抓了四位兄弟和印章被盖在信封上的那位道士,先押解到九江,再押解到南昌候审。省府官员命代理南昌知府荣授审讯五人。荣授恐五人背后还有更多同伙,再三讯问,未有新供。[⑥] 最后他判决:除了道士之外,其他人结党谋逆,罚每人杖一百,左脸刺"拜盟匪犯"四字,充军 3 000 里。因其属谋叛未行,情节严重,荣授特别奏请,不准以两道皇恩赦令援免其罪。[⑦]

省级官员复审此案,同意荣知府的判决。[⑧] 他们还附判武宁保甲未

---

① 《教务教案档》,Ⅲ/2/614、735 页。

② 《教务教案档》,Ⅲ/2/614、735—736 页。

③ 《教务教案档》,Ⅲ/2/614、736 页。

④ 《教务教案档》,Ⅲ/2/614、732 页。

⑤ 《教务教案档》,Ⅲ/2/614、733 页。

⑥ 《教务教案档》,Ⅲ/2/614、738 页。

⑦ 官府判这名道士杖八十,因为他无意中参与了一件大逆不道的事。见《教务教案档》,Ⅲ/2/614、739、741 页。

⑧ 《教务教案档》,Ⅲ/2/614、739—741 页。

能及时发现和报告兄弟帮的活动，也应承担责任，按例拟惩，因赦令免除杖刑，但官员仍判其失察。[①] 被捕的五人当中，只有陈伦和不是武宁人，他的家乡瑞昌县的保甲无从觉察他在武宁的活动，因此对瑞昌县的保甲不予追究。[②]

江西官员应该感到庆幸的是，兄弟帮并未召集到多少支持者，而主教又及时将王浤荣在九江的举动报告给道台。省府高级官员发现，整个事件不是缘于民众对天主教的怀疑，而是缘于保甲制度的失效。是保甲没有首先告发兄弟帮。显然，当地的治安系统没有发挥预想中的功能。只有次县一级职员恪尽职守，保持警惕，乡里一有风吹草动就向知县报告，知县才有可能及时采取措施查出骚乱，否则他将面临极大的困难。

这个案例的价值在于它反映出整个兄弟帮诞生的过程。我怀疑类似的帮派在中国乡村非常普遍。在本案中，对余益菖武艺的崇拜把几个人吸引到一起。[③] 建立师徒关系后，余和几人之间感情日益深厚。由于贫困带来的巨大压力，众人寄希望于余看星象和预测未来的能力。他给兄弟帮找了一个很普通的目标——县城的富商。但兄弟帮既没能自己起事，也没能联合九江教堂的教徒成事。显然，当地教徒对于煽动叛乱不抱有任何兴趣。

(四) 对教徒指控的调查，安仁县，1874—1876 年

1874 年 8 月，驻北京的法国公使照会总理衙门，说在安仁县南部的邓家埠有位教堂看教人被人杀害，一座教堂被焚毁，60 户教徒家庭被洗劫。[④] 如我在第三章所述，那里发生的冲突更多是因一些细微的、

---

① 官府实际上把他们称为"牌甲"。见《教务教案档》，Ⅲ/2/614、741 页。
②《教务教案档》，Ⅲ/2/614、741 页。这里，官府使用了"牌保"而不是"牌甲"，显然指的也是同一类人。
③ 被捕的四人都在 25—39 岁之间。四人的父亲都死了，其中一人没有任何亲戚。但有三人结了婚，有两人有孩子。见《教务教案档》，Ⅲ/2/614、734—735 页。
④《教务教案档》，Ⅲ/2/598、692 页。

具体的俗事争执而起，而不是因为广泛的宗教问题引起的。下文我将就此提供更多信息，突出乡村天主教徒以及官府如何调查他们所谓的迫害。

巡抚刘坤一首先根据1874年9月安仁县狱典的报告写了一份邓家情况的简要总结，回复总理衙门。随后他又从一位被派去调查此案的经验丰富的委员，以及新上任的代理安仁知县那儿获得了更多消息。[1] 最后巡抚命令再次调查此案，并将相关案犯再在南昌重审一次，以做到万无一失。按察使将此案派给署南昌知府德馨。[2] 因此，安仁事件的信息颇为完整可靠。

署南昌知府德馨的报告起首引用了地保的一段话。据地保宋长安称，1874年5月4日，孔连发等教徒抓住当地王氏宗族的族长王长生，拖至教堂，将其五花大绑，带到镇上游街。公开羞辱王之后，教徒们又将其关禁在教堂。[3]

三天后，王的兄弟带着一群人来到教堂要人。教徒将教堂大门关闭，几个人爬到教堂屋顶上，向王氏族人扔瓦片，不停辱骂。突然，教堂着火，几个人不得不爬下来。其中教堂的看教人吴良盛从屋顶失足跌下来，被护墙竹篾戳伤心坎，后来因腹部伤势严重身亡。[4] 县丞和千总督率兵役将火扑灭，但大火已将整座教堂烧毁。[5]

安仁知县此时正远在南昌办理公务，县狱典只好禀报抚州知府。知府派一名委员调查此事。但在委员到达安仁之前，安仁知县已经赶回。知县立即自己动手展开调查。他派一名仵作查验了吴良盛的尸体，确认是腹部被戳伤导致身亡。仵作还检查了王长生的身体，发现偏左有一石

---

[1] 被委派的委员是候补同知潘懿，后被擢升为知府。见《教务教案档》，Ⅲ/2/602、694—695页，及《教务教案档》，Ⅲ/2/605、705页。

[2] 《教务教案档》，Ⅲ/2/602、695页；《教务教案档》，Ⅲ/2/604、696—705页。

[3] 《教务教案档》，Ⅲ/2/604、696页。

[4] 《教务教案档》，Ⅲ/2/604、697—698页。

[5] 《教务教案档》，Ⅲ/2/604、696页。

块瘀伤,脊背竹片伤三处,两手腕绳捆痕各两道。① 知县后来审讯了几名嫌犯,从他们的供词中弄明白了事件的原委。

约在 1873 年年底,教徒王开秀妻子被族人王交大踢伤致死。王开秀报知地保后,因家贫没钱,人死财失,于是又向王交大索钱私和。王氏宗族的族长,平民王长生听说了私和人命案一事,便出面斥阻。② 然而,谁也没有就人命案或索钱私和一事告官报案。

族长和王开秀都未提及的一个细节是,杀人者和被害人之间有性关系。据官员称,两人通奸,王交大不愿借钱给姘妇,两人发生口角争闹,王踢伤妇人致死。③

王开秀妻子死后,杀人者一直逍遥法外,部分原因是宗族的干预。于是王开秀开始对家族活动很敏感。1874 年清明节,王氏族人按当地风俗,前往祠堂拜祭祖宗,分发谱饼。④ 轮到王开秀时,王长生不肯分给他。王氏宗族不承认王开秀有权分受谱饼,因他信仰天主教,不拜祖宗。⑤

4 月初,据王开秀等人称,在邓家教堂做过礼拜后,几名教徒聚在一起聊天,聊到王开秀和王长生之间的恩怨。一位以为人凶横出名的教徒孔连发对王开秀受到的羞辱打抱不平,说要教训报复王长生,王开秀试图劝阻。⑥ 其他几名教徒害怕孔连发凶横,答应帮他。⑦

不久,孔连发等人看见王长生独自一人走路,就抓住他,把他拖到教堂里。次日,孔及其教友拖王长生到邓家游街时,又打伤他的肩膀。他

---

① 《教务教案档》,Ⅲ/2/604、696 页。
② 《教务教案档》,Ⅲ/2/604、697、699 页。
③ 《教务教案档》,Ⅲ/2/604、701 页。
④ 清明是一年一度清扫祖坟的时节。这种春季礼仪还包括在祠堂里举行的各种活动。然后"祭品,通常是腊肉和馒头,分发给各个族人。分配规矩各有不同,较为大方的,则全族成年男子都有份,若不然,就只分给那些参加仪式和捐了钱给祠堂的人。"见刘王慧珍:《中国古代的家法》,第 117—124 页。
⑤ 《教务教案档》,Ⅲ/2/604、699 页。因此,王受到的家族待遇和刘王慧珍在《中国古代的家法》中说到的一般家族的做法是一致的。
⑥ 《教务教案档》,Ⅲ/2/604、699—700 页。
⑦ 《教务教案档》,Ⅲ/2/604、700 页。

们想用这种方式警告那些虐教或要灭教的人。①

　　孔的这一举动一半是为了报复，一半出自贪心。他向王家索要五十吊钱的赎金才肯放人。王长生的妻子筹不到这笔钱，只好用两亩田的田契充抵。②经当地一位有职员头衔的天主教徒调解，孔连发仍不放人。王妻只好向族人求助。③王的弟弟、堂兄和族人前往教堂时，教徒却紧闭大门，并爬上屋顶朝他们扔掷瓦片。就在喧闹之际，谁也没注意到教堂院子里着火了，火势迅速蔓延到整座教堂，教徒们急忙从屋顶上下来。看教人就是在这个时候跌下来的。教徒打开大门找人救火时，王氏族人冲进去，救出族长。

　　衙役逮捕了每一个参与者，只有孔连发逃走了。省府官员判王开秀有罪，杖八十，后因赦令免刑。判王长生无罪释放。王交大另案审理，但审讯结果在《教务教案档》中没有保留下来。④因保甲人员未能禁约王氏族人之间的通奸和王长生的被绑事件，省府官员判其失察，照例革役。⑤

　　但邓家事件并未平息。罗安当神父在 1875 年 1 月写了一则长篇报告，法国公使把它转给总理衙门。罗神父的消息来自于他自己的问话和他派出去的两个教徒到邓家调查的结果。据教徒调查：王开秀之妻在王交大家里做事，有一天他企图强奸，妇人力拒不从，王就踢了她一脚，谁知这一踢就要了她的命。⑥由于家贫，王开秀同意王交大赔钱了事，并同意把其中一部分钱贿赂知县，好让他不要做任何调查。赔钱时王交大要王开秀退教，王开秀不肯，于是王交大又把钱拿走。⑦

---

①②《教务教案档》，Ⅲ/2/604、697 页。

③《教务教案档》，Ⅲ/2/604、698 页。

④《教务教案档》，Ⅲ/2/604、704 页；《教务教案档》，Ⅲ/2/608、719—720 页。

⑤ 省府官员还建议惩罚安仁县那些未采取适当预防措施的文武官员。见《教务教案档》，Ⅲ/2/604、701、704 页；《教务教案档》，Ⅲ/2/609、720 页。

⑥《教务教案档》，Ⅲ/2/606、708 页。

⑦ 罗安当将这些事报告给白振铎主教，白主教将这些全写进一封致巴黎的信。见《天主布道会年鉴》37(1876)，第 189—190 页。

　　罗神父在报告中还指控 1873 年至 1875 年间当地发生了许多次针对教徒的迫害(见第三章)。而且着火的教堂离分县衙门不远,地方官员却坐视不理。最后官府只将王开秀等教徒缉拿,重刑拷打,逼其承认教堂是失火自焚,看教人是跌伤毙命。罗神父认为这是歪曲事实。① 白振铎主教也相信这是一次有组织的反教运动。②

　　1876 年 11 月,署江西巡抚刘秉璋将安仁知县的调查结果报告给总理衙门。③ 知县发现罗神父几乎所有的指控都是诬告。不过,我们从知县的调查记录中还是能零零星星找到有关乡民和教民的地方治安信息。④

　　对教徒指控的调查由次县一级的职能机构承担。这些指控大部分来自居住在邓家十三都的村民,即王氏宗族发生内部冲突的地方。邻保查出两件明明是丢失,却被报成失窃的事件;⑤一位保邻到堂上禀讯;地保两次查控⑥,一名是先前提到的地保宋长安,他管辖着第二甲;另一名地保则管辖整个村。⑦ 除了这些人之外,距邓家九里外的一个村庄的各绅保甲长也禀讯协查。⑧

　　衙差和地保一起将邓家埠方圆二三十里地仔细梳理了一遍,但没有找到疑似原告和被告,即便姓名相同的人也没有。⑨ 按照清例:以原就被,不能以被就原。⑩ 若无原告被告,则不能审理。差保遵县饬令,搜查

---

① 《教务教案档》,Ⅲ/2/606、708—711 页。
② 《天主布道会年鉴》37(1876),第 190 页;还可见《传教年鉴》(ACM)41(1876),第 565—575 页。
③ 《教务教案档》,Ⅲ/2/619、803—28 页。
④ 《教务教案档》,Ⅲ/2/619、804—807、811—812、820、823—824 页。
⑤ 《教务教案档》,Ⅲ/2/619、805、822 页。
⑥ 《教务教案档》,Ⅲ/2/619、814、820、822 页。官员们为什么要对同一个地方做着同样治安行政工作的一类人分别使用"邻保"(或者反过来"保邻")和"地保"来称呼,无法解释。我只能说这些词或许都是从"地邻保甲"演化而来。
⑦ 《教务教案档》,Ⅲ/2/619、814、822 页。
⑧ 《教务教案档》,Ⅲ/2/619、807 页。
⑨ 有一次查明了原告是谁,但他死了。见《教务教案档》,Ⅲ/2/619、827 页。
⑩ 《教务教案档》,Ⅲ/2/610、721 页。

乡村,遍访问讯,这种细致的大范围查问终于使罗神父信服,并放弃了先前的控告。① 神父改变立场使江西上下官员和总理衙门如释重负。由此可见,地方层面治安人员的细致工作竟然会影响到清王朝与法国的高层次关系。

(五)一桩敲诈案和地保的诬告,金溪县,1874 年

1874 年 7 月 17 日,有八人自称安仁县"局勇",前往金溪一教民傅假老家中,称傅假老利用教徒身份敲诈平民钱财,要抓他到团练局受罚。傅向地保傅作然求助——两人的关系没有说明。后者建议私了,于是傅假老答意给局勇三吊钱,但他没有钱,就用一件蓝布长衫和簪环两件充抵。八人在这名教徒家中住了一宿,次日清晨离开,此后再也没有在村子里露过面。② 虽然在教案材料中没有其他报告涉及这伙人,但他们很可能也在别处出没过。

傅假老后来直接向知县控告这次敲诈。知县命地保查明几人姓名,以便缉拿究办,如不能查明将严惩。③ 据送到总理衙门的官方报告称,傅作然害怕知县因为他无法查明几个人的姓名而被严办,而他正好又知道邓家一案中五个人的姓名,于是他将这五人姓名,又加了另外三个,报成是敲诈傅假老的案犯。④

金溪知县与安仁县衙核对后,发现傅作然报上来的人当中,有一个人已经送到南昌候审。也就是说,此人不可能参与金溪之事。同样,另外七人也与此事无关。此外,安仁知县称本地并未设团练局,这意味着敲诈者提供的身份是假的。⑤

确认地保所供失实,知县即传唤他到堂。据大清照不应重律,杖八十,戴枷一个月。按察使后来重审此案,同意这一判决。尽管 1874 年 12

---

① 《教务教案档》,Ⅲ/2/619、828 页。
② 《教务教案档》,Ⅲ/2/612、730 页。
③④⑤ 《教务教案档》,Ⅲ/2/612、731 页。

月底的大赦令赦免了全国许多罪犯，但这位地保仍被革役。[1]

在中国其他地方不同背景下，地保被描绘成一种不值得信赖的角色。[2] 他们游走在守法者和违法者的边缘，很容易与罪犯达成妥协。面对八名挑衅者，这名地保选择私了，而不是想办法抓人。当然，如果没有后援，恐怕他在体力上也不敌对手。地保可能会因为调停这件事拿到一点好处，但这点在案情报告中没有提及，教徒也没有对地保提出指控。

地保之所以重要，是因为知县需要在地方上有一个诚实可靠的信息员，才能顺利开展调查，而不必浪费无谓的时间和精力。地保因自己不知道敲诈者的姓名而担忧，从这点足可见知县对这个职位的重视程度。情急之下，傅作然自作聪明地以另一桩案件中的人名取而代之。他用安仁一案中的名字也有道理，因为敲诈者自称是来自该县的团练组织。但是令人惊讶的是，一名看上去不怎么管事且与外界没什么联系的地保居然知道相距甚远的邓家案件中原告的姓名。他肯定有自己的消息渠道，通过这类渠道，信息传到县衙，再从县衙传到其他衙门。

虽然此案受害者是一名教徒，实质问题却并非他的宗教信仰，而是他的安全问题——对此金溪知县显然也很在意。但是对于他以及许多像他一样的知县而言，维护乡村法纪才是心腹之忧，尤其是在保甲制已经崩溃的地方。地方精英的军事力量日益衰弱，只剩下知县、吏役和基层职能机构。因此，知县如要获得地方的准确消息，采取适当的治安措施，乡村地保尤为重要。如果地保不能很好履职，知县只有严惩，以儆效尤；知县无法承受将不可靠的人留在身边的代价。

[1]《教务教案档》，Ⅲ/2/612、731 页。
[2] 史景迁：《清代中国的鸦片吸食》，收录在魏斐德和卡罗琳·格朗特主编：《中华帝国晚期的冲突与控制》（伯克利：University of California Press，1975 年），第 160、164 页。

(六) 教徒的违法活动,安远县,1881—1883 年

在离安远县城东北 180 里的繁华市镇罗塘,保甲人员治安失察导致了极其严重的后果。1881 年初,教徒曾大连和另外 11 名教徒绑架当地住户,索取赎金,并企图私收厘金,据为已用,这些行为从未受阻。[①] 赣州知府 4 月初经过罗塘,听说此事,责成安远知县谢若潮带兵役追纠嫌犯。结果曾大连自尽,五名同伙逃离本县;兵役拿获其余六人,起获旗帜两面、号褂两件、矛刀二十把、铁镖两幅和用来收取厘金的铁链两条。[②]

从知县谢若潮和继任代理知县卢承书的两份几乎相同的审判报告,以及证人和被捕犯人的供词[③],我们得以揭开罗塘事件的一角。

1881 年 3 月初,曾大连在邻省广东入伙盗匪后,回到罗塘家中。[④]曾大连是名教徒,常在族人曾上溃家的货栈和其他教友碰头。3 月 4 日,曾大连在镇上宣称主教要在罗塘修建一座教堂,还伪造了一封主教说明此意的来信,然后让一个教友把信送到当地教堂。曾用这种手段骗取了教堂的信任,使他们相信需要通过某些途径来筹到修建教堂的钱款。曾大连提议成立一个关卡,但他并未告诉教堂关卡收到的钱是给自己和同伙私用。曾找来一些绳索兵器,使他的举动看起来更像官府所为。他还招募了八名薛姓教徒作为关卡的巡丁,打算在 4 月 17 日正式设卡。[⑤]

然而,3 月中旬发生了另一件事。曾上溃雇用蓝高朗帮他把大米挑到墟市,蓝没有在黄昏前离开罗塘,而是在一个熟人林金寿开的客栈里住了一晚。当晚一伙窃贼闯进客栈,捣毁房屋,偷走蓝的米担。林愿意

[①][②]《教务教案档》,Ⅳ/1/371、493 页。

[③] 谢的报告,参见《教务教案档》,Ⅳ/1/371、493—495 页;陆的报告,参见第 495—497 页。吉南赣宁道台本人亲自审讯罪犯后,批准了两份报告(见第 493 和 497—498 页)。巡抚批复并以自己的名义,再将这些文件全部呈交给总理衙门。

[④] 曾以前和本家族有隙,后者想要给他点苦头尝尝。见《教务教案档》,Ⅳ/1/371、494 页。

[⑤]《教务教案档》,Ⅳ/1/371、494—495 页。

承担失窃之责，赔了蓝七百文钱。① 但这件事只是表面上解决了。曾大连以此为由敲诈林。据林金寿称，3 月 22 日，曾上溃和杨二子(也是一名教徒)指责他窝藏盗贼，把他抓起来，索取赎金。② 三周过去了，林家没付一分钱。知县到达地方调查时，曾上溃立刻将林放了。林未受伤。

这件事表明，曾大连在组织当地教徒从事犯罪活动。虽然曾妻和曾姓一名族绅声称对他的事一无所知，但他们必定是害怕受连累才这么说的。③ 案卷末，知县指责曾氏宗族没有管教好族人。

知县对罗塘的保甲却不能这么宽容，他认为他们应该阻止这件事，至少应该上报县衙。他罚保甲父兄笞刑，并革役。后来全国大赦免除了第一道处罚，却没有免除第二道。④ 此案中，知县将中国的集体负责制原则运用到地方控制机构的成员身上，而不是宗族身上，但是知县没有追究杨二子的家乡——广东的保甲对杨离家后的行为负责。⑤ 显然，谁也不认为罗塘保甲要负责外人的登记，尽管这曾经是它的首要治安功能。

至于绑架勒索赎金一事，知县罚曾上溃和杨二子面上刺字，充军到烟瘴之地，不准以赦令援减。知县判另外四名教徒参与犯案未遂，笞四十以示惩罚，但因赦令援免。⑥ 安远知县谢若潮估计教堂会插手救曾、杨二人，于是请上级把所有事实转报给主教。⑦ 知县采取的主动姿态，并且详述教徒受罚的原因和经过，避免了事态进一步复杂化。主教显然对此

①《教务教案档》，Ⅳ/1/371、493—495 页。

②《教务教案档》，Ⅳ/1/371、494—495 页。

③《教务教案档》，Ⅳ/1/371、493 页。

④ 官员们把这些人称为"牌甲"。见《教务教案档》，Ⅳ/1/371、499 页。在总督对本案的总结中，"牌甲父兄"的最后两个字被删去了。见《教务教案档》，Ⅳ/1/373、506 页。

⑤ 广东平远县的人员则被称为"牌甲"。见《教务教案档》，Ⅳ/1/371、494—495、499 页。

⑥《教务教案档》，Ⅳ/1/371、498—499 页。

⑦ 知县也希望主教能把他们开除出教，这样本案就不会因为他们的宗教信仰而更加复杂了。见《教务教案档》，Ⅳ/1/371、493 页。

案无话可说,就没有插手。① 这样也有助于官员重建罗塘的秩序。

(七) 保护漆家墟的教徒,丰城县,1898 年

1898 年,在丰城南部的一个乡村集市漆家墟,一群人在几位低级功名持有者的带领下攻击了当地教徒。这一严重冲突迫使府、县采取措施重建地方秩序,防止冲突升级。1898 年 2 月 27 日,法国公使向总理衙门提出指控后,总理衙门的官员就此事命江西官员调查,并同时电告樊国樑(Louis Fatiquet)主教,询问有关情况。② 接到江西地方官员的报告后,总理衙门根据报告向法国公使说明,这件事情牵涉到互相以自己的信仰为荣的天主教徒和新教徒,两派人发生了争吵、斗殴,有人受了轻伤,但无人死亡。③ 公使傲慢地拒绝接受这份报告的说法,威胁说如果地方官员无力弹压保护,他就要开兵船过去

---

① 知县对教会势力的敏感是否导致赣州知府和署知府后来的一系列举动,这是个问题。知府斌鑑称(但没说为什么)他怕知县提供的案情不准确,于是派出一位候补知县重审。署赣州府知府黄廷金,即斌鑑的继任,又进行第三次审讯。由于犯人翻供,署知府只好派了一位候补知县再次提讯。知县报告黄说,犯人的证词还是前后不一。黄又派另一名候补知县,但那位候补知县因另有差事而没有办理罗塘一案。于是黄再派了一位候补知州进行第五次审讯。最后这位署知府委派了在职的赣县知县李廷俊提讯。后来巡抚让义宁州知州卢承澍出任安远知县。卢进行了最后一次审讯。两年内官员共审讯该犯七次。第七次也是最后一次审讯证实了知县谢若潮第一次审讯的结果。省级官员批准了两份审讯的奏报,并把它们交给总理衙门。见《教务教案档》,Ⅳ/1/371、495—496、499—500 页。巡抚向复核此案的吏部报告了历次审讯官员的迟延。见《教务教案档》,Ⅳ/1/373、506—507 页。然而《教务教案档》中,吏部未对这些迟延官员作出任何回复和处罚的决定。

目前研究过的 1860—1900 年的江西其他教案都没有过如此多的委员。由于我们对巡抚和知府、巡抚和知县的关系不甚了了,因此无法将罗塘案放到一个适当的行政角度来考察。我们确定的是巡抚认真地评价了各委员的工作态度,那些候补官员也不希望在等待职位期间犯下太多过失,留下恶名,妨碍仕途。所以巡抚和知府对这些候补官员的掌控还是比较有把握,因为一方面,这些候补官员眼前得靠特别的差遣才有收入,另一方面,他们对案子的判断又决定着他们的仕途。见乔纳森・凯文・奥柯(Jonathan Kevin Ocko):《丁日昌与江苏的复兴:1864—1870,文饰与现实》(耶鲁大学博士论文,1975 年),第 194—197 页。关于知府的委派权,见罗伯特・韦斯(Robert N. Weiss):《太平天国运动前夕地方统治的灵活性》,载《清史问题》4.3(1980 年 6 月),第 13—14 页。

② 《教务教案档》,Ⅵ/2/696、1040 页。

③ 《教务教案档》,Ⅵ/2/700、1041 页。

相助。①

樊主教对丰城事件的描述是根据他从知县那里听来的详情。据李德望神父称，1898 年 2 月 7 日，张宿（生员）、杨仁斋和杨子麟（二人皆为监生）想要灭天主教，纠集两三千人之众，各执利器，冲向当地教徒，殴打了几名天主教传道师，骂他们是洋人的爪牙；还打伤了几名教徒，打死三人。此外，这群人还纵火烧毁教徒房屋，偷窃财物。主教称有四五十名教徒目击此事。②

为了恢复漆家墟的平静，代理丰城知县传令乡绅商讨局势，鼓励他们和官府合作，以阻止更大的麻烦。知县还告诫地保，行动要再积极一些。这是他唯一提及的和地方治安有关的人员。南昌知府却采取了更为激进的措施，派兵勇和衙役到达当地。③ 虽然这些人都是在事件发生后临时招募的，但由此可见，官员有办法有能力对付严重的地方事件。

1898 年三四月间，李神父访问了漆家墟和其他边远地区的教徒，留心事态的进展。他发现这些地方一派祥和气氛，途中经过附近的秀才镇也是风平浪静。这时漆家墟的教徒状告张宿、杨仁斋和杨子麟是事件的首领。丰城知县根据自己的调查，同意褫夺他们的功名，以示惩罚。知县惩罚了煽风点火的地方精英，也警告了那些有反教企图的其他地方精英。知县还和传教士达成协议，赔洋元 1.2 万元，作为人身伤害和财产损失的赔偿。他命张宿及其同党分三次支付这笔钱给李神父。这位天主教神父接受了这个决议，事件得以平息。④

①《教务教案档》，Ⅵ/2/701、1042 页；《教务教案档》，Ⅵ/2/709、1058 页。
②《教务教案档》，Ⅵ/2/702、1042 页；《教务教案档》，Ⅵ/2/709、1059—1060 页。
③ 知县称"地保"为"地邻"。见《教务教案档》，Ⅵ/2/709、1058—1059、1061 页。
④《教务教案档》，Ⅵ/2/709、1059—1061 页。实际上，赔偿金是 1.1 万元洋币，但李德望神父从中拿了 1 000 元，作为付给中国官员为天主教会换取丰城县城内的另一块地的报酬。此事与漆家墟完全无关，但是两次谈判恰好在时间上相重叠，所以就把二者联系起来了。关于前一案例的详情，见第五章。

结　论

19 世纪 60 年代至 70 年代初的大南昌地区，许多人都对天主教徒的政治忠诚感到怀疑。在赣州、吉安和永新，包括偶尔在乡村地区，出现了一些表达这种情感的反教文献。但是，教案档案却没有显示出南昌或江西其他城市的绅士有互相串通，在城市之间策划反教运动的任何线索。

相反，我们从上个世纪留下来的关于江西的材料中，看到的却是地方上民教之间在地方治安和各种其他非宗教问题上的矛盾与冲突。如上文所述，19 世纪 70 年代中期，宜黄县乡村的私人问题闹到县城，致使许多人为自己的安全担忧。同样，1880 年初，安远县乡村的违法活动使人们关注法律和秩序的维护。在其他地方我们同样注意到，在基层社会，由于欠租欠债引发的小吵小闹可以发展成为更大的麻烦，主要原因就是保甲系统的脆弱和人员的渎职。

除了文中讨论的案件和问题，还有所谓的教匪，他们实际上潜伏在各个州府，而江西北部的干旱又使盗匪滋生。① 强干的巡抚，例如沈葆桢和刘坤一，都积极推行措施，试图恢复战后的政府权威。他们发现省一级的行政管理比其他问题更令人头痛，而且危机重重；而在地方上，知府知县要处理各种繁杂事务，包括和教徒有关的种种棘手案件。从各级官员的努力中我们可以更清楚地看到清代地方治安所要关注的问题，以及教徒在这种治安体系中的活动。

负责任的政府官员经常发现并且感觉到行政结构中的裂缝。② 在南

① 刘坤一：《刘忠丞公遗集・奏书》(1901)，卷 3。
② 对清代行政制度灵活性的概括性讨论，见墨子刻(Thomas a. Metzger)：《清代官僚的内部组织：法律、规范及沟通》(马萨诸塞州剑桥：Harvard University Press，1973 年)，第 20—91 页。墨子刻还讨论了这种灵活性在经济领域效能如何，见他的《清代国家在商业领域的组织能力：两淮盐的专卖，1740—1840 年》，载威尔莫特(W. E. Willmott)主编《中国社会的经济组织》(斯坦福：Stanford University Press，1972 年)，第 9—45 页。

昌地区,这意味着在缺少一个可靠的、现代化的保甲系统时,只能依靠公共管理机构对教徒进行和其他平民一样的登记;在崇仁县,知县命令地方精英重新组织保甲;全省官员在处理各种各样的繁琐公务时,都要利用地保,因为他是对地方居民最了解、对本地事务最熟悉的人。毋庸置疑,地保是县级和更高级官员获取信息的重要来源。而出于对地保的信赖,官员们在给总理衙门的重要报告中总是引用地保的话。总之,地保是维系知县和地方社会的重要治安纽带。地保尽职与否,对县级政府顺利运作至关重要。[1]

我们在南昌和吉安事件中还可以发现,官员除了依赖地保,也常常派绿营军来维持秩序。巡抚沈葆桢和刘坤一都提到他们的重要性,认为有必要继续提高他们的可靠度、高效性和战斗力。[2] 其实,新式训练和现代武器的运用已经使绿营军的实力不断提高。[3] 学者应当重新考虑对这支军队的评价,因为整个江西的官员实际上都在使用他们来控制民众、救火、调查案情以及抓捕案犯。[4] 在民教冲突中,这些士兵证明他们远比

---

[1] 随着时间变化,地保一职显得更加职业化。有些地方地保享有辖境内的司法权,且不住在他负责的村子里。这种局外的亚官僚身份使那些外人,比如衙役,更喜欢用地保而不用当地村民。这也使得地保愈加不像保甲制的一部分,因为保甲首事都是从每甲的各个家族挑选出来的。

　　知县经常正式任命地保。从金溪县地保身上可以看出,地保与县衙以及其他亚官僚的关系十分密切,这位地保居然知道邓家一案有关人员的名字。这很难解释,除非他衙门里有人(文书或衙役),而那人在邻县又有关系。现有的资料充分说明了地保和县衙的关系。在某些方面,他们甚至被当成县衙的长期属吏。关于这种次县一级职位的职业化问题,见约翰·沃特(John R. Watt):《衙门与城市行政管理》,载施坚雅(William Skinner)主编:《中华帝国晚期的城市》(斯坦福:Stanford University Press,1977 年),第 377 页;及罗威廉(William T. Rowe):《中华帝国晚期的城市控制:汉口的保甲制》,载约瑟华·弗格尔(Joshua Ai. Fogel)和罗威廉主编:《变化中的中国》(布尔德:Westview Press,1979 年),第 108—109 页。

[2]《教务教案档》,Ⅰ/2/1000、926 页;《教务教案档》,Ⅰ/2/1075、970 页;《教务教案档》,Ⅱ/2/751、971 页。

[3] 据刘广京,"当时未出现新的大规模叛乱,归因于许多省的勇营都拥有西式武器,以及对绿营军的重新训练"。见其《清代的中兴》,载《剑桥中国史》,卷 10:《晚清,1800—1911》,第 490 页。

[4] 据费维恺(Albert Feuerwerker)的观点,1860 年以后绿营军"最终衰弱","再也不是一支有效的战斗军队了"。因此,"地方知府知县缺乏军事力量将匪党、秘密社会和武装走私消灭在萌芽状态"。见其《19 世纪中国的叛乱》,第 51—52、94—95 页。

地方军事武装更可靠。

实际上,当骚乱牵涉到教徒时,官员们担心绅士会影响他们对团练的调用。在南昌地区,地方精英,尤其是功名持有者,都公开敌视天主教徒。虽然 1870 年的干旱使江西北部治安问题恶化,但是政府官员们一次也没有提议使用团练去控制教徒或反抗气势汹汹的法国人;此时使用绅士领导的团练去对付教徒,无异于火上加油。然而,当官员对整个地方事务的总体管理较有信心时,他们又是另一种做法。例如当宜黄县的地方治安几乎面临崩溃时——不是因为反教骚乱,而是因为犯罪高峰——知县发动了地方精英并动用了团练,解决了政府的难题。

政府对地方社会的控制与绅士的力量二者之间的相互关系还因为另外一个因素而复杂化,即普通百姓的态度。19 世纪 70 年代初,南昌一位匿名者的对话被记录下来:

> "问:你们地方官同绅士主意如何?
>
> 答:官府绅士,总是依他[传教士]。做官的只图一日无事,骗一日俸薪,到了紧急时候,他就走了,几时顾百姓的身家性命?绅士也与官差不多,他有家用当然也会搬去。受罪的都是百姓,与他何干?我们如今都不要他管,我们只做我们的事。"[①]

南昌的官绅之间、官民之间的这种裂缝,在江西其他地方同样存在。例如我们在宜黄县城所见,一旦进入犯罪高峰,就只有功名持有者和富户能够逃走。然而,每个地方的普通百姓都希望生活得安心。

清朝官府不得不重新树立政府威信,重建地方秩序和治安环境。在江西许多地方,到 1870 年初为止,政府就已完成这些任务。在地方控制中,知县是最关键的变数,这取决于他们的政治才干、果断性和灵活性。知县们根据当时当地的形势和他们所掌握的资源,起用地保、绿营军、地方军事武装、绅士,甚至普通教民,让他们成为基层社会场景中最活跃的

---

① 《教务教案档》,Ⅰ/2/1022、948—949 页。

演员。无论在城市还是在乡村，谁也无法否认这种策略在维持某种秩序假象时是有效的。即使在最艰难的时刻和环境下，清代官员依然恪尽职守。正因如此，天主教徒没有受到绅士大面积的迫害。

第七章　基督教的另一视角：乡村的适应

　　晚清保留了有关在华基督教的大量案例。本研究主要集中于一个省份，我们以往对于该省基督教的了解主要来自19世纪60年代发生在省府的一次严重冲突——南昌教案。南昌教案反映了彼时此地反教冲突发展过程中的核心问题，但并不意味着江西其他地区和其他时期的同类事件也是按照乡绅教唆的模式重复演绎。通过广泛调查各种教案，尤其是发生在县级城镇和乡村的教案，我得到一幅完全不同的场景：与官府、传教士一样，绅士在教案中的作用不容忽视，但他们所扮演的具体角色在各个教案中并不相同。在五光十色的江西乡村社会幕台上，造成民教冲突的大多是平民百姓和他们的日常事务。

　　基督教冲突发生时正逢乱世。19世纪晚期，清政府不得不面对一系列问题：帝国主义入侵、大规模的起义和不计其数的小规模叛乱、传统贸易模式崩溃、经济不稳定、对资源掠夺加剧、失业人数增加、吸食鸦片猖獗，以及所有这些对宗族和家庭结构的影响等等。由此看来，教案只是这个王朝在经历几代人的统治之后走向瓦解的大型戏剧中的一幕。

　　这些事件和社会变化就像肆虐的洪水，同样也席卷了江西。在这股激流混水中找到方向并非易事，平民百姓在努力地适应社会现实，然而历史记载总是更倾向于突出时势艰难和社会变化中更为剧烈的一面,我们很难注意到百姓努力适应的状况,更别提将那些相对平静、正常的时期再现。尽管它们可能比人们想象的更多、更长。但是,传教士那些一闪而过的评论、简略的观察和偶尔为之的详细描述,帮助我们从一个以唯冲突论的视角转移到一个以平静的乡村地方为中心的视角。以下论述所提供的信息使我们对江西乡村普通教徒的生活有一个更加平衡的了解,同时,也使我们重新认识他们在类似九都这样的乡村地区的日常生活。[1]

一 和解与共存:九都

建昌府九都及周边地区生活着数百名天主教徒。经过数年积累,传教士已经在这里建立了大量传教场所,过着正常的生活和传教。但是,《教务教案档》中没有任何案例提到过九都曾在这 40 年当中发生过民教冲突;当地传教士也没有在信件中提到当地有过任何因宗教引起的长期对立。[2] 对此该如何理解? 是否能够下结论说九都从来没发生过任何冲突,或者即使发生,但人们已经私下解决了? 根据我们对乡村生活的了解,后者似乎比前者更有可能。既然大部分问题和争执都可以不用对簿公堂,那么在官方文件找不到任何有关民教关系的记载也就不足为奇。

罗如望神父于 1616 年到达位于江西东部的府治兼县治建昌。[3] 他在该城发展了一些教徒,但更大的成就是在抵达离建昌约 30 里外的南城县郊,特别是九都一带以后。地方志称,罗如望神父在九都劝奉了 579

---

[1] 九都的概况见第二章。

[2] 传教士记载了太平军叛乱期间九都发生的矛盾和冲突,但这些都和叛乱有关,而不是由村子内部的问题引起的。

关于日期,我发现江西另外两个村子的历史和九都相似:一个是高安县的三桥,另一个是南康县太窝里。可惜我手头的材料不足以深入探讨。

[3] 这里对九都的部分描述,在我的文章中做了修正:《江西一所乡村教堂:晚明至晚清乡村地区的基督教》,载郝延平和魏秀梅主编:《现代中国史的传统与变迁:刘广京教授 75 周岁纪念文集》,卷 2:《英文集》(台北中央研究院近代史研究所,1998 年),第 1155—1172 页。

人,这个数字很可能也包括了九都附近的一些村民。许多信教者都来自九都一个姓游的宗族,但并不全是。神父把九都作为一个地方传教中心,修建了一座教堂和其他教会建筑。① 17 世纪 20 年代初罗如望神父离开后,又有一些耶稣会士到过这里。明王朝的衰落和各地兴起的反清复明斗争表明时势并不太平,对教徒来说更甚。17 世纪 60 年代初,由于新教堂对当地风水的影响,以及怀疑神父的政治可靠性,殷铎泽(Prospero Intorcetta)神父与知县先前建立起来的良好关系有点变味。② 1724 年清廷禁教后,只有极少数神父留在江西,他们秘密地穿梭于各个乡村教会。即便在这种情势下,九都的教徒仍然保持他们的信仰。

19 世纪初期,西方国家在广州扩大贸易,以及他们不断增长的在华利益,吸引了大批欧洲传教士来华,其中一些是再度进入内地。和德广(Bernard-Vincent Laribe)是进入江西传教的第一位遣使会士。1832 年,他乘船从澳门到福建,登陆后进入江西东部,来到九都。随后他以九都为据点,走访散布在各个乡村的半隐蔽的天主教徒。③ 去九都拜访过他的神父们称,乡民对天主教的态度都很友好。和神父为许多人施洗,到1838 年,九都已成为他活动的中心。此时建昌府大约有1 600名天主教徒,大部分都集中在九都及周边村庄。④

关于九都及当地教徒的其他材料来自于古伯察(Évariste-Régis Hus)神父,他是一名遣使会士,1841 年前往中国北方的途中经过江西。⑤ 他告诉我们,九都是该地一个集市,大约 1/3 的居民都是天主教徒。山

---

① 《南城县志》(北京新华出版社,1991 年),第 371 页。
② 蒙盖罗(D. E Mungello):《杭州被遗忘的基督徒》(火奴鲁鲁:夏威夷大学出版社,1994 年),第 44—45 页。
③ 《在华遣使会》,第 4—5 页。
④ 《传教年鉴》(ACM)9(1843),第 169—172 页。这些数字都是根据我对穆导沅主教的数据解读得出。
⑤ 见保尔·佩略特(Paul Pelliot)对古伯察和约瑟夫·盖比特(Joseph Gabet):《鞑靼西藏旅行记(1844—1846)》一书的推介,威廉·哈兹利特(William Hazlitt)译(纽约:Dover Publications,1987 年),ix。该书描述了古伯察神父在清帝国漫长而有趣的旅行的种种细节。

边坐落着一座教堂、一所住院和一所学校,俯瞰下去,是整个村庄和一小片农田(见图2)。古神父把这个村庄叫做"绿洲",认为留在这里会很安全。这个时候古神父听到一种流言,说江西即将对基督徒展开"迫害"。然而当地教民似乎对此并不恐惧,并且公开庆祝复活节。其他村子的人也来了,有些人还从很远的村子赶来。这些教徒来到九都参加宗教仪式和各种活动,一连持续数日。教徒们祷告、歌唱、参加晚祷,并且在复活节的星期天弥撒结束后燃放鞭炮。[①] 古神父与和神父的报告中都没有提到这一年教堂举行仪式遭遇过任何麻烦,也没有发生任何冲突事件。

图片2 九都的天主堂

这里的第一座教堂建于1610年前后;这座教堂建于1903年,1996年最后一次重修。

资料来源:作者。

---

① 《传教年鉴》(ACM-E)4(1843),第161—174页。

　　然而，1842 年秋，问题出现了。当地百姓开始为过节做准备。就像所有中国人一样，九都一带的人们过一段时间就要过节，通常是为了庆祝某个神的生日或者某座寺庙的成立纪念日。人们觉得这种庆祝会增强神或者寺庙的法力，保佑本地风调雨顺。因为当地每个人都相信会从这类活动中受益，所以都愿意出钱支持这些活动。[1] 活动的组织者需要募集一些钱来置办酒席、雇用戏班子在露天的戏台上演出，还要支付其他费用，比如发给本地居民的糖果和糕饼。所有人都会捐献一些物品。1769 年，教会禁止教徒支持这类"崇拜偶像"活动。[2] 由于朝廷的迫害，基督教转入地下，神父不能或没有及时下达这一禁令。和神父本人或许容忍了教徒为过节捐献物品，但不准他们参与节日活动。[3] 自 1832 年起他就住在这里，他对这种事持中立态度，称这种地方节日只是每年一度的活动，并没有对此提出异议。

　　1842 年，穆导沅（François-Alexis Rameaux）主教访问过江西后，教民也许是在主教的指使下，不肯派钱过节。[4] 和神父希望当地教长和身为教外人的村长能面对面解决教徒交份钱的问题。但是尽管有人从中斡旋，双方还是没有达成和解。[5]

　　谈判的破裂使许多教徒担心那些要求派钱过节的人对他们使用武力。为了安全起见，同时也是作为预防措施，他们把教会器什从教堂转移到家中。他们聚在一起，决定不再保卫教堂，但是会保护好自己的家。

---

[1] 见李仁杰：《华北的乡村宗教和乡村组织：天主教在 19 世纪晚期遭遇的挑战》，第 45—52 页；及罗格·汤普生（Roger R. Thompson），《中国乡村的上帝之光：基督徒、儒教徒和现代化国家（1861—1911）》，第 53—68 页；两书皆载于裴士丹主编：《中国的基督教：从 18 世纪到当代》（斯坦福：Stanford University Press，1996 年）。

[2] 赖德烈：《基督教在华传教史》，第 151—152 页。

[3] 和德广神父在 1843 年就九都事件写了一封长信，我把它用在这里作为论述的根据。《传教年鉴》（ACM）10（1845），第 322—374 页；《传教年鉴》（ACM-E）6（1845），第 150—173、208—230 页。

[4] 穆导沅主教负责江西和浙江广大地区的教务。直到 1845 年，两省仍同属一个遣使会宗座代牧区。

[5] 《传教年鉴》（ACM-E），第 150—151 页。

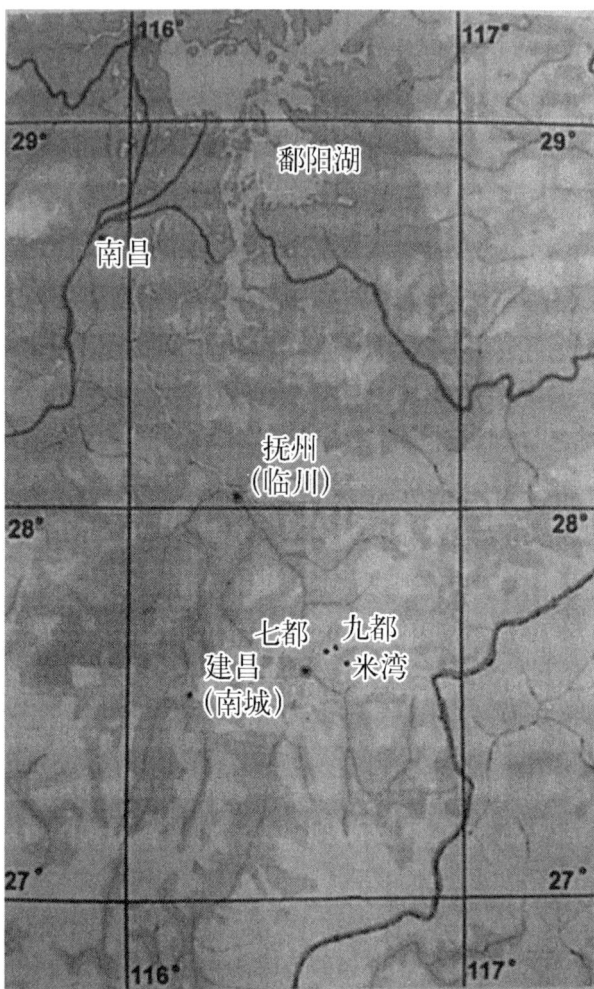

地图2　赣东和建昌地区

清政府当时仍然宣布基督教不合法，九都的教徒以为，即使诉诸地方官，这样做也只会被看成是保护自家财物，而不是保护一种非法宗教。九月末，根据和神父的记载，大约一千多人聚集九都，先去了教堂，发现教堂里空空如也，无人守护。于是捣毁了教堂，并威胁恐吓，到处搜查神父，要将他驱赶出境，但没有找到。这群围攻者愤怒地宣称他们将"再也不准（神父和天主教徒）从公井打水"，也就是不再视他们为村社一份子。①

　　九都的教徒被排挤出村子，即便抗争也无济于事，于是一些人投奔到最近的城市建昌，他们想在那里买通"兵丁、讼师，甚至官府要人"，也就是衙门里的师爷和小吏，希望通过这些人向知县告状，寻求保护。随后更多来自九都的教徒抵达建昌，其中包括一部分下层绅士，他们在一份正式诉状里直接称自己为"拜主的人"，并无过错，可是却受到周围攻击，财产被毁。根据传教士的记述，知县受理此案后，差役前往九都查究，但衙役无法控制局势。最后，这场冲突以和神父自愿离开当地得以解决，围攻者向地方官也提交了一份申诉状。②

　　第二年，和神父又回来了。他得知此地又恢复了平静，但并不是因为知县的努力。教民和反对者最终发现，打点知县和打官司的费用太高。原告和被告在衙门的供词都差不多，没有引起任何人的重视——毕竟这种事很常见，然而花费却让人心惊肉跳。知县没有把天主教徒当做一种非法宗教的教民进行迫害，他认为这只是一件与非法宗教有所关联，然而却无关宏旨的小事，就把案结了。涉案双方面议后达成和解。据和神父称，教徒"不用再交纳（节日的）费用，也不用参加村里举办的任何迷信活动"③。我的理解是：教徒不用再交钱，不必参加节日活动，但也不能再分享任何节日所带来的利益，比如免费的娱乐和糕点。

　　尽管为节日捐钱是 1840 年九都冲突的关键问题，但在江西乡村传教的教士们还报告了其他问题，有些还相当严重。官员和一些百姓把天主教活动和非法的白莲教混为一谈，并有谣言说天主教会囚禁人。传教士让"医疗施洗者"（Médecin baptiseurs）分发免费药品给生病孩子的父母，有些传道师试图用药物挽救临死的孩子，或者在他们弥留的最后一

---

① 《传教年鉴》（ACM-E），第 151—152 页。这种做法既有象征性，又有实用性。19 世纪 90 年代在山东也有关于拒绝和基督徒同用一口井的报告。周锡瑞：《义和团运动的起源》，第 215 页。
② 《传教年鉴》（ACM-E），第 152—155 页。
③ 《传教年鉴》（ACM-E），第 230 页。

刻为其施洗以拯救灵魂①，然而这样做却使他们自己无意中卷入了这些谣言。九都的反教者可以轻易凭其中一条或者全部事实攻击基督徒。但他们没有这样做。由于该地悠久的基督教历史，教外人显然对传教士或教徒的活动不存任何怀疑。双方都专注于做自己所关心的事情，比如地方节日。于是他们达成了协议。

经历过这次风波之后，九都仍然是江西东部的传教中心，而且在以后的几十年一直如此。除了修建教堂、主教的住所和学校外，教徒在不同时期还建了一所修道院，一所育婴堂，以及为来访的神父提供膳宿的地方。太平军叛乱初期，尽管附近时常有战斗，但这些设施和村庄一直安然无恙。1859 年，为了对这样的好运表示感恩，王吾伯神父准备借基督圣体节(Corpus Christi)之机举行一个特别的庆典，借此鼓舞教徒，同时也向教外人展示规模宏大的基督式宴会。王神父委派一名中国神父和修道院的修士打扫教堂和修道院，用汉字把圣诫抄写在彩纸上，贴在墙上。他们还建了一些临时祭坛和展示宗教仪式的祭台，配上装饰品，又铺上云杉木地板。他想把这一切都做得干净、整齐、吸引人。

庆典开始了，教徒们挤满了整座教堂。王神父做了弥撒，然后带领参与者围绕教堂、其他建筑和花园行走。一位年迈的传道师举着蜡烛，站在神父身边；每位教徒从一个朝拜的地方走到另一个朝拜的地方，一一叩拜基督教的圣品、写满虔诚之辞的对联，还有那些装饰品。教徒唱着圣歌，身后响起鞭炮声和教堂的钟声。这次集会一定使人感到庄严而骄傲。村里的教外人从来不会错过这样的庆典，但谁也不会发出抱怨声或进行任何干扰。②

① 这些行为最早发生在 19 世纪 40 年代。受过良好教育的天神之后传教女修会(Society of Saints-Anges)靠着微薄的资助工作。她们到各个村庄旅行，把药分给病孩的父母，不论他们是不是基督徒。圣婴会也为儿童实施治疗。为教外人的亡故儿童施洗礼和抚养孤儿是圣婴会的主要工作。见《田嘉璧主教传记》(Auxerre：Octave Chambon，1892 年)，第 117 页。法国传教士经常使用"医疗施洗者"一词，可参见《传教年鉴》(ACM)62(1897)，第 236 页。
② 《传教年鉴》(ACM)24(1859)，第 353—368 页。

王神父这种表达感激的方式或许有欠考虑，因为此时叛乱已经逐渐蔓延到江西，席卷了像九都这样的乡村地区。在这期间，神父们力所能及地帮助人们，育婴堂收养了许多孩子。1865 年教堂建筑和整个村子都被毁坏了。后来人们重建家园，神父们陆续回到这里。1872 年，这个地方又充满了生机，九都的一位富商捐了一大笔钱，在原来的旧址上新建了一座大教堂。这座教堂高高矗立在山坡上，俯瞰着整个村庄。

与此同时，神父们在外边的村子又劝奉了一些人。附近的米湾有几个家庭皈依，后来神父们同意九都育婴堂里的女孩嫁给这些新皈依的天主教家庭中的单身男子①，通过这种方式建立了一些天主教家庭。神父们想把米湾的信教家庭和九都联系起来，这样可以更容易掌握他们的信仰及其热爱程度。出于同样的动机，神父们考虑把育婴堂的女子嫁给当地男子。在江西东部，神父们把天主教妇女的出嫁看做加强她的整个家庭信仰的一种方式。②

19 世纪 70 年代，南城县的天主教徒分布在至少 12 个乡村教会，管理这些地方教会的神父通常都住在九都。③ 九都教会最大，约有 400 名教徒，而最小的一个地方教会只有七八名教徒。④ 随着江西天主教的不断发展，罗马在 1879 年决定把该省分成两个代牧区。新的江西北部代牧区主教把抚州——离九都西部大约 150 里的一个城市——作为主教驻所。自此，九都将其人员、资金和机构全部转移到抚州，但它仍然作为天主教活动中心名声在外。⑤

1882 年，游咏(André Yeou)神父到达九都，他于 1856 年生于此地，这里是他的家乡。从他的叙述中我们知道这个村庄发生了一些变化。游神父写道，过去游氏宗族的民教相处并不好。有一次，不信教的族人

①《在华遣使会》，第 71 页。
②《传教年鉴》(ACM)56(1891)，第 486 页。
③ 其他神父和主教也经常居住在九都。
④《在华遣使会》，第 71—72、83、86 页；《传教年鉴》(ACM)53(1888)，第 479 页。
⑤《在华遣使会》，第 86—87、95—96、98 页。

威胁说要将教徒的名字从族谱上勾去。信教的族人不能不郑重考虑这件事，有些人因此对去不去做弥撒左右为难。毫无疑问，不信教族人的其他威胁和压迫同样使信教族人生活得很艰难。但是随着时间慢慢流逝，境况也发生了改变，游神父发现，九都的天主教徒正享受着"空前的平静和自由"。村里的孩子到天主教的学校里读书不会遇到任何阻碍。更重要的是，最近重新编修的游氏族谱中，不仅包括所有教徒的全名，而且还包括四名出生于此地的神父的姓名。我认为这一点意味着村民从容忍转变为接受。游神父离开该村之前，村长和其他不信教的人前来拜望，表达崇敬之情。① 他们在他面前磕头，声称以后再也不歧视天主教了。从中可以表明天主教徒已经融入族人和村庄的权力系统之中。

罗安当神父证实了游神父所说的一切。罗神父从 1844 到 1893 年一直在江西。在这些年中，这位在中国传教资历最长的法国神父定期访问九都，并且从 1887 年起就住在那儿，直到逝世。1890 年，罗神父提到，九都的居民一部分是天主教徒，一部分是"异教徒"，这种情形已经延续了 12 代之久，在后来的 47 年中，天主教徒与邻人和睦相处。② 换句话说，自 1842—1843 年为地方节日捐献事件以来，九都教会再也没遇到过民教之争。

但我并不是说，九都是一个风平浪静的伊甸园。当然，这里也没发生由乡绅煽动一贯仇教的人发起的持续骚乱和冲突。毫无疑问，基督徒与非基督徒之间，甚至教徒与教徒之间，意见不合、互生龃龉的情况时有发生。如果这些争吵曾经形成讼案，那么记录也已不存。因此可能的情况是，随着时间流逝，教外人逐渐改变他们对教徒的期望，同时也改变自身的社会文化活动，演变出一种更加宽容的态度。换句话说，人们互相调整，彼此磨合。1883 年，管辖江西南部代牧教区的王吾伯主教指出，传

① 《传教年鉴》(ACM)49(1884)，第 151—155 页。
② 《传教年鉴》(ACM)53(1888)，第 432 页；《传教年鉴》(ACM)55(1890)，第 625—626 页。

教士和那些信教时间较长的教徒并不惧怕迫害；但是新近入教的人，由于停止了祖先崇拜，并且不再对"神坛"，也就是地方节日提供每年的捐钱，却经常遭遇各种各样的"麻烦"①。由于村民信教后不再参与一些历史悠久的重要文化活动，人们需要用一段时间才能把对教徒在地方上应该承担某些义务的期望调整过来。

二　乡村教徒的经验

对于乡村地区民教关系改善的方式和原因，可能还有其他解释。大城市发生的冲突通常是由人们对教堂和育婴堂内部事务的关注引起的。我们记得南昌在 19 世纪 60 年代出版的反教揭帖中，将教徒的行为描述得十分野蛮。② 面对好奇而不守规矩的市民，缺乏安全感的神父只好将教堂和育婴堂的大门紧闭，但这只会加深人们的怀疑。然而在乡村却是另外一幅景象。

首先，这里几乎不存在反教文字和荒谬的谣言，即使有也很少能激起冲突。其次，在乡村，人们很容易进入教堂、礼拜堂和育婴堂，这些设施通常设在已修建多年的房子里。由于乡村缺乏其他设施，神父常常只能临时处所做弥撒，这种地方通常是在某位乡民房子里的一个房间甚至房间的一个角落。有时候信教和不信教的家庭住在同一幢房子里。一位传教士描述过教徒如何在一间乡下房子里造出一个临时的弥撒间：他们只是把两扇前门拆掉，放在两边，就变成一个祭坛。③ 只要在做弥撒的过程中，猪和鸡鸭不会在洞开的门口走来走去，神父们就觉得很幸运了。门窗都是开着的，教外人一眼就能看到里面的情形，如果他们想进屋也没关系。教士们通常不太喜欢这种乡村的弥撒间，但他们别无选

① 《传教年鉴》(ACM)48(1883)，第 395 页。
② 柯文：《中国与基督教：传教运动和中国排外主义的发展，1860—1870 年》，第 89—91 页。
③ 《传教年鉴》(ACM)51(1886)，第 100 页。

择。他们允许村民偶尔窥探和少量接触，反而减少了谣言。而在城市里面，紧闭的教堂建筑往往使这类谣言成功地传播和激起骚乱。

其三，特殊的宗教活动或开斋庆典，例如上文描述的九都的庆典，都有公开的游行，可以向教外人展示宗教仪式和真正的祭拜活动。更何况，村民只要观看过教徒做礼拜，可能早就知道了这些过程。教士传道或拜访村民家里的时候，普通村民随时可以看到他在做什么，这些也使乡村境况有别于城市。

传教士自抵华之日起，就对儿童的处境特别关心，尤其是那些身患重病的儿童。圣诚称洗礼可以挽救临死儿童的灵魂，因此神父、传道师和医疗洗礼者尽可能地为病孩医治和施洗。随着来华人员日益增多，尤其是 19 世纪仁爱修女会(Sisters of Charity)抵达江西后，在资金允许的条件下，教会或开办或扩建育婴堂。大的育婴堂一般设在主教住所附近，到 19 世纪 70 年代，则倾向于设在行政中心或附近。神父们还在有良好传教基础的乡村地区开办小型育婴堂。到 1899 年，教会在江西共开办了 18 个育婴堂。[1]

教会在城市和乡村地区照顾和抚养的孤儿和弃婴中，女婴的数量远远超过男婴。但不幸的是，婴儿的死亡率相当高。这些孤儿和弃婴刚来到育婴堂时身体条件和健康状况都非常糟糕，存活的机率很低。1870—1886 年，江西北部教区的教会收养了大约 6 000 名孤儿，其中有 4 000 名死亡。同一时期，天主教的神职人员为 10 万名临死儿童施洗。[2] 人们怀疑教会和婴孩高死亡率之间有某种联系，这导致 19 世纪 60 年代和 70 年代南昌、抚州的育婴堂被毁，并在 90 年代初期威胁到九江一个育婴堂和抚州另一个育婴堂的生存。[3]

---

[1]《传教年鉴》(ACM-E)7(1900)，第 212—213 页。
[2]《传教年鉴》(ACM)52(1887)，第 610—611 页。
[3] 九江和抚州的育婴堂遭到袭击，但在地方官员的保护下留存下来。《传教年鉴》(ACM)56 (1891)，第 607—608、618—619 页。

　　然而乡村的情况却有所不同。罗安当神父于 19 世纪 50 年代在九都开办了江西乡村第一所育婴堂。育婴堂收容的孩子常常超出其承载能力。他和其他神父便雇用当地妇女,包括不信教妇女,将这些孩子抱回自己家中喂养。这种雇用方式将当地的教外人直接纳入育婴事业,使他们有机会观察到儿童在教会所受到的待遇,并且使他们共同为孩子们的命运负责。由于极端穷困,该地区有些家庭无力养育自己的孩子。神父们偶尔会发现匿名人氏丢在门口的婴儿。有时人们直接把孩子抱到神父那儿,设法使他们进入育婴堂。江西东部代牧区主教和安当在 1886 年的一则报告中称,有的父母把女儿留在育婴堂,约定等女孩长大到结婚年龄时,神父有权为她在她父母所居住的地区寻找丈夫,这样,神父和她们将来就能够保持联系。[①] 神父们只有在这些即将生产的家庭愿意学习圣诫时才答应这样做。神父们也试图安排在育婴堂长大的年轻女孩嫁给信教男子。80 年代末,和主教统计了一下,约有 200 多位孤儿嫁给了新近入教的男子。[②] 如果没有其他选择,神父也允许孤儿嫁给教外人,教会会提供新娘的嫁衣和嫁妆。结婚仪式不仅使普通人与育婴堂发生联系,而且使他们与神父和其他教徒发生联系。一般说来,乡村百姓不会回避或怀疑育婴堂。为传教工作倾注大量心血的传教士称,育婴堂为他们赢得了人们的同情和尊重。在乡村地区,这种说法还是比较真实可信的。

　　在育婴堂,教士们对儿童加强宗教教育,认为这样可以为将来打下坚固的信教基础。神父们慨叹,在不信教的奶妈照料下长大的孩子错过了天主教的基础教育,而且这些孩子受周围教外人习俗和行为的影响,不利于形成良好的教会品质。神父们担心等到这些孩子回到育婴堂后,也许就没有足够时间来对他们进行天主教价值观的教育了。另一方面,神父们有时候也会利用不信教的奶妈与婴儿之间培养起来的深厚感情

---

①②《传教年鉴》(ACM)52(1887),第 436 页。

来吸引新的皈依者：如果有奶妈到教会收养婴儿，神父们就以此机会吸收一个教外人家庭进入教会，并允许只有在皈依天主教以后才能收养。①

神父对宗教教育的重视促使他们创办教会学校。30年代末，和安当神父首先在江西东部创办了五所乡村学校。信教儿童可优先进入学校学习，如果空间多余，不信教儿童也可入校学习。学生通常不用付学费。课程当然以基督教教育为主，但也为许多没有其他机会学习的学生提供基础教育。可能的话，例如在九都，神父们还专门开办男校和女校，聘请中国老师和已婚的女老师。1899年神父们建立了135座学校，其中绝大多数都在乡村。② 教育的推广必然使教徒与教外人发生联系，并且还有可能使后者随着知识的增长而对传教士的工作产生崇敬之情。值得注意的是，江西的基督教教育从来不是冲突的原因之一，也从来没有受到反教者的直接攻击。③

除了提供教育，教会还为当地教徒和一些教外人创造各种各样的工作机会，促进了当地的贸易和经济。例如，对现有教堂的修缮或重修通常由神父督建，但劳动力和建筑原材料全部来自当地。教堂建起来后，传教所、住所和教堂都需要内部工作人员、看门人，以及其他管理和维护人员。此外，神父到各地堂口视察要雇用轿子、轿夫和搬运工。在乡村，神父还要付给无数传道师、洗礼人和医疗施洗者微薄的酬劳，这些人对于教会的乡村传教功不可没。

如上所述，育婴堂也雇用工作人员，奶妈总是经常需要的。乡村地区的奶妈报酬比城里的要低，这是神父们紧缩开支的一项重要考虑因素。④

---

① 《传教年鉴》(ACM)31(1866)，第653—654页；《传教年鉴》(ACM)52(1887)，第436页。
② 《传教年鉴》(ACM)49(1884)，第154页；《传教年鉴》(ACM-E)7(1900)，第212—213页。神父当然希望最聪明最虔诚的学生能继续在江西的一座修道院里学习。1899年江西还有四所进修神学的学校。
③ 有一次人们反对建立一座"义学"(见第五章)。但引起反对的原因是房子的所有权和房子的建筑风格，而不是它的用途。
④ 《传教年鉴》(ACM)22(1857)，第460页。

育婴堂迁往别处有时会引起奶妈的不满①，毕竟，她们对自己抚养的孩子会产生深厚的感情，但同时她们也要依靠这项收入过活。这些妇女和绝大多数为教会工作的人都非常贫困，也没有什么工作机会。总之，从教会获得的收入帮助了许多乡村人口，就妇女而言，还使她们有机会走出家门，争取获得像"洗礼者"（baptizers）这样的职位。② 与教会教育一样，中国妇女担任此类职务，或在育婴堂和学校里工作，在江西从来没有遭到过谴责。

上文提到，信教妇女在天主教的传播中发挥重要作用，这是因为在江西，神父们不想集体劝奉，而是希望逐个人、逐个家庭地劝奉。③ 神父们为在育婴堂长大的年轻信教妇女张罗婚事，称她们为"小传教士"④。所有信教妇女都扮演这种角色，劝说不信教的丈夫入教，并将生养的孩子也带到教堂。19世纪50年代，在南城乡村，一名信教妇女把女儿嫁给一个不信教的人。新娘子发现身边一个信教的人也没有，不仅没法参加弥撒，甚至每年做一次祷告都很难。不过她在母亲的帮助下，还是设法保持了信仰，并且维持了大约30年。她的12个孩子中有11个受洗，最终，她丈夫也走入教堂，信了天主。⑤ 另一名信教妇女也帮助劝奉丈夫信教，让所有孩子受洗，并为三个儿子找了信的妻子。通过这些努力，这名信教妇女发展了一个拥有17名教徒的大家庭。⑥

嫁给教徒的信教妇女可以在家庭中发挥宗教凝聚力。生活在范围较大的综合传教区，如九都、三桥、太和里的信教妇女也有机会接受教会

①《传教年鉴》（ACM）26（1861），第350—351页。罗安当神父在信中写道，因地点变动而被解雇的不信教奶妈诬指传教士对婴儿缺乏爱心。一旦这些奶妈得知婴儿们在新地方将受到良好的照顾，她们就放心了。
② 1883年，步师嘉主教称，江西南部遣使会教区妇女受洗者不多，至少和其他教区相比不多。见《传教年鉴》（ACM）49（1884），第605—606页。
③《传教年鉴》（ACM）30（1862），第174页；《传教年鉴》（ACM）35（1870），第142页；《传教年鉴》（ACM）40（1875），第121—122页。
④《传教年鉴》（ACM）31（1866），第654页。
⑤《传教年鉴》（ACM）45（1880），第290页；《在华遣使会》，第77页。其中一个孩子被过继给不信教的叔叔，没有受洗。
⑥《传教年鉴》（ACM）45（1880），第288页；《在华遣使会》，第75页。

教育。在九都地区,这种情况最早可以追溯到 19 世纪 40 年代出现的"童贞女"——将自己奉献给基督的未婚女子。① 中国妇女有时会迫不得已逃避婚约,但只有极少数人会做出这种选择,因为逃婚之后紧接着就是巨大的生活压力。② 信教使之成为一个可行的选择,而且,如果环境允许妇女和大众生活在一起的话,她们从男权家庭中解脱出来的机会更大。③

教会还对其他女教徒产生了潜移默化的影响。陶文膳(François Dauverchain)神父在信中写道,女信徒常常为她们在中国社会地位低人一等而愤怒,而呐喊。④ 他暗示入教可以帮助减轻这种情绪。一位中国神父在游历过江西东部的三个县之后称,女教徒在公开场合和他打招呼,没有丝毫扭捏,而且和他说话时充满自信。⑤ 可见女教徒因为参加教会学校和修道院而增长了多少自信和自尊! 在可望皈依的人中,许多都是不识字的乡村妇女,她们拖儿带女,在宽敞的修道院里一呆就是一个星期,甚至更久。她们在那里学习、祷告,向女教徒中的模范学习。1880年开始,神父们在一些指定传教区,例如九都,为男教徒和女教徒分别单独开办修院。⑥ 这样一来,女教徒可以从日常家务中解脱出来,连续几天练习教徒举止。有些妇女出于家庭责任感,仍然每天晚上回家做饭、打扫、照顾家庭。对于中国妇女来说,这些进步虽然很小,但终究迈出了接

---

① 江督烈神父(Antoine Canduglia)19 世纪 90 年代在南康县传教,他提到那里的贞女。他经常到南康的太和里传教。见《传教年鉴》(ACM)58(1893),559 页。还可参见鄢华阳:《18 世纪四川的基督教童贞女》,第 180—193 页。

  这种传统在九都一直保留到 20 世纪。1996 年 9 月,我在九都地区遇到最后一位"贞女",并访问了她。
② 关于未婚妇女的其他资料,见托普莱(Marjorie Topley):《广东乡村的抗婚》,载武雅士主编:《中国社会研究》(斯坦福:Stanford University Press,1978 年),第 247—268 页。
③ 有些童贞女继续和她们父母住在一起,或者依靠他们生活。1893 年,江督烈神父在南康时曾写道,住在村子里可使这些妇女的生活得到改善。见《传教年鉴》(ACM)58(1893),第559 页。
④《传教年鉴》(ACM)58(1893),第 393—394 页。
⑤《传教年鉴》(ACM)43(1877),第 183—184 页。
⑥《传教年鉴》(ACM)46(1881),第 162 页;《传教年鉴》(ACM)50(1885),第 446—447 页。

受教育和自我提高的重要一步。

　　然而并不是所有女教徒都在进步，生活得如此一帆风顺。1883 年，王吾伯主教列出买卖妇女和纳妾等发展天主教的六大障碍。① 中国男人对待妇女的态度是个很棘手的问题，不论信教前后。男人普遍认为女人是财产，是性对象，她们的主要功能就是延续香火。神父们想把这种传统文化造成的观念从教徒脑海中抹去，然而收效甚微。1880 年一位中国神父在抚州写道，他知道乡下有个教徒，把家里受过洗的妇女和女孩子卖给不信教的人。这位神父当然不会宽恕，他通过其他教徒施压，使这位教徒停止了这种行为。② 由于神父们对大多数乡村教会一年只访问一次，这类教会无法接受的行为只能由当地教徒来尽早发现并阻止。有意思的是，神父并没有提到教会对这类事件有过正式的干预或以开除教籍做为惩罚。

　　尽管不同神父会采取不同办法来管理本辖区内的各个地方教会，但所有神父都明白，无论男教徒还是女教徒，他们在日常生活中的行为规范都十分重要。一方面，神父会逐个照顾他们，并指引他们通过教会教育和宗教行为来得到拯救。另一方面，神父知道教徒个人的道德和行为标准也在为其他人树立榜样，影响着教外人对于基督教的看法；教徒的行为在其居住的村子里会引起连锁反应。例如，1836 年一位中国神父提到，品行不端或假冒的教徒闹出的"丑闻"给了教外人不入教的理由。③ 神父认为，教徒必须过一种充满美德的生活，因为伪善会让人对基督教拒而远之——这种故事自古就有。虽说监督每个人的行为十分困难，神父还是尽其所能地去做。1883 年徐则麟（Nicolas Ciceri）神父得知一名教徒娶了一名不信教的女子，而该女子的丈夫仍然在世。教规绝不允许这种事情发生，于是他想让当地的教徒知道教会是怎样对待"公众的罪

----

① 《传教年鉴》（ACM）48（1883），第 397—398 页。
② 《传教年鉴》（ACM）46（1881），第 160 页。
③ 《传教年鉴》（ACM）3（1837），第 94 页。

徒"的。在问题解决之前,神父拒绝让这名男教徒参加弥撒。神父找到这名女子的前夫,了解到他既不信教,如果前妻回到他身边,也不会允许她信教。神父于是决定这名女子将失去入教资格,除非她的前夫认为他们的第一次婚姻已经结束。后来神父把这位妇女送回到修道院学习诫律。直到她让神父相信她的真诚时,神父才为她举行了洗礼,并保佑她和那名男教徒的婚姻顺利。① 神父在当地教会的影响力有多大,我们无法估计,但他树立了一个榜样,使人们知道神父是怎样监督并努力纠正教徒在宗教方面和日常行为方面的不当举止。

神父既然吸引的是"善"人,并尽心尽职地引导他们,这很容易让我们产生疑问,例如教徒的整体素质如何,哪种人能成为教徒,等等。我们在本书中看到,中国官员通常视教徒为有问题的人。不过,一位在江西为官 30 年的官员说,无论是不是天主教徒,他对全县百姓都一视同仁。但是,他要求传教士"谨言慎行,严加管束,因诸多恶痞之徒,藉教扰民"②。不可否认,一些教徒的确会制造麻烦,有些人的入教动机也值得怀疑。江西东部代牧区主教在 1886 年写道,如果你问新近皈依的人为什么以及如何入教,你会得到以下答案:他们不知为什么入教,他们入教是因为父母和朋友的劝说,或者他们当教徒因为想在日常事务上得到神父的保护。③

最后一种答案表明神父吸引的人当中有一些动机不纯或怀有不可告人的目的。我手头的档案资料证明天主教神父并非根据阶级立场、政治态度、职位、住处、性别,年龄或其他因素来吸引新的教徒。相反,神父们只是到处寻找可能的入教者,鼓励每个对此表示兴趣的人,接受来自非绅士阶层的各色人等,因为绅士几乎不入教。普通人,大多数是农民和手工业者,占中国人口的绝大部分,同时也是天主教徒的绝大多数。

---

① 《传教年鉴》(ACM)49(1843),第 146—150 页。
② 《传教年鉴》(ACM)51(1886),第 104 页。
③ 《传教年鉴》(ACM)52(1887),第 432 页。

至于人品或性格，神父们没有逐个盘查，因为他们相信，通过学习基督教教义和皈依基督教，将无论如何都会使他们得到改变和提高。

无论一个可能入教者的背景和人品如何，神父都会为他开列一门教会训练课程，完成修习之后，就可以受洗。罗安当神父在 1872 年的信中写道，在赣东地区，有些人要在修道院学习长达五年之久才能受洗。19 世纪 90 年代初，江西东部代牧区主教指出，在修道院学习两年才能够修成"坚定的信仰"①。这个要求必定会使许多想入教而心怀叵测的人对天主教望而却步。

虽然天主教希望通过努力使皈依者的目的更真诚些，然而新教传教士和中国官员都批评天主教神父与品行不端的人在一起工作，特别是他们居然还帮助中国教徒打官司。对新教徒来说，天主教神父插手讼案最容易吸引伪天主教徒，而且他们的干预还妨害了司法公正。所以，许多天主教徒都是一群虚伪、声名狼藉、对自己的社会政治地位不满的人。②实际上，本书查阅的资料并未证明这一点。绝大部分天主教徒与周围不信教的人并无二致，既不比他们好，也不比他们坏。但是新教传教士仅凭个别"坏"教徒及其行为就对所有教徒做出负面评价，而这种成见又被写入他们的传教史。后代学者不加分析，就把这些评价当成事实。③

新教传教史还告诉我们，神父创造了一个受教会保护的天主教徒团体，他们不与教外人住在一起。但实际上，江西天主教徒数量不多，居住又分散，他们不可能形成这样的团体。19 世纪初期，天主教徒基本上由

---

① 《传教年鉴》（ACM）56（1891），第 486 页。

② 西方人毕竟没有很好地掌握中国司法制度，也没有将治外法权写进与中国签订的各项条约当中。新教批评天主教干预讼案，似乎出于与天主教之间的矛盾。人们也可以同样批评新教，以一些别有用心、或者背离中国人社会政治标准的名目吸引人们信教。从入教人数看，新教远远落后于天主教，据此，人们或许会讽刺新教徒不过是在为自己的传教工作落后找一个借口。

③ 例如，参见赖德烈：《基督教在华传教史》，第 333—334 页；柯文：《中国与基督教：传教运动和中国排外主义的发展，1860—1870 年》，第 124，144 页；柯文：《1900 年以前的基督教传教活动及其影响》，第 556—557 页和 567 页。二者皆提供了详细的实例。

一小部分乡村人口构成，他们仍然与教外人在一起居住、劳动。事实上，当传教士在 19 世纪 30 年代初回到江西时，发现许多教徒已经与教外人结婚了。尽管白振铎主教在 1884 年非常满意地表示，经过时间和耐性的考验，教会已经"调整"了这些婚姻——也就是说，从近期组成的"不合法夫妇"当中重新组成教徒家庭①——但天主教徒在几乎所有村庄所占的比例仍然很低。

三桥村就像九都一样，其天主教徒数量之多是非常罕见的，于是神父们把天主教徒中心转移到了三桥。但是谢神父（Pierre Peschaud）在 1839 年描述了一个更为普遍的情形，他访问过一些只有四五名教徒而周围都是教外人的小村庄。② 几十年后，1868 年，王吾伯主教提到乡村存在的同样情形，那里"许多地方，只有一座小村庄，几户人家，甚至只有一户人家，生活在一大群偶像崇拜者之中"③。和安当主教说道，在江西东部，一户基督教家庭在这里，两户在那里，另外几户在别的什么地方。他对基督徒的分散和孤立以及由此带来的困境感到深深的惋惜。④ 这些发现与第二章的数据是一致的，它表明即使在该世纪末，大多数地方天主教会规模仍然很小，平均每村只有八个天主教家庭——而且这些所谓有基督徒的村庄也只占所有村庄的一小部分。

所有这些都表明，在江西，大多数天主教徒无法轻易与教外人分开居住，因为他们人数稀少，而且分开居住也是完全不切实际的。即使一大群教徒住在一个乡村地区，就像该世纪的南康县太和里村一样⑤，也没

---

① 白振铎主教提到三桥村也是如此。见《传教年鉴》（ACM）50（1885），第 119 页。
② 据他称：弥撒、听告解、教导，然后转往下一个地方教会。见《传教年鉴》（ACM）6（1840），第 305 页。
③《传教年鉴》（ACM）35（1870），第 151 页。
④《传教年鉴》（ACM）52（1887），第 436 页。
⑤ 这个地区的天主教可以追溯到 17 世纪。19 世纪 90 年代，方圆 20 里内的 15 个村子，住着大约 1 500 名天主教徒。江督烈神父称之为"基督区"，这里的土地绝大部分为教徒所有。太和里的情况是独一无二的，也是在江西的传教士报告的唯一一处。见《传教年鉴》（ACM）56（1891），第 241 页；《传教年鉴》（ACM）58（1893），第 555—556 页。

有迹象表明这个地方有一个独立的教徒团体。事实上，我没发现任何证据表明江西存在过自给自足的、独立的教徒社区，即使假设它存在，也没有迹象表明它们在社会关系、经济关系和宗教关系上是一个独立的整体。

传教士的最终目的自然是使每一个人都信教；但是在实现这个目的之前，真正入教的人数只是以极其缓慢的速度在增长。神父明白教徒将会和教外人生活在同一个村庄，他们常常提到教徒家庭和教外人家庭住在同一个地方，或者从教外人那儿租房因而与之发生密切联系。曾经有一段时间，同一栋房子里住着 12 个家庭，其中 2 个是教徒家庭。[①] 中国教徒意识到，在日常生活中，他们除了与周围的教外人和族人在一起居住相处之外，别无选择。毕竟，即使他们入教后，他们还要从公共的水井里打水喝，还是整个村庄的一份子。[②]

乡村的教徒一年只见得到神父一次，其他时间只能依靠当地住院管教人的指导。虽然许多人都希望拥有一座正式的礼拜堂或教堂，但大多数地方教会只在某个人的房子里有一间小祷告室，用来做礼拜。传道师有时游说神父拨些钱款资助，神父则要看是否有此需要和经费是否允许。在江西，天主教会的经费总是很紧张，所以神父鼓励各个地方教会自己出力出材料，修建必需的设施。通过这样做，教徒必然走向自助发展的道路。[③] 可以肯定，如果神父能够提供一些帮助，教徒会很乐意接受，但他们也在动用自己的力量为家乡修建教堂、育婴堂和学校。教徒这样做的同时也就在向教外人表明他们对本村的贡献。教徒的这些贡献使他们紧紧地与周围的一切联系起来，并且成为其中不可分割的一部分。

---

① 《传教年鉴》（ACM）25（1860），第 159 页；《传教年鉴（ACM）》39（1874），第 527 页。

② 如上文所述，这种同村共享或作为村民的身份认同，是在九都的一次争端中特别提出的。

③ 中国人和西方人士都批评许多中国教徒不愿为教堂多做贡献。20 世纪 20 年代和 30 年代，中国人和西方人士一样，都很关心"地方自主与自立"和"自助"。随着中国民族主义的崛起，核心问题变成本土教堂与外国人资助并控制的教堂之间的对抗。参见毕范宇：《中国的乡村教会》，第 165—169、222 页；赖德烈：《基督教在华传教史》，第 801—802 页。

　　在 19 世纪江西的乡村，与天主教徒或其他基督徒有关的分歧常常在很短的一段时间之后就结束了，很少有教案会延续很长时间，也很少有哪个地方会反复发生冲突。中文和外文材料都表明，江西城镇和乡村的平民百姓都没有卷入正在发生的基督教冲突。而且，民教之间常常能够找到一个中间地带，在这个地带里他们可以和平相处，调整自身，适应一个现实，即彼此同属一个地方平等的一份子。① 1880 年一位中国神父提到，泸溪县某地乡民谈论友情，并不分是不是教徒。② 1887 年，另一位中国神父谈到，丰城县一个小村庄里的居民都"对教徒和善有礼"③。这类对和平时期人们的日常生活和相互之间正常关系的观察记录很容易被忽视，因为相对于袭击教士或者毁坏教堂来说，它们似乎微不足道。但是，无论是老百姓表达善意的普通手势，还是基督教的适应这一宏大历史进程，都应当视为基督教在晚清中国呈现的面相。

---

① 关于这点，我必须提及一位童贞女，她 1915 年出生在离九都不远的渭水桥。她说本世纪初，当地人在五帝殿拜菩萨，信教的小贩在那里公开叫卖，当然他们不会卖拜菩萨用的香烛之类。教徒认为这和自己的宗教信仰没什么冲突，没有理由不去赚这个钱。普通百姓也不会阻止小贩们从非基督徒的活动中讨生活。作者的调查采访，1996 年 9 月 19 日。
②《传教年鉴》(ACM)46(1881)，第 158 页。
③《传教年鉴》(ACM)53(1888)，第 424—425 页。

参考书目

《东亚天主教传教文选》(*Album des Missions catholiques：Asie orientale*),巴黎和里尔:圣奥古斯定会(Société de Saint-Augustin),1888 年。

《遣使会传教年鉴》[*Annales de la Congrégation de La Mission（ACM）*],巴黎:遣使会(Congrégation de la Mission),1834—1963 年。

《遣使会传教年鉴》[*Annals of the Congregation of the Mission（ACM-E）*],巴尔提摩和纽约:遣使会(Congregation of the Mission),1894—1925 年。

《天主布道会年鉴》[*Annals of the Propagation of the Faith （APF）*],巴黎,1838 年;伦敦:天主布道会(Society for the Propagation of the Faith),1839—1901 年。

《遣使会档案》[*Archives of the Congrégation de la Mission，Maison-Mère（Archives,CM）*],法国巴黎。

《近代史研究院档案》[*Archives of the Institute of Mordern History（Archives,IMH）*],台湾:台北中央研究院。

《圣高龙庞外方传教会档案》[*Archives of the Missionary Society of St. Columban（Archives, MSSC）*],爱尔兰都柏林,Central Administration。

万荣华:《英国长老教会海外传教百年史》(Edward Band,*Working His Purpose Out：The History of the English Presbyterian Mission*,1847 - 1947),伦敦:The Presbyterian Church of England,1947 年。

白凯、黄宗智编著:《清代及民国时期的民法》(Kathryn Bernhardt and Philip C. C. Huang, *Civil Law in Qing and Republican China*),斯坦福:Stanford University Press,1994 年。

德克·布迪、克拉伦斯·莫里斯:《中华帝国的法律:以清代 190 桩案件为例》

(Derk Bodde and Clarence Morris, *Law in Imperial China: Exemplified by* 190 *Ch'ing Cases*),马萨诸塞州剑桥:Harvard University Press,1967 年。

鲍来思:《中国律例指南》(Guy Boulais,*Manuel du code Chinois*),上海:天主教会印刷所,1924 年。

弗莱德·布朗:《江西省的家族风俗》(Fred R. Brown,"Clan Customs in Kiangsi Province"),载《中国记录》(*Chinese Recorder*)53. 8(1922 年 8 月),第 518—522 页。

——《江西省的迷信风》("Superstitions Common in Kiangsi Province"),载《新中国评论》(*New China Review*) 4. 6(1922 年 12 月),第 493—504 页。

布鲁纳特、海格尔斯特洛姆:《中国当代政治组织》(H. S. Brunnert and V. V. Hagelstrom,*Present Day Political Organization of China*),A. 贝尔切克、E E. 莫伦 (A. Beltchenko and E. E. Moran)译,上海:Kelly and Walsh,1912 年。

伯克哈德:《中国风俗》(V. R. Burkhardt,*Chinese Creeds and Customs*),3 卷本,香港:South China Morning Post,1953 年、1955 年和 1958 年。

包恒:《1789—1895 年间淡水、新竹基层审判中民事程序及实践的若干方面》 (David C. Buxbaum,"Some Aspects of Civil Procedure and Practice at the Trial Level in Tanshui and Hsinchu from 1789 to 1895"),载《亚洲研究》(*Journal of Asian Studies*)30. 2(1971 年 2 月),第 255—279 页。

约翰·凯蒂:《法帝国主义在东亚的根源》(John F. Cady, *The Roots of French Imperialism in Eastern Asia*),以萨卡(Ithaca):Cornell University Press,1954 年。

卡尔森:《福州的传教士(1847—1880)》(Ellsworth C. Carlson, *The Foochow Missionaries*,1847‐1880),马萨诸塞州剑桥:East Asian research Center, Harvard University,1974 年。

——《长江流域暴动的原因:一幅"完整的画卷"》(*The Causes of the Riots in the Yangtze Valley: A "Complete Picture Gallery"*),汉口(Hankow),1891 年。

南特外交档案中心[Centre des Archives Diplomatiques de Nantes(CADN)],法国南特。

张仲礼:《中国绅士:关于其在 19 世纪中国社会地位的研究》(Chang Chung-li, *The Chinese Gentry: Studies on Their Role in Nineteenth-Century Chinese Society*),西雅图:University of Washington Press,1955 年。

陈张富美:《清代法律的类推》(Chen Fu-mei Chang,"On Analogy in Ch'ing Law"),载《哈佛亚洲研究通讯》(*Harvard Journal of Asiatic Studies*)30(1970 年),第 212—224 页。

谢诺(主编):《中国平民运动与秘密会社,1840—1950》(Jean Chesneaux, *Popular Movements and Secret Societies in China*,1840‐1950),斯坦福:Stanford University Press,1972 年。

中国海关(编撰):《中外条约》(*Treaties, Conventions, etc., Between China and*

Foreign States),第 2 版,2 卷本,上海:海关总税务司署出版,1917 年。

《中国传教手册:第一版》(*The China Mission Hand-book*:First Issue)。上海:American Presbyterian Mission Press,1896 年。

《筹办夷务始末》,道光末年 80 卷,1836—1850 年;咸丰年间 80 卷,1851—1861 年;同治年间 100 卷,1862—1874 年。北平:故宫影印本,1930 年。重刊为 8 卷本。台北:台联国风出版社,1971 年。

瞿同祖:《传统中国的法律与社会》(Ch'ü T'ung-tsu, *Law and Society in Traditional China*),巴黎:Mouton,1961 年。

——《清代中国的地方政府》(*Local Government in China Under the Ch'ing*),马萨诸塞州剑桥:Harvard University Press,1962 年。

托玛斯·克科瑞:《中国各省地图集》(Thomas Cochrane, *Atlas of China*, in *Provinces*),上海:Christian Literature Society for China,1913 年。

柯文:《中国的反基督教传统》(Paul A Cohen, "The Anti-Christian Tradition in China"),载《亚洲研究通讯》(*Journal of Asian Studies*)20. 2(1961 年 2 月),第 169—180 页。

——《中国与基督教:传教运动和中国排外主义的发展,1860—1870 年》(*China and Christianity*:*The Missionary Movement and the Growth of Chinese Antiforeignism*,1860‐1870),马萨诸塞州剑桥:Harvard University Press,1963 年。

——《1900 年以前的基督教传教及其影响》("Christian Missions and Their Impact to 1900"),载《剑桥中国史》(*The Cambridge History of China*)第 10 卷:《晚清,1800—1911 年(上)》(Late Ch'ing, 1800—1911),费正清(John K. Fairbank)主编,第 543—590 页,剑桥:Cambridge University Press,1978 年。

——《1862 年湘赣的反教事件》("The Hunan-Kiangsi Anti-Missionary Incidents of 1862"),载《中国研究论文》(*Papers on China*)12(1958 年 12 月),第 1—27 页。

高弟爱:《1860—1900 年中国与西方列强关系史》(Henri Corider, *Histoire des relations de la Chine avec les puissances occidentals*,1860‐1900),3 卷本,巴黎:Ancienne Librairie Germer Bailliere,1901—1902 年。

丹尼科特:《浙江和江西遣使会宗座代牧主教 Danicourt 传记》(E. J. Danicourt, *Vie de Mgr. Danicourt de la Congrégation de la Mission*, *Évêque d'Antiphelles*, *Vicaire Apostolique de Tché-kiang et du Kiang-sy*(*Chine*)],巴黎:Librairie Poussielgue Frères,1889 年。

谭卫道:《我的中华帝国探险记》(Armand David, *Journal de mon troisième voyage d'exploration dans l'empire Chinois*),2 卷本,巴黎:Librairie hachette,1875 年。

——《戴维神父日记:1866—1869 年间法国自然学家旅行日记和在中国的发现》(*Abbe David's Diary*:*Being an Account of the French Naturalisst's Journeys and*

Observations in China in the Years 1866 *to* 1869），海伦・M. 福克斯（Helen M. Fox）翻译，马萨诸塞州剑桥：Harvard University Press，1949 年。

丁博文：《从总理衙门档案看 19 世纪晚期的中美关系》（Britten Dean，"Sino-American Relations in the Late 19th Century：The View from the Tsungli Yamen Archive."），载《清史问题》（*Ch'ing-shih wen-t'i*）4.5（1981 年 6 月），第 77—107 页。

德礼贤：《中国天主教传教史：从最先的记载到今日之中国天主教教堂史概览》（Pashal M. D'Elia，*The Catholic Missions in China：A Short Sketch of the History of the Catholic Church in China from the Earliest Records to Our Own Days*），上海：商务印书馆，1934 年。

唐日安：《虔诚、爱国主义和进步：中国福州的新教徒和现代中国的形成，1857—1927 年》（Ryan Fisk Dunch，"Piety，Patriotism，Progress：Chinese Protestants in Fuzhou Society and the Making of Modern China，1857-1927"），耶鲁大学博士论文，1996 年。

艾伯华：《传统中国的罪与恶》（Wolfram Eberhard，*Guilt and Sin in Traditional China*），伯克利：University of California Press，1967 年。

——《传统中国的社会流动》（*Social Mobility in Traditional China*），莱顿（Leiden）：E. J. Brill，1962 年。

伊懋可、施坚雅（主编）：《两个世界之间的中国城市》（Mark Elvin and G. William Skinner，*The Chinese City Between Two Worlds*），斯坦福：Stanford University Press，1974 年。

鄢华阳：《18 世纪四川的天主教与社会》（Robert E. Entenmann，"Catholics and Society in Eighteenth-Century Sichuan"），载《中国的基督教：从 18 世纪至当代》（*Christianity in China：From the Eighteenth Century to the Present*），裴士丹（Daniel H. Bays）主编，第 8—23 页，斯坦福：Stanford University Press，1996 年。

——《18 世纪四川的中国籍天主教神职人员和传道师》（"Chinese Catholic Clergy and Catechists in Eighteenth Century Szechuan"），载第六届（法国）尚蒂伊国际汉学讨论会论文集：《中国印象》（Actes du Vie Colloque International de Sinologie，Chantilly：*Images de la Chine*），第 389—410 页，巴黎：Institut Ricci-Centre d'Études Chinoises，1995 年。

——《18 世纪四川的基督教童贞女》（"Christian Virgins in Eighteenth-Century Sichuan"），载《中国的基督教：从 18 世纪至当代》（*Christianity in China：From the Eighteenth Century to the Present*），裴士丹主编，第 180—193 页，斯坦福：Stanford University Press，1996 年。

——《清初四川天主教社区的建立》（"The Establishment of Chinese Catholic Communities in Early Ch'ing Szechwan"），载第七届（法国）尚蒂伊国际汉学讨论会论文集：《中国与西方世界的宗教和文化变迁》（Actes du Vie Colloque International de

Sinologie,Chantilly:*Echanges culturels et religieux*,*entre la Chine et l'Occident*),第147—161 页,巴黎:Institut Ricci-Centre d'Études Chinoises,1995 年。

周锡瑞:《义和团运动的起源》(Joseph W. Esherick, *The Origins of the Boxer Uprising*),伯克利:University of California Press,1987 年。

——《中国的变革与革命:1911 年湘鄂革命》(*Reform and Revolution in China: The 1911 Revolution in Hunan and Hubei*),伯克利:University of California Press,1976 年。

周锡瑞、兰金(主编):《中国地方精英及其支配模式》(Joseph W. Esherick and Mary Backus Rankin, *Chinese Local Elites and Patterns of Dominance*),伯克利,University of California Press,1990 年。

费正清:《天津教案背后的模式》(John K. Fairbank, "Patterns Behind the Tientsin Massacre"),载《哈佛亚洲研究通讯》(*Harvard Journal of Asiatic Studies*)第 20 期(1957 年 12 月),第 480—511 页。

——《中国沿海的贸易和外交:通商口岸的开放,1842—1854 年》(*Trade and Diplomacy on the China Coast: The Opening of the Treaty Ports*,1842 - 1854),斯坦福:Stanford University Press,1969 年。

费正清、赖肖尔、克雷格:《东亚:近代的变革》(John K. Fairbank, Edwin O. Reischauer and Albert M. Craig, *East Asia: The Modern Transformation*),波士顿:Houghton Mifflin,1965 年。

费孝通:《江村经济》(Fei Hsiao-tung,*Peasant Life in China: A Field Study of Country Life in the Yangtze Valley*),纽约:D. P. Dutton and Co. ,1930 年。

——《农民与绅士:中国社会结构及其变迁的一种解释》("Peasantry and Gentry: An Interpretation of Chinese Social Structure and Its Changes"),载《美国社会学通讯》(*The American Journal of Sociology*)52. 1(1946 年 7 月),第 1—17 页。

樊国阴:《遣使会在华传教史(1699—1950)》[Octave Ferreux, *Histoire de la Congrégation de la Mission en Chine* (1699 - 1950)],作为《遣使会传教年鉴》(*Annales de la Congrégation de la Mission*)第 127 卷出版,巴黎:Congrégation de la Mission,1963 年。

王斯福:《中国风水术的人类学分析》(Stephan D. R. Feuchtwang, *An Anthropological Analysis of Chinese Geomancy*),老挝:Vithagna,1974 年。

费维恺:《19 世纪中国的叛乱》(Albert Feuerwerker,*Rebellion in Nineteenth-Century China*),安·阿伯:Center for Chinese Studies, University of Michigan,1975 年。

莫里斯·弗里德曼:《中国的宗族与社会:福建和广东的家族》(Maurice Freedman, *Chinese Lineage and Society: Fukien and Kwangtung*),伦敦:The Athlone Press,1971 年。

——《中国东南的宗族组织》(*Lineage Organization in Southeastern China*)，伦敦：The Athlone Press，1965 年。

——《中国宗教的社会学研究》("On the Sociological Study of Chinese Religion")，载《中国社会的宗教与仪式》(*Religion and Ritual in Chinese Society*)，武雅士(Arthur P. Wolf)主编，第 19—43 页，斯坦福：Stanford University Press，1974 年。

傅瑞德：《中国社会的构造：一座县城的社会生活研究》(Morton H. Fried, *Fabric of Chinese Society：A Study of the Social Life of a Chinese County Seat*)，纽约：Praeger，1953 年。

甘博：《华北乡村：1933 年以前的社会、政治与经济活动》(Sidney D. Gamble, *North China Villages：Social , Political, and Economic Activities before* 1933)，伯克利：University of California Press，1963 年。

——《定县：一个华北村社》(*Ting Hsien：A North China Rural Community*)，纽约：Institute of Pacific Relations，1954 年。

《赣州地区志》，赣州：新华出版社，1994 年。

《高安县志》，戴佳臻(撰)，南昌：江西人民出版社，1988 年。

谢和耐：《中国文化与基督教的冲撞》(Jacques Gernet, *China and the Christian Impact：A Conflict of Cultures*)，简纳特·罗伊尔德(Janet Lloyd)译，剑桥：Cambridge University Press，1985 年。

翟理斯(编撰)：《汉英词典》(Herbert A. Giles, *A Chinese-English Dictionary*)，第二版，上海，Kelly and Walsh，1912 年。

高延：《中国的宗教体系及其古代形式、变迁、历史及现状》(J. J. M. de Groot, *The Religious System of China：Its Ancient Forms , Evolution, History and Present Aspect, manners, Customs and Social Institutions Connected Therewith*)，6 卷本，莱顿(Leiden)：E. J. Brill, 1892—1910 年。

——《宗教史的一页——中国的宗教教派和宗教迫害问题》(*Sectarianism and Religious Persecution in China：A page in the History of Religions*)，2 卷本，阿姆斯特丹：Johannes Müller，1903—1904 年。

顾长声：《传教士与近代中国》，上海：上海人民出版社，1981 年。

郭懋功：《天主教南城教区始末》，《南城文史资料》1(1985 年 12 月)，第 81—87 页。

《东方研究手册》(*Handbook of Oriental Studies*)，泽谢尔、泰萨、肯恩(E. Zürcher, S. F. Teiser and M. Kern)主编，第 15 卷第 1 册：《中国基督教手册，635—1800 年》(*Handbook of Chiristianity in China，635－1800*)，钟鸣旦(Nicolas Standaert)主编，莱顿(Leiden)：Brill，2001 年。

赫兹利特、爱德华·帕克(主编)：《大不列颠与中国及中国与外国势力的条约，议院命令,国会法令、规章和条律及其对英国在华利益的影响》(Godfrey E. P. Hertslet and Edward Parkes, *Treaties, Ec., between Great Britain and China; and between China and Foreign Powers; and Orders in Council, Rules, Regulations, Acts of Parliament, Decrees, Ec., affecting British Interests in China*),2 卷本,伦敦:His Majesty's Stationery Office, by Harrison and Sons,1908 年。

何炳棣:《中华帝国成功之阶梯:1368—1911 年的社会流动》(Ping-ti Ho, *The Ladder of Success in Imperial China: Aspects of Social Mobility*, 1368-1911),纽约:Columbia University Press,1962 年。

——《中国人口研究(1368—1953)》(*studies on the Population of China*, 1368-1953),马萨诸塞州剑桥:Harvard University Press,1959 年。

萧公权:《乡村中国:19 世纪的帝国统制》(Kung-chuan Hsiao, *Rural China: Imperial Control in the Nineteenth Century*),西雅图:University of Washington Press,1960 年。

许烺光:《祖荫下:中国乡村的亲属、人格与社会流动》(Francis L. K. Hsu, *Under the ancestor's Shadow: Kinship, Personality and Social Mobility in China*),斯坦福:Stanford University Press,1967 年。

胡献晋:《中国的宗族及其功能》(Hsien Chin Hu, *The Common Descent Group in China and Its Functions*),纽约:The Viking Fund,1948 年。

黄宗智:《清代的法律制度与实践》(Philip C. C. Huang, *Civil Justice in China: Representation and Practice in the Qing*),斯坦福:Stanford University Press,1996 年。

古伯察、秦噶哔:《鞑靼西藏旅行记(1844—1846)》(Evariste-Régis Huc and Joseph Gabet, *Travels in Tartary, Thibet and China*,1844-1846),威廉·哈兹利特(William Hazlitt)译,纽约:Dover Publications,1987 年。

恒慕义(主编):《清代名人传略》(Arthur W. Hummel, *Eminent Chinese of the Ch'ing Period*),特区华盛顿:Government Printing Office,1943—1944 年。

简又文:《太平天国运动》(Yu-wen Jen, *The Taiping Revolutionary Movement*),纽黑汶:Yale University Press,1973 年。

简又文:《太平天国全史》,3 卷本,香港:Jianshimengjin 书屋,1962 年。

蒋廷黻(编撰):《近代中国外交史资料辑要》,第二版,2 卷本,台北:台湾商务印书馆,1959 年。

《江西省地图册》,上海:中华地图学会制版,1993 年。

《江西通志》,李文敏等(编撰),180 卷,1881 年。

《教务教案档》,第一辑,1860—1866 年,3 册;第二辑,1867—1870 年,3 册;第三辑,1871—1878 年,3 册;第四辑,1879—1886 年,3 册;第五辑,1887—1895 年,4 册;第六辑,1896—1899 年,3 册;第七辑,1900—1911 年,2 册,台北:中央研究院近代史

研究所,1974—1981 年。

庄士敦:《威海卫狮龙共存》(M. A. Johnston, *Lion and Dragon in Northern China*),纽约:E. p. Dutton and Co. ,1910 年。

凯思乐:《江阴传教所:一个美国传教区(1895—1951)》(Lawrence D. Kessler, *The Jiangyin Mission Station*:*An American Missionary Community in China*,1895 - 1951),Chapel Hill:The North Carolina Press,1996 年。

詹姆斯·科比:《1878 年 8 月 30 日福州的反教士暴动》(James E. Kirby Jr.,"The Foochow Anti-Missionary Riot-August 30,1878"),载《亚洲研究通讯》(*Journal of Asian Studies*),25. 4(1966 年 8 月),第 665—679 页。

孔飞力:《民国时期的地方自治:控制、自治和流动问题》(Philip A. Kuhn,"Local Self-government Under the Republic:Problems of Control,Autonomy,and Mobilization."),载《晚清中国的冲突与控制》(*Conflict and Control in Late Imperial Chin*),魏斐德和卡洛琳·格朗特(Carolyn Grant)主编,第 257—298 页,伯克利:University of California Press,第 1975 页。

——《帝国晚期的叛乱与敌人:军事化与社会结构(1796—1864)》(*Rebellion and Its Enemies in Late Imperial China*:*Militarization and Social Structure*,1796 - 1864),马萨诸塞州剑桥:Harvard University Perss,1970 年。

葛学溥:《华南的乡村生活:家族社会学》(Daniel Harrison Kulp II,*Country Life in South China*:*The Sociology of Familism.*),第一卷:《中国广东凤凰村》(*Phenix Village*,*Kwangtung*,*China*),纽约:Teachers College,Bureau of Publications,Columbia University,1925 年。

库柏:《中国的革命:以江西为例,1905—1913》(Samuel Yale Kupper,"Revolution in China:Kiangsi Province,1905 - 1913"),密歇根大学博士论文,1973 年。

朗奥加:《中国家庭与社会》(Olga Lang,*Chinese Family and Society*),纽黑汶:Yale University Press,1946 年。

赖德烈:《基督教在华传教史》(Kenneth Scott Latoruette,*A History of Christian Missions in China*),伦敦:Society for Promoting Christian Knowledge,1929 年。

罗伯特·李:《保甲制度》(Robert Lee,"The Pao-chia System"),载《中国研究论文》(*Papers on China*)3(1949 年 5 月),第 193—220 页。

卢其敦:《中国革命的序幕:湖南省的思想转变与制度变革(1891—1907)》(Charlton M. Lewis,*Prologue to the Chinese Revolution*:*The Transformation of Ideas and Institutions in Hunan Province*,1891 - 1907),马萨诸塞州剑桥:East Asian Research Center,Harvard University,1976 年。

李桓:《宝韦斋类稿》,82 卷,1880 年;重刊为 4 卷本,台北:文海出版社,未注明出版日期。

李国祁:《同治中期刘坤一在江西巡抚任内的表现》,载《历史学报》1(1973 年 1 月),第 241—269 页。

——《由刘坤一初任总督的表现看晚清的政治风向》,载《历史学报》3(1975 年 2 月),第 159—186 页。

林文慧(编撰):《清季福建教案之研究》,台北:台湾商务印书馆,1989 年。

林岳华:《金翼:中国家族的社会学研究》(Yueh-hwa Lin, *The Golden Wing: A Sociological Study of Chinese Familism*),伦敦:Kegan Paul, Trench, Trubner and Co. ,1948 年。

立德(主编):《1891 年中国的排外暴动》(Archibald Little, *The Anti-Foreign Riots in China in* 1891),上海:North China Herald,1892 年。

李德立:《牯岭的故事》(Edward S. Little, *The Story of Kuling*),上海:Presbyterian Mission Press,1899 年。

李仁杰:《书目和研究笔记》(Charles A. Litzinger, "Bibliographical and Research Note"),《清史问题》3.1(1974 年 11 月),第 95—99 页。

——《天津惨案以后的教案模式,1870—1875 年》("Patterns of Missionary Cases Following the Tientsin Massacre, 1870－1875"),载《中国研究论文》(*Papers on China*)23(1970 年 7 月),第 87—108 页。

——《华北的乡村宗教和乡村组织:天主教在 19 世纪晚期遭遇的挑战》("Rural Religion and Village Organization in North China: The Catholic Challenge in The Late Nineteenth Century"),载《中国基督教:从 18 世纪到当代》(*Christianity in China: From the Eighteenth Century to the Present*),裴士丹主编,第 41—52 页,斯坦福:Stanford University Press,1996 年。

刘王慧珍:《中国家法的分析:儒家理论的实践》(Hui-chen Wang Liu, "An Analysis of Chinese Clan Rules: Confucian theories in Action"),载《儒学与中国文明》(*Confucianism and Chinese Civilization*),阿瑟·莱特(Arthur F. Wright)主编,第 16—49 页,纽约:Atheneum,1964 年。

——《中国古代的家法》(*The Traditional Chinese Clan Rules*),纽约 Locust Valley:J. J. Augustin,1959 年。

刘坤一:《刘忠诚公遗集》,64 卷,1901 年;重刊 15 卷,台北:文海出版社,1967 年。

刘广京:《清代的中兴》(Kwang-Ching Liu, "The Ch'ing Restoration"),载《剑桥晚清中国史,1800—1911》(*The Cambridge History of China*),第一部,费正清主编,第 409—490 页,剑桥:Cambridge University Press,1978 年。

——《19 世纪的中国:旧秩序的破裂和西方的影响》("Nineteenth-Century China: The Disintegration of the Old Order and the Impact of the West"),载《危机四伏的中国》(*China in Crisis*),何炳棣和邹谠(Tang Tsou)主编,第一卷:《中国的传统

和公共政治制度》(*China's Heritage and the Communist Political System*),第 93—202 页,芝加哥:University of Chicago Press,1968 年。

罗伯特·罗卫特:《伦敦传教会 1795 至 1895 年的历史》(Robert Lovett, *The History of the London Missionary Society*, 1795 - 1895),2 卷本,伦敦:Oxford University Press,1899 年。

吕实强:《周汉反教案,1890—1898》,载《近代史研究所集刊》2(1971 年 6 月),第 417—461 页。

——《中国官绅反教的原因,1860—1874》,台北:中央研究院近代史研究所,1966 年。

——《晚清中国知识分子反教言论的分析之一:反教方法的倡议》,载《近代史研究所集刊》4,第一部(1973 年 5 月),第 351—384 页。

——《晚清中国知识分子对基督教义理的辟斥》,载《历史学报》2(1974 年 2 月),第 139—160 页。

——《晚清中国知识分子对基督教在华传教目的的疑惧》,载《历史学报》3(1975 年 2 月),第 147—158 页。

——《晚清时期基督教在四川省的传教活动及川人的反应,1860—1911 年》,载《历史学报》4(1976 年 4 月),第 265—301 页。

季理斐(主编):《新教在中国的一个世纪(1807—1907 年)》(Donald MacGillivray, *A Century of Protestant Missions in China* (1807 - 1907)),上海:American Presbyterian Mission Press,1907 年。

安德鲁·马切:《中国风水欣赏》(Andrew L. March, "An Appreciation of Chinese Geomancy"),载《亚洲研究通讯》(*Journal of Asian Studies*)27.2(1968 年 2 月),第 253—267 页。

莱斯利·马强特:《英国来华新教传教士档案记录导读,1796—1914》(Leslie R. Marchant, *A Guide to the Archives and Records of Protestant Christian Missions from the British Isles to China*, 1796 - 1914),澳大利亚 Nedlands:University of Western Australia Press,1966 年。

梅辉立:《中国的政府》(William Frederick Mayers, *The Chinese government: A Manual of Chinese Titles Categorically Arranged and Explained*),第三版,上海:Kelly and Walsh,1897 年。

麦金纳尼:《1685—1813 年在江西的西班牙圣方济会会士》(Athanasius McInerney, "The Spanish Franciscans in the Province of Kiangsi, China, during the years 1685 - 1813"),圣博纳文大学(St. Bonaventure University)硕士论文,1946 年。

《遣使会在华传教回忆录》[Mémoires de la Congrégation de la Mission (Lazaristes), LaCongrégation de la Mission en Chine],第三卷:《宗座代牧区》(Les Vicariats Apostoliques),新版,巴黎:La Procure De la Congrégation de La Mission,

1912 年。

蒙思明:《总理衙门的组织和功能》(S. M. Meng, *The Tsungli Yamen: Its Organization and Functions*),马萨诸塞州剑桥:East Asian Research Center, Harvard University,1962 年。

墨子刻:《清代官僚的内部组织:法律、规范及沟通》(Thomas A. Metzger, *The Internal Organization of Ch'ing Bureaucracy: Legal, Normative, and Communication Aspects*),马萨诸塞州剑桥:Harvard University Press,1973 年。

——《清代国家在商业领域的组织能力:两淮盐的专卖,1740—1840 年》("The Organizational Capabilities of the Ch'ing State in the Field of Commerce: The Lianghuai Salt Monopoly, 1740 - 1840"),载《中国社会的经济组织》(*Economic Organization in Chinese Society*),威尔莫特(W. E. Willmott)主编,第 9—45 页,斯坦福:Stanford University Press,1972 年。

亚历山大·米切:《传教士在中国》(Alexander Michie, *Missionaries in China*),天津:Tientsin Press,1891 年。

约瑟夫·莫德雷:《1911 年中国各府县地图及基督教徒》(Joseph de Moidrey, *Carte des Préfectures de Chine et de leur Population Chrétienne en 1911*),上海:土山湾育婴堂天主教会印刷所(土山湾印书馆),1914 年。

——《中国、朝鲜和日本的天主教:1307—1914 年》[*La Hiérarchie Catholique en Chine, en Corée et au Japon*(1307 - 1914)],徐家汇:土山湾育婴堂印刷所,1914 年。

江督烈神父:《遣使会神父(1861—1907 年):记事与回忆》[Monsieur Antoine Canduglia, Prêtre de la Mission(1861 - 1907):Notes et Souvenirs],北京:遣使会印书馆(Imprimerie des Lazaristes),1917 年。

戴俊道神父:《记事与回忆》(Monsieur Antoine Tamet, Notes et Souvenirs),饶州(Yaochow),1916 年。

马士:《中华帝国对外关系史》(Hosea Ballou Morse, *The International Relations of the Chinese Empire*),第一卷:《冲突时期,1834—1860 年》(*The Period of Conflict*, 1834 - 1860),第二卷:《屈服时期,1861—1893 年》(*The period of Submission*, 1861 - 1893),第三卷:《征服时期,1894—1911 年》(The Period of Subjection, 1894 - 1911),纽约:Longmans, Green, and Co. ,1910—1918 年。

蒙盖罗:《杭州被遗忘的基督徒》(D. E. Mungello, *The Forgotten Christians of Hangzhou*),火奴鲁鲁:University of Hawaii Press,1994 年。

《南昌县志》,刘于当,燕毅(撰),36 卷,1870 年。

《南城县地名志》,上海:上海市印刷,1986 年。

《南城县志》,章添元,邓遐龄(撰),北京:新华出版社,1991 年。

《南康县志》,文开金,朱由国(撰),南昌:新华出版社,1993 年。

韩书瑞:《中国的千禧年教徒叛乱:1813 年的八卦教起义》(Susan Naquin,

Millenarian Rebellion in China：The Eight Trigrams Uprising of 1813），纽黑汶：Yale University Press,1976 年。

《王吾伯神父讣告》（Notice Sur Mgr Francois-Adrien Rouger），巴黎：Imprimerie D. Dumoulin,1888 年。

乔纳森·凯文·奥柯:《丁日昌与江苏的复兴,1864—1870 年:文饰与现实》(Jonathan Kevin Ocko,"Ting Jih-ch'ang and Restoration Kiangsu, 1864 - 1870：Rhetoric and Reality."),耶鲁大学博士论文,1975 年。

欧大年:《民间佛教:中国传统社会晚期的异端》(Daniel L. Overmyer, Folk Buddhist Religion：Dissenting Sects in Late Traditional China），马萨诸塞州剑桥：Harvard University Press,1976 年。

德怀特·帕金斯:《中国农业的发展（1368—1968)》(Dwight H. Perkins, Agricultural Development in China (1368 - 1968),芝加哥:Aldine Publishing Co.,1969 年。

白挨底:《中国的城镇地名辞典》(G. M. H. Playfair, The Cities and Towns of China：A Geographical Dictionary),第二版,1910 年重印版,台北:成文出版公司,1971 年。

斯坦佛·普尔:《遣使会史,1625—1843 年》(Stafford Poole, A History of the Congregation of the Mission,1625 - 1843),无出版社名,1973 年。

毕范宇:《中国的乡村教会》(Frank Wilson Price, The Rural Church in China：A Survey),纽约:Agricultural Missions,1948 年。

清季外交史料,王彦威、王亮（撰),光绪朝,1875—1908 年,219 卷;宣统朝,1909—1911 年,24 卷。重刊为 9 卷本,台北:文海出版社,1969 年。

兰金:《1895 年古田事件:基督徒与斋匪的对抗》(Mary Backus Rankin,"The Ku-ti'ien Incident(1895)：Christians Versus the Ts'ai-hui."),载《中国研究论文》(Papers on China) 15(1961 年 12 月),第 30—61 页。

夏之时:《中国坤舆详志》(L. Richard's Comprehensive Geography of the Chinese Empire and Dependencies),甘沛树(M. Kennelly)译,上海:土山湾印书馆,1908 年。

罗威廉:《中华帝国晚期的城市控制:汉口的保甲制》(William T. Rowe,"Urban control in Late Imperial China：The Pao-chia System in Hankow."),载《变化中的中国:马丁·韦伯教授退休纪念论文集》(Perspectives on a Changing China：Essays in Honor of Professor C. Martin Wilbur on the Occasion of his Retirement),约叔华·弗格尔(Joshua A. Fogel)、罗威廉主编,第 89—112 页,Boulder:Westview Press,1979 年。

沈葆桢:《沈文肃公正书》,7 卷,1880 年;重刊为 2 卷本,台北:文海出版社,1966 年。

施坚雅:《中国的农民和封闭的社区:一个开放而封闭的个案》(G. William Skinner,"Chinese Peasants and the Closed Community:An Open and Shut Case"),载《社会史比较研究》(*Comparative Studies in Society and History*)13.3(1971 年 7 月),第 270—281 页。

——《前言:中国社会的城市与乡村》("Introduction:Urban and Rural in Chinese Society."),载《中华帝国晚期的城市》(*The City in Late Imperial China*,253-273),施坚雅主编,斯坦福:Stanford University Press,1977 年。

——(主编):《中华帝国晚期的城市》(*The City in Late Imperial China*),斯坦福:Stanford University Press,1977 年。

明恩溥:《中国乡村生活》(Arthur H. Smith,*Village Life in China:A Study in Sociology*),纽约:Fleming H. Revell Co.,1899 年。

苏成捷:《中华帝国晚期的性、法律和社会》(Matthew H. Sommer,*Sex, Law, and Society in Late Imperial China*),斯坦福:Stanford University Press,2000 年。

史景迁:《王氏之死》(Jonathan D. Spence,*The death of Woman Wang*),纽约:The Viking Press,1978 年。

——《清代中国的鸦片吸食》("Opium smoking in Ch'ing China"),载《中华帝国晚期的冲突与控制》(*Conflict and Control in Late Imperial China*),魏斐德(Frederic Wakeman)和卡罗琳·格朗特(Carolyn Grant)主编,第 143—173 页,伯克利:University of California Press,1975 页。

司德敷:《中华归主:中国基督教事业统计》(Milton T. Stauffer,*The Christian Occupation of China*),上海:China Continuation Committee,1922 年。

斯当东(译):《大清律历》(George Thomas Staunton,*Ta Tsing Leu Lee*;*Being the Fundamental Laws, and a Selection from the Supplementary Statutes, of the Penal Code of China*),伦敦:Cadell and Davies,1810 年。

罗伯特·斯德瑞特:《传教书目》(P. Robert Streit,*Bibliotheca missionum*),卷 12:《中国传教士文集(1800—1884 年)》(*Chinesische missionsliteratur*,1800-1884),弗莱伯格(Freiburg):Verlag Herder,1958 年。

任以都(译并主编):《清代的行政术语:六部术语的翻译及解释》(E-tu Zen Sun,*Ch'ing Administrative Terms:a Translation of the Terminology of the Six Boards with Explanatory Notes*),马萨诸塞州剑桥:Harvard University Press,1961 年。

史维东:《江西省的天主教信徒:冲突与适应》(Alan Richard Sweeten,"Catholic Converts in Jiangxi Province:conflict and Accommodation."),载《中国的基督教:从 18 世纪至当代》(*Christianity in China:From the Eighteenth Century to the Present*),裴士丹主编,第 24—40 页,斯坦福:Stanford University Press,1977 年。

——《梅生军火走私案和 1891 年长江流域的反洋教骚乱之间的外交联系》("The Mason Gunrunning Case and the 1891 Yangtze Valley Anti-missionary

Disturbances：A Diplomatic Link"),载《近代史研究所集刊》第 4 卷第 2 册(1974 年 12 月),第 843—880 页。

——《作为最底层官僚的地保:来自华南的地方犯罪案件材料,1860—1877》("The Ti-pao as Bottom-level Bureaucrat：Evidence from Local Criminal Cases in South China，1860‑1877"),载《近代史研究所集刊》7(1978 年 6 月),第 627—657 页。

——《从福建"教案"看地保在地方政府中的作用,1863—1869》("The Ti-pao's Role in Local Government as Seen in Fukien Christian 'Cases'，1863‑1869"),载《清史问题》3.6(1976 年 12 月),第 1—27 页。

——《中国乡村的社区与官僚:来自江西教案的材料,1860—1895》("Community and Bureaucracy in Rural China：Evidence from 'Sectarian Cases'(chiao-an) in Kiangsi，1860‑1895."),加州大学博士论文,1980 年。

——《江西的一座乡村教堂:晚明至晚清一个乡村地区的基督教史话》("A Village Church in Jiangxi：The Story of Christianity in One Rural Locale from the Late Ming to the Late Qing."),载《中国现代史的传统与变迁:刘广京教授 75 岁生日纪念论文集》(Tradition and Metamorphosis in Modern Chinese History：Essays in Honor of Professor Kwang-Ching Liu's Seventy-fifth Birthday),郝延平(Yen-p'ing Hao)、魏秀梅(Hsiu-mei Wei)主编,第 1155—1172 页,2 卷本,台北:中央研究院近代史研究所,1998 年。

——《中国乡村的妇女与法律:1872—1878 年江西"教案"中的修女》("Women and Law in Rural China：Vignettes from 'Sectarian Cases'(Chiao-an) in Kiangsi，1872‑1878"),载《清史问题》第 3 卷第 10 册(1978 年 12 月),第 49—68 页。

泰彦辉:《清季台湾的地方政府组织及其实际运作》(Yen-hui Tai, "Local Government Organizations in Taiwan During the Ch'ing Period，and Their Actual Operations."),《清季台湾农村地区的乡村组织及其实际运作》("Rural Organization and the Actual Operation of Rural Zones in Taiwan During the Ch'ing Period"),《清季台湾原住民村庄的组织与实际运作》("The Organization and Actual Operation of Aboriginal Villages in Taiwan during the Ch'ing Period."),未发表论文,华盛顿大学,1968—1969 年,影印本。

谭春林:《义和团》(Chester C. Tan, The Boxer Catastrophe),纽约:Columbia University Press,1967 年。

沃德洛·汤普森:《杨格非:在华 50 年的故事》(R. Wardlaw Thompson, Griffith John：The Story of Fifty Years in China),伦敦:The Religious Tract Society,1906 年。

罗格·汤普森:《中国乡村的上帝之光:基督徒、儒教徒和现代化国家(1861—1911)》(Roger R. Thompson, "Twilight of the Gods in the Chinese Countryside：

Christians，Confucius，and the Modernizing State，1861–1911"），载《中国的基督教：从 18 世纪至当代》（*Christianity in China：from the Eighteenth Century to the Present*），裴士丹主编，第 53—72 页，斯坦福：Stanford University Press，1996 年。

狄德满：《暴力下的基督教：义和团运动前夕的华北平原》（R. G. Tiedemann，"Christianity in a Violent Environment：The North China Plain on the Eve of the Boxer Uprising."），载《19 世纪和 20 世纪中国天主教会史》（*Historiography of the Chinese Catholic Church：Nineteenth and Twentieth Centuries*），杰罗姆·黑德里格斯（Jeroom Heyndrickx）主编，第 138—144 页，鲁汶（Leuven）：Ferdinand Verbiest Foundation，K. U. Leuven，1994 年。

——《19 世纪基督教在中国的扩张：本土机构、宗教归化和中国人的兴趣》（"Indigenous Agency，Religious Protectorates and Chinese Interests：The Expansion of Christianity in Nineteenth-Century China."），爱丁堡大学"北大西洋传教方案研讨会"提交论文，1997 年 9 月。

托普莱：《广东乡村的抗婚》（Marjorie Topley，"Marriage Resistance in Rural Kwangtung."），载《中国社会研究》（*Studies in Chinese Society*），武雅士（Arthur P. Wolf）主编，第 247—268 页，斯坦福：Stanford University Press，1978 年。

方立中：《1697—1935 年在华遣使会士列传》（J. Van den Brandt，*Les Lazaristes en Chine，1697–1935：Notes Biographiques*），北平：遣使会印书馆（Imprimerie des Lazaristes），1936 年。

斯普连科：《清代中国的法律制度》（Sybille Van der Sprenkel，*Legal Institutions in Manchu China：A Sociological Analysis*），伦敦：Athlone，1966 年。

保罗·瓦格：《传教士、中国人和外交官：美国新教传教士在中国的传教活动（1890—1952）》（Paul A. Varg，*Missionaries，Chinese，and Diplomats：The American Protestant Movement in China*，1890–1952），普林斯顿：Princeton University Press，1958 年。

和安当：《东方（中国）江西的遣使会士：教务及活动》（Casimir. Vic，Vicariat du Kiang-Si Oriental (Chine)，Movement Religieux et Ce (Euvres de cette Mission)，巴黎：Procure de la Mission，1899 年。

《田嘉璧（田类斯）主教传记》（Vie et Apostolat de Monseigneur Louis-Gabriel Delaplace)），法国 Auxerre：Octave Chambon，1892 年。

《在华遣使会》（手稿）（"Vincentian Missions in China." Manuscript），密苏里州佩里维尔（Perryville）：St. Mary's Seminary，未注明出版日期。

魏斐德：《中华帝国的衰落》（Frederic Wakeman，*The Fall of Imperial China*），纽约：The Free Press，1975 年。

——《大门口的陌生人：中国南方的社会混乱，1839—1861 年》（*Strangers at the Gate：Social Disorder in South China*，1839–1861），伯克利：California University

Press,1966 年。

王明伦(编撰):《反洋教书文揭帖选》,济南:齐鲁书社,1984 年。

王文杰:《中国近代史上的教案》,福州:协和大学中国文化研究会,1947 年。

约翰·瓦特:《中华帝国晚期的知县》(John R. Watt, *The District Magistrate in Late Imperial China*),纽约:Columbia University Press,1972 年。

——《衙门与城市行政管理》("The Yamen and Urban Administration."),载《中华帝国晚期的城市》(*The city in Late Imperial China*),施坚雅主编,第 353—390 页,斯坦福:Stanford University Press,1977 年。

雅克·韦伯(主编):《法国人在中国(1843—1943 年)》[Jacques Weber, *La France en Chine*(1843‐1943)],南特:Presses Academiques de l'Ouest,1997 年。

埃德蒙·韦尔利:《英国、中国和反教事件,1891—1900 年》(Edmund S. Wehrle, *Britain, China, and the Antimissionary riots*, 1891‐1900),明尼苏达州明尼阿波利斯(Minneapolis):University of Minnesota Press,1966 年。

魏秀梅(编撰):《清季职官表》,2 卷本,台北:中央研究院近代史研究所,1977 年。

罗伯特·韦斯:《太平天国运动前夕地方统治的灵活性》(Robert N. Weiss, "Flexibility in Provincial Government on the Eve of the Taiping Rebellion"),载《清史问题》4.3(1980 年 6 月),第 1—42 页。

沃纳:《中国的神话与传说》(E. T. C. Werner, *Myths and Legends of China*),纽约:Brentano's,1922 年。

魏扬波:《广东省的天主教徒活动和中国人的反应(1848—1885)》(Jean-Paul Wiest, "Catholic Activities in Kwangtung Province and Chinese Responses, 1848—1885"),华盛顿大学博士论文,1977 年。

——《玛利诺教在中国:一段历史(1918—1955)》(*Maryknoll in China: a History*, 1918‐1955),纽约:Armonk,M. E. Sharpe,1988 年。

——《广东的宗族与宗教信仰模式》("Lineage and Patterns of Conversion in Guangdong."),载《清史问题》4.7(1982 年 6 月),第 1—32 页。

本沃德·威莱克:《Fray Manuel del Santisimo Sacramento——江西的最后一位方济各会士》(Bernward Willeke, "Fray Manuel del Santisimo Sacramento, the Last Franciscan in Kiangsi, China"),载《方济各会研究》(Franciscan Studies)26.2(新序号 5.2,1945 年 6 月),第 175—196 页。

卫三畏:《中国总论:关于中国及其居民的地理、政府、文学、社会生活、艺术和历史的考察》(S. Wells. Williams, *The Middle Kingdom: A Survey of the Geography, Government, Literature, Social Life, Arts, and History of the Chinese Empire and Its Inhabitants*),修订本,2 卷本,纽约:C. Scribner's Sons,1883 年。

威罗俾:《外国人在华特权和利益》(Westel. W. Willoughby, *Foreign Rights and Interests in China*),修订本,2卷本,巴尔提摩:Johns Hopkins University Press,1927年。

玛杰里·沃尔夫、罗克森·韦克(主编):《中国社会的妇女》(Margery Wolf and Roxane Witke, *Women in Chinese Society*),斯坦福:Stanford University Press,1975年。

伯特瑞·沃尔夫斯坦:《1860—1907年中国的天主教堂》(Bertram. Woferstan, *The Catholic Church in China from 1860-1907*),伦敦:Sands and Co. ,1909年。

芮玛丽:《同治中兴:中国保守主义的最后抵抗(1862—1874)》(Mary C. Wright, *The Last Stand of Chinese Conservatism：the t'ung-chih Restoration*,1862-1874),斯坦福:Stanford University Press,1957年;纽约:Atheneum,1969年再版。

魏尔特:《江西本土贸易及其税收》(Stanley Fowler Wright, *Kiangsi Native Trade and Its Taxation*),上海,1920年。

吴盛德:《教案史料编目》,北平,燕京大学,1932年。

夏燮(江上蹇叟):《中西纪事》,24卷,1865年序;重刊为1卷本,台北:文海出版社,1965年。

《新建县志》,杜友棠等(撰),99卷,1871年。

杨庆堃:《共产主义过渡初期的一个中国村庄》(C. K. Yang, *A Chinese Village in Early Communist Transition*),马萨诸塞州剑桥:The Technology Press,1959年。

马丁·杨:《一个中国村庄:山东台头村》(Martin C. Yang, A Chinese Village：Taitou, Shantung Province),纽约:Columbia University Press,1945年。

恩斯扬:《清末的福音政治:1906年的南昌》(Ernest P. Young, "The Politics of Evangelism at the End of the Qing：Nanchang, 1906"),载《中国的基督教:从18世纪到当代》(*Christianity in china：From the Eigheenth Century to the Present*),裴士丹主编,第91—113页,斯坦福:Stanford University Press,1996年。

玛里琳·杨(主编):《中国的妇女:社会变迁和女性的研究》(Marilyn B. Young, *Women in China：Studies in social Change and Feminism*),安·阿伯:Center for Chinese Studies, University of Michigan,1973年。

臧励禾等(撰):《中国古今地名大辞典》,1932年,台北:台湾商务印书馆,1973年再版。

——《中国人名大辞典》,1922年,台北:台湾商务印书馆1967年再版。

张秋雯:《光绪二十一年成都等处教案》,《历史学报》3(1975年第2期),第295—314页。

张其昀(撰):《中华民国地图集》,第二版,5卷本,台北:国防研究院,1964—1967年。